AF468282

TABLE
ALPHABÉTIQUE
DES MATIÈRES
DU CODE CIVIL DES FRANÇAIS,

RÉDIGÉE

Sur l'Edition officielle, précédée des Lois transitoires.

A PARIS,
Chez MOREAUX et Compagnie, Imprimeurs-Libraires, rue Traversière-Saint-Honoré, n.º 771.

An XIII. — 1805.

LOIS TRANSITOIRES.

LOI *relative aux* Adoptions *faites avant la publication du Titre VIII du Code civil.*

Du 25 germinal an 11. (Bulletin des lois, n.° 271.)

AU NOM DU PEUPLE FRANÇAIS;

BONAPARTE, premier Consul, proclame loi de la République le décret suivant, rendu par le Corps législatif, le 25 germinal an 11, conformément à la proposition faite par le Gouvernement, le 17 germinal dernier, communiquée au Tribunat le lendemain.

DÉCRET.

Art. 1.er Toutes adoptions faites par actes authentiques depuis le 18 janvier 1792 (*vieux style*), jusqu'à la publication des dispositions du Code civil relatives à l'adoption, seront valables, quand elles n'auraient été accompagnées d'aucune des conditions, depuis imposées pour adopter et être adopté.

2. Pourra néanmoins celui qui aura été adopté en minorité, et qui se trouverait aujourd'hui majeur, renoncer à l'adoption dans les trois mois qui suivront la publication de la présente loi.

La même faculté pourra être exercée par tout adopté aujourd'hui mineur, dans les trois mois qui suivront sa majorité.

Dans l'un et l'autre cas, la renonciation sera faite devant l'officier de l'état civil du domicile de l'adopté, et notifiée à l'adoptant dans un autre délai de trois mois.

3. Les adoptions auxquelles l'adopté n'aura point renoncé, produiront les effets suivans:

Si ces droits ont été réglés par acte ou contrat authentique, disposition entre-vifs ou à cause de mort, faits sans lésion de légitime d'enfant, transaction ou jugement passé en force de chose jugée, il ne sera porté aucune atteinte auxdits actes, contrat, disposition, transaction ou jugement, lesquels seront exécutés selon leur forme et teneur.

4. En l'absence ou à défaut de toute espèce d'actes authentiques, spécifiant ce que l'adoptant a voulu donner à l'adopté,

celui-ci jouira de tous les droits accordés par le Code civil, si, dans les six mois qui suivront la publication de la présente loi, l'adoptant ne se présente devant le juge de paix de son domicile, pour y affirmer que son intention n'a pas été de conférer à l'adopté tous les droits de successibilité qui appartiendraient à un enfant légitime.

Cette faculté d'affirmer l'intention, est un droit personnel à l'adoptant, et n'appartiendra point à ses héritiers.

5. Dans le cas où l'adoptant aurait fait l'affirmation annoncée dans l'article précédent, et dans le délai prescrit par cet article, les droits de l'adopté seront, quant à la successibilité, limités au tiers de ceux qui auraient appartenu à un enfant légitime.

6. S'il résultait de l'un des actes maintenus par l'article 3, que les droits de l'adopté fussent inférieurs à ceux accordés par le Code civil, ceux-ci pourront lui être conférés en entier par une nouvelle adoption dont l'instruction aura lieu conformément aux dispositions du Code, mais sans autres conditions de la part de l'adoptant, que d'être sans enfans ni descendans légitimes, d'avoir quinze ans de plus que l'adopté, et si l'adoptant est marié, d'obtenir le consentement de l'autre époux.

7. Les articles 341, 342, 343, 345 et 346 du Code civil, au titre de *l'Adoption*, sont au surplus déclarés communs à tous les individus adoptés depuis le décret du 18 janvier 1792 et autres lois y relatives.

Collationné à l'original, par nous président et secrétaires du Corps législatif, à Paris, le 25 germinal an 11 de la République française. *Signé* FAULCON, *président*; F. A. TRUMEAU, HÉMART, GRAPPE, LIGNIVILLE, *secrétaires*.

SOIT la présente loi revêtue du sceau de l'État, insérée au Bulletin des lois, inscrite dans les registres des autorités judiciaires et administratives, et le grand-juge, ministre de la justice, chargé d'en surveiller la publication. A Saint-Cloud, le 5 floréal an 11 de la République.

Signé BONAPARTE, *premier Consul*. Contre-signé, *le secrétaire d'Etat*, HUGUES B. MARET. Et scellé du sceau de l'Etat.

Vu, *le grand-juge, ministre de la justice*, signé REGNIER.

LOI *relative aux* Divorces *prononcés ou demandés avant la publication du titre VI du Code civil.*

Du 26 germinal an 11. (Bulletin des lois, n.° 272.)

AU NOM DU PEUPLE FRANÇAIS,

BONAPARTE, premier Consul, proclame loi de la République le décret suivant, rendu par le Corps législatif, le 26 germinal an 11, conformément à la proposition faite par le Gouvernement le 18 du même mois, communiquée au Tribunat le lendemain.

DÉCRET.

Tous divorces prononcés par des officiers de l'état civil, ou autorisés par jugement avant la publication du titre du Code civil, relatif au divorce, auront leurs effets conformément aux lois qui existaient avant cette publication.

A l'égard des demandes formées antérieurement à la même époque, elles continueront d'être instruites, les divorces seront prononcés, et auront leurs effets conformément aux lois qui existaient lors de la demande.

Collationné à l'original, par nous président et secrétaires du Corps législatif. A Paris, le 26 germinal an 11 de la République française. *Signé* FAULCON, *président*; F. A. TRUMEAU, HÉMART, GRAPPE, LIGNIVILLE, *secrétaires*.

SOIT la présente loi revêtue du sceau de l'Etat, insérée au Bulletin des lois, inscrite dans les registres des autorités judiciaires et administratives, et le grand-juge, ministre de la justice, chargé d'en surveiller la publication. A Saint-Cloud, le 6 floréal an 11 de la République.

Signé BONAPARTE, *premier Consul.* Contre-signé, *le secrétaire d'Etat*, HUGUES B. MARET. Et scellé du sceau de l'Etat.

Vu, *le grand-juge, ministre de la justice,*

Signé REGNIER.

LOI *relative au mode de réglement de l'état et des droits des* Enfans naturels, *dont les pères et mères sont morts depuis la loi du 12 brumaire an II, jusqu'à la promulgation des titres du Code civil, sur* la Paternité et la Filiation, *et sur* les Successions.

Du 14 floréal an XI. (Bulletin des lois, n.° 278.)

AU NOM DU PEUPLE FRANÇAIS,

BONAPARTE, premier Consul, proclame loi de la République le décret suivant, rendu par le Corps législatif, le 14 floréal an 11, conformément à la proposition faite par le Gouvernement, le 9 du même mois, communiquée au Tribunat le lendemain.

DÉCRET.

ART. I.er L'état et les droits des enfans nés hors mariage, dont les pères et mères sont morts depuis la promulgation de la loi du 12 brumaire an 2, jusqu'à la promulgation des titres du Code civil, sur la *Paternité et la Filiation*, et sur les *Successions*, seront réglés de la manière prescrite par ces titres.

2. Néanmoins les dispositions entre-vifs ou testamentaires, antérieures à la promulgation des mêmes titres du Code civil, et dans lesquelles on aurait fixé les droits de ces enfans naturels, seront exécutées, sauf la réduction à la quotité disponible aux termes du Code civil, et sauf aussi un supplément, conformément à l'article 51 de la loi sur les *Successions*, dans le cas où la portion donnée ou léguée serait inférieure à la moitié de ce qui devrait revenir à l'enfant naturel, suivant la même loi.

3. Les conventions et les jugemens passés en force de chose jugée, par lesquels l'état et les droits desdits enfans naturels auraient été réglés, seront exécutés selon leur forme et teneur.

Collationné à l'original par nous président et secrétaires du Corps législatif. A Paris, le 14 floréal an 11 de la République française. *Signé* VIÉNOT-VAUBLANC, *président*; TERRASSON, BORIE, MALLIEN, BLAREAU, *secrétaires.*

SOIT la présente loi revêtue du sceau de l'Etat, insérée au Bulletin des lois, inscrite dans les registres des autorités judi-

ciaires et administratives, et le grand-juge, ministre de la justice, chargé d'en surveiller la publication. A Saint-Cloud, le 24 floréal an XI de la République.

Signé BONAPARTE, *premier Consul.* Contre-signé, *le secrétaire d'Etat*, HUGUES B. MARET. Et scellé du sceau de l'Etat.

Vu, *le grand-juge, ministre de la justice,*

Signé REGNIER.

ARRÊTÉ

Sur le mode de délivrance des Dispenses relatives au Mariage.

Du 20 prairial an XI. (Bulletin des lois, n.° 285.)

Le Gouvernement de la République, vu les articles CXLIV, CLVII et CLXIII du premier livre du Code civil;

Sur le rapport du grand-juge, ministre de la justice,

Le Conseil d'Etat entendu, arrête :

ART. I.er Les dispenses pour se marier avant dix-huit ans révolus pour les hommes, et quinze ans révolus pour les femmes, et celles pour se marier dans les degrés prohibés par l'article CLVII du premier livre du Code civil, seront délivrées par le Gouvernement, sur le rapport du grand-juge.

2. Le commissaire du Gouvernement près le tribunal de première instance de l'arrondissement dans lequel les impétrans se proposent de célébrer le mariage, lorsqu'il s'agira de dispenses dans les degrés prohibés, ou de l'arrondissement dans lequel l'impétrant a son domicile, lorsqu'il s'agira de dispenses d'âge, mettra son avis au pied de la pétition tendante à obtenir ces dispenses, et elle sera ensuite adressée au grand-juge.

3. Les dispenses de la seconde publication de bans, dont est mention dans l'article CLXIII du même livre du Code civil, seront accordées, s'il y a lieu, au nom du Gouvernement, par son commissaire près le tribunal de première instance dans l'arrondissement duquel les impétrans se proposent de célébrer leur mariage ; et il sera rendu compte, par ce com-

missaire, au grand-juge, ministre de la justice, des causes graves qui auront donné lieu à chacune de ces dispenses.

4. La dispense d'une seconde publication de bans sera déposée au secrétariat de la commune où le mariage sera célébré. Le secrétaire en délivrera une expédition, dans laquelle il sera fait mention du dépôt, et qui demeurera annexée à l'acte de célébration de mariage.

5. L'arrêté du Gouvernement portant la dispense d'âge, ou celle dans les degrés prohibés, sera, à la diligence du commissaire du Gouvernement et en vertu d'ordonnance du président, enregistré au greffe du tribunal civil de l'arrondissement dans lequel le mariage sera célébré. Une expédition de cet arrêté, dans laquelle il sera fait mention de l'enregistrement, demeurera annexée à l'acte de célébration de mariage.

6. Le grand-juge, ministre de la justice, est chargé de l'exécution du présent arrêté, qui sera inséré au Bulletin des lois.

Le premier Consul, *signé* BONAPARTE. Par le premier Consul, *le secrétaire d'Etat*, signé HUGUES B. MARET.

Le grand-juge, ministre de la justice, signé REGNIER.

TABLE ANALYTIQUE

ET

PAR LETTRES ALPHABÉTIQUES,

DES MATIÈRES

Composant le Code Civil des Français.

Les chiffres arabes indiquent les numéros des Articles du Code Civil.

A.

ABANDON (l') anticipé par le grevé de restitution de la jouissance au profit des appelés, ne peut préjudicier aux créanciers du grevé antérieurs à l'abandon. Art. 1053.

ABANDONNEMENT par un débiteur à ses créanciers. Voir *Cession.*

ABRÉVIATION. Il ne doit rien être écrit par abréviation sur les registres de l'état civil, 42.

ABSENCE et ABSENS. Le tribunal de première instance, à défaut de procureur-fondé, pourvoit à l'administration des biens des personnes présumées absentes, 112.

Il commet un notaire, pour représenter les présumés absens dans les inventaires, comptes, partages et liquidations, 113.

Les commissaires du gouvernement sont chargés de surveiller leurs intérêts, et sont entendus sur toutes les demandes, 114.

Après une absence de quatre ans sans nouvelles, le tribunal, sur la demande des parties, déclare l'absence, 115.

Procédure pour constater l'absence, 116.

Ce que doit considérer le tribunal en statuant sur la demande, 117.

Envoi au grand-juge des jugemens d'absence par le commissaire du gouvernement, 118.

Le jugement de déclaration d'absence n'est rendu qu'un an après le jugement qui a ordonné l'enquête, 119

Envoi en possession provisoire des biens de l'absent au profit de ses héritiers présomptifs, lorsqu'il n'a pas laissé de procuration, 120.

Lorsqu'il a laissé une procuration, cet envoi provisoire ne peut avoir lieu qu'après les dix années depuis sa disparition, ou depuis ses dernières nouvelles, 121.

Il doit en être usé de même, si la procuration vient à cesser, 122.

Ouverture du testament de l'absent, s'il en existe un, 123.

Droits de l'époux de l'absent, s'il est commun en biens, 124.

Compte à rendre à l'absent, s'il reparaît, 125.

Formalités à observer relativement aux meubles et immeubles d'un absent par ceux qui en obtiennent la possession, 126.

Quotité des revenus et biens à rendre à l'absent, s'il reparaît, 127.

Défense d'aliéner et d'hypothéquer les biens de l'absent, 128.

Des cautions fournies par ceux qui sont envoyés en possession provisoire, 123, 124, 129.

Partage des biens de l'absent après 30 ans de l'envoi provisoire, ou après 100 ans du jour de sa naissance, 129.

Ouverture de la succession de l'absent dont le décès est prouvé, 130.

Circonstances où cessent les effets du jugement de déclaration d'absence, 131.

Circonstances où l'absent recouvre ses biens, le prix de ceux aliénés, même après l'envoi définitif, 132.

Circonstances où les enfans et descendans de l'absent peuvent demander la restitution de ses biens, 133.

Droits des créanciers de l'absent à exercer contre ceux qui sont envoyés en possession des biens, ou qui en ont l'administration, 134.

Fin de non-recevoir contre celui qui réclamera un droit échu à un individu dont l'existence ne sera pas reconnue, 135.

La succession de ce dernier est dévolue à ceux avec lesquels il aurait eu le droit de concourir, 136.

Les actions qui lui compètent ne s'éteignent que par le laps de tems établi pour la prescription, 137.

Ceux qui auront recueilli sa succession gagneront les fruits par eux perçus de bonne foi, 138.

L'absent dont le conjoint a contracté une nouvelle union, est seul recevable à attaquer ce mariage, 139.

Si l'époux absent n'a point laissé de parens habiles à lui succéder, l'autre époux peut demander la possession provisoire de ses biens, 140.

De la surveillance des enfans mineurs du père qui a disparu; elle appartient à la mère, ainsi que l'administration de leurs biens, 141.

Si la mère vient à décéder avant la déclaration de l'absence du père, la surveillance des enfans est déférée, par le conseil de famille, aux ascendans les plus proches, ou, à leur défaut, à un tuteur provisoire, 142.

Idem, dans le cas où l'un des époux absens laissera des enfans mineurs d'un précédent mariage, 143.

Le juge peut autoriser la femme d'un absent à contracter et à ester en jugement, 222.

Circonstance où un mari absent peut désavouer un enfant, 312.

Lorsque la tutelle devient vacante par absence, il y a lieu à la nomination d'un nouveau tuteur, 424.

L'action en partage d'une succession, lorsqu'il y a des cohéritiers absens, appartient aux parens envoyés en possession, 817.

Formalités à remplir à ce sujet, 819, 838, 840.

Formalités à remplir par la femme pour l'établissement de ses enfans, en cas d'absence de son mari, 1427.

La demande en rescision d'une vente pour cause de lésion, n'est plus recevable, même à l'égard des *absens*, après le délai de deux ans, 1676.

Les biens des absens, tant que la possession n'est que provisoire, ne peuvent être hypothéqués que dans les formes établies par la loi, 2126.

ACCEPTATION de la *Communauté* entre époux. Voir *Contrat de Mariage*.

— de *Donations* entre-vifs et testamentaires. Voir *Donations*.

— de *succession*. Voir *Succession*.

ACCESSION. La propriété d'une chose donne droit à tout ce qui s'y unit accessoirement, et ce droit s'appelle *Accession*, 546, 551.

Les fruits naturels et industriels de la terre, les fruits civils, le croît des animaux, appartiennent aux propriétaires par droit d'accession, 547.

Les fruits ne lui appartiennent qu'à la charge de rembourser les frais de labours et autres faits par des tiers, 548.

Du droit d'accession relativement aux choses immobiliaires, 552 à 564. Voir *Accroissemens*, *Alluvion*, *Attérissemens*, *Biens*, *Constructions*, *Etangs*, *Fleuves*, *Fouilles*, *Isles*, *Ilots*, *Lacs*, *Lapins*, *Matériaux*, *Plantations*, *Poissons*, *Rivières*.

Le droit d'accession relativement aux choses mobiliaires, appartenant à deux maîtres différens, est subordonné aux principes de l'équité naturelle, 565.

Règles à suivre par le juge pour se déterminer dans les cas non prévus, 566 et suivans, jusqu'à 577. Voir *Accessoires*, *Artisan*, *Matières*, *partie principale*.

ACCESSOIRES. Lorsque deux choses qui ont été unies de manière à former un tout, sont néanmoins séparables, ce tout appartient au propriétaire de la partie principale, à la charge de payer à l'autre la valeur de la chose qui a été unie, 566.

Quand la chose unie est beaucoup plus précieuse que la chose principale, et quand elle a été employée à l'insu du propriétaire, celui-ci peut demander que la chose unie soit séparée pour lui être rendue, 568.

Si de deux choses unies pour former un tout, l'une ne peut être regardée comme l'accessoire de l'autre, celle-là est réputée principale qui est la plus considérable en valeur ou en volume, si les valeurs sont à peu près égales, 569. Voir *Accession*, *Artisan*, *Matières*, *partie principale*.

La chose léguée doit être délivrée avec les accessoires nécessaires, 1018. Voir *Legs*.

L'obligation de délivrer une chose vendue comprend ses accessoires, 1615.

La vente d'une créance comprend les accessoires de la créance, tels que cautions, privilége et hypothèque, 1692.

Le cautionnement indéfini d'une obligation principale s'étend à tous les accessoires de la dette, 2016.

Le créancier peut poursuivre l'expropriation des biens immobiliers et de leurs *accessoires* réputés immeubles, appartenans à son débiteur, 2204.

ACCIDENS. Voir *Dépôts*, *Paternité*, *Usufruit*..

ACCOUCHEMENS. Doivent être déclarés à l'officier de l'état civil, dans les trois jours, 55.

Par qui ils doivent être déclarés, 56. Voir *Naissance*.

ACCOUCHEURS. Voir *Docteurs en médecine et en chirurgie, Officiers de santé et Sages-femmes.*

ACCROISSEMENS qui se forment aux fonds riverains d'un fleuve ou d'une rivière, s'appellent *Alluvion*, 556.

A qui l'alluvion profite, *même article.* Voir *Fleuves.*

ACCUSATION. La mise en accusation suspend l'exécution d'un acte argué de faux, 1319.

ACHETEURS. Voir *Acquéreurs*, *Ventes.*

A-COMPTES. Le maître est cru sur son affirmation pour les à-comptes donnés pour l'année courante, 1781.

ACQUÉREURS et ACQUISITIONS. La femme ne peut acquérir sans le concours du mari dans l'acte, ou son consentement par écrit, 217.

Un tuteur ne peut acheter les biens de son mineur, 450. Voir *Remploi*, *Vente.*

ACQUETS. Immeubles qui sont réputés acquêts de communauté entre époux, 1402.

Les époux peuvent stipuler que leur communauté n'embrassera que les acquêts, 1497.

Cette stipulation exclut de la communauté et les dettes de chacun d'eux actuelles et futures, et leur mobilier respectif présent et à venir, 1498.

En se soumettant au régime dotal, les époux peuvent néanmoins stipuler une société d'acquêts. Comment cette société est réglée, 1581.

ACTES. Lorsqu'un acte contient, de la part des parties, élection de domicile pour l'exécution de ce même acte dans un autre lieu que celui du domicile réel, les poursuites relatives à cet acte peuvent être faites au domicile convenu, et devant le juge de ce domicile, 111.

La reconnaissance d'un enfant naturel doit être faite par acte authentique, lorsqu'elle n'a pas été faite dans son acte de naissance, 334.

Le tuteur représente le mineur dans tous les actes civils, 450.

Le mineur émancipé peut faire les actes qui ne sont que de pure administration, 481.

A l'âge de la majorité, on est capable de tous les actes de la vie civile, sauf la restriction portée au titre du *mariage*, 488.

Les actes passés par l'interdit postérieurement à son interdic-

tion, ou sans l'assistance du conseil, sont nuls de droit, 502.

Circonstances où les actes antérieurs à l'interdiction peuvent être annullés, 503.

Actes qui peuvent être défendus aux prodigues, 513.

Les actes purement conservatoires ne sont pas des actes d'addition d'hérédité, si l'on n'y a pris le titre ou la qualité d'héritier, 779.

Les créanciers peuvent attaquer les actes faits par leur débiteur en fraude de leurs droits, 1167.

Ils peuvent, avant que la condition soit accomplie, exercer tous les actes conservatoires de leurs droits, 1180.

Ce qui caractérise l'acte authentique, 1317.

L'acte qui n'est point authentique par défaut de forme, vaut comme écriture privée, s'il est signé des parties, 1318.

L'acte authentique fait pleine foi de la convention qu'il renferme, 1319.

Ce que les tribunaux doivent faire en cas de plaintes en faux principal, ou d'inscription en faux incident, 1319.

Foi que produit la simple énonciation dans un acte authentique ou sous seing privé, 1320.

L'acte sous seing privé reconnu, a la même foi que l'acte authentique, 1322.

Celui auquel on oppose un acte sous seing privé est tenu d'avouer ou de désavouer son écriture, 1323.

Ce que doivent faire ses héritiers, *idem*.

Vérification à faire de l'écriture ou de la signature, dans le cas de désaveu par la partie, ou de non reconnaissance par les héritiers, 1324.

Formalités nécessaires pour rendre valables les actes sous seing privé qui contiennent des conventions synallagmatiques, 1325.

Le billet ou la promesse sous seing privé doit être écrit en entier de la main de celui qui le souscrit, ou il faut qu'outre la signature, il ait écrit de sa main un *bon* ou un *approuvé*, portant en toutes lettres la somme ou la quantité de la chose, 1326.

Exception à l'égard des marchands, artisans, laboureurs, vignerons, gens de service et de journée. *Même article.*

Lorsque la somme exprimée au corps de l'acte est différente de celle exprimée au *bon*, l'obligation est présumée n'être que de la somme moindre, 1327.

De quel jour les actes sous seing privé ont date contre des tiers, 1328.

Les actes récognitifs et confirmatifs ne dispensent point de la représentation du titre primordial. Exception. 1337.

Comment l'acte de confirmation ou de ratification d'un précédent acte valide celui-ci, 1338.

La confirmation, ratification, ou exécution volontaire d'un acte emporte la renonciation aux moyens qu'on pouvait opposer contre cet acte, 1338, 1340.

Choses et valeurs dont il doit être passé acte devant notaire ou sous seing privé, 1341.

La preuve par témoins n'est pas reçue contre et outre le contenu des actes, 1341.

Effet de la présomption légale à l'égard de certains actes, 1350.

Validité ou invalidité des actes de la femme en communauté, 1426.

Les actes purement administratifs ou conservatoires n'empêchent point immixtion dans les biens de la communauté entre époux, 1454. Voir *Baux*, *Communauté*, *Contrat de mariage*, *Donation*, *Emancipation*, *Hypothèques*, *Novation*, *Preuve testimoniale*, *Rescision*, *Société*, *Subrogation*, *Vente*.

ACTES DE L'ÉTAT CIVIL. Voir *État civil*.

ACTES DE DERNIERE VOLONTÉ. Voir *Donations* et *Testamens*.

ACTES DE NOTORIÉTÉ. L'acte de notoriété par sept témoins peut suppléer l'acte de naissance des futurs époux, 71.

Formalités relatives à cet acte, 72.

Acte de notoriété nécessaire pour constater l'absence d'un ascendant auquel l'acte respectueux aurait dû être fait, 155.

ACTES RESPECTUEUX. Doivent être énoncés dans l'acte de mariage, s'il en a été fait, 76.

Circonstances dans lesquelles ils doivent avoir lieu, 151.

Circonstances dans lesquelles ils doivent être renouvelés deux fois, de mois en mois, 152.

Après l'âge de trente ans, ce renouvellement ne doit point avoir lieu, 153.

Ils doivent être signifiés par deux notaires, ou par un notaire et deux témoins, 154. Voir *Acte de notoriété*.

ACTIF de la Communauté. Voir *Contrat de mariage*.

ACTIONS. Les actions qui tendent à revendiquer un immeuble, sont immeubles, par l'objet auquel ils s'appliquent, 526.

Sont meubles par la détermination de la loi, les actions qui ont pour objet des sommes exigibles ou des effets mobiliers, 529.

Sont également meubles, les actions dans les compagnies de finance, de commerce ou d'industrie, à l'égard de chaque associé, tant que dure la société, 529.

Actions des débiteurs qui peuvent être exercées par leurs créanciers, 1166.

Actions résultantes de la condition résolutoire, 1184.

— de la solidarité, 1200.

— de l'inexécution des obligations avec clauses pénales, 1228 et suiv.

Le débiteur est tenu de céder à ses créanciers les actions qui résultent de la chose périe, mise hors du commerce ou perdue, 1303.

Causes et effets de l'action en nullité ou en rescision des conventions, 1304. Voir *Interdits*, *Lésion*, *Mineurs.*

Toutes actions, tant réelles que personnelles, sont prescrites par 30 ans, 2262.

ACTIONS *en garantie.* Voir *Garantie.*

ACTIONS *Hypothécaires.* Voir *Hypothèques.*

ADJUDICATIONS. Celles faites aux tuteurs des biens de leurs mineurs, et à ceux qui étaient chargés de vendre ou d'administrer les biens adjugés, sont nulles, 1596. Voir *Expropriation*, *Hypothèques.*

ADMINISTRATEURS. Voir *Absens*, *Adjudication*, *Dépôt*, *Engagemens*, *Interdits*, *Mineurs*, *Tutelle.*

ADMINISTRATION *des Domaines.* Voir *Domaines.*

ADOPTION. L'adoption n'est permise qu'aux personnes qui ont plus de 50 ans, qui n'ont ni enfans, ni descendans légitimes, et qui ont 15 ans de plus que les adoptés, 343.

Nul ne peut être adopté par plusieurs, si ce n'est pas deux époux. — Circonstance dans laquelle l'un des époux peut adopter sans le consentement de l'autre, 344.

L'adoption ne peut avoir lieu qu'envers l'individu à qui l'on a, dans sa minorité, ou pendant 6 ans au moins, donné des secours et des soins non interrompus, ou envers celui qui aurait sauvé la vie à l'adoptant, 345.

Dans

Dans ce dernier cas, il suffit que l'adoptant soit majeur, plus âgé que l'adopté, sans enfans ni descendans, et que son conjoint, s'il est marié, consente à l'adoption. *Même article.*

L'adoption ne peut avoir lieu avant la majorité de l'adopté. S'il a moins de 25 ans, il est tenu de rapporter le consentement de ses père et mère; s'il est majeur de 25 ans, il est tenu seulement de requérir leur conseil, 346.

L'adoption ajoute le nom de l'adoptant à celui de l'adopté, 347.

L'adopté reste dans sa famille naturelle, et y conserve tous ses droits; néanmoins le mariage est prohibé

Entre l'adoptant, l'adopté, et ses descendans;

Entre les enfans adoptifs du même individu;

Entre l'adopté et les enfans qui pourraient survenir à l'adoptant;

Entre l'adopté et le conjoint de l'adoptant, et réciproquement entre l'adoptant et le conjoint de l'adopté, 348.

L'obligation de se fournir des alimens dans certains cas, est commune à l'adoptant et à l'adopté, 349.

L'adopté a, sur la succession de l'adoptant, les mêmes droits que l'enfant né en mariage, quand bien même il surviendrait à l'adoptant d'autres enfans depuis l'adoption, 350.

Circonstance où le droit de retour des biens donnés à l'adopté a lieu en faveur de l'adoptant ou de ses descendans, 351.

Cas où ce droit de retour n'a lieu qu'en faveur de l'adoptant, 352.

Les formes de l'adoption consistent dans les consentemens respectifs des parties, donnés par acte passé devant le juge de paix du domicile de l'adoptant, 353.

Dans l'homologation du tribunal de première instance du domicile de l'adoptant, lequel, après avoir entendu le commissaire du gouvernement, prononce en la chambre du conseil sans aucune autre forme de procédure, et sans énoncer de motifs : *il y a lieu* ou *il n'y a pas lieu à l'adoption*, 354, 355, 356.

Le jugement du tribunal de première instance doit être, dans le mois, soumis au tribunal d'appel, qui instruit dans les mêmes formes, et prononce, sans énoncer de motifs : *Le jugement est confirmé*, ou *le jugement est réformé; en conséquence il y a lieu*, ou *il n'y a pas lieu à l'adoption*, 357.

Tout jugement du tribunal d'appel qui admet une adoption, doit être rendu à l'audience, et affiché, 358.

Il doit être inscrit, dans les trois mois, sur les registres de l'état civil du domicile de l'adoptant, 359.

La mort de l'adoptant, avant que l'adoption soit définitivement prononcée, n'empêche pas que l'adoption ne soit admise, s'il y a lieu. — Les héritiers de l'adoptant peuvent, s'ils croient l'adoption inadmissible, remettre des observations au commissaire du gouvernement, 360.

Le tuteur officieux peut adopter son pupile, s'il ne laisse pas d'enfans légitimes, 366.

Cette adoption doit être faite dans les mêmes formes, et produit les mêmes effets que l'adoption dont est parlé dans les articles précédens, 368. Voir *Tutelle officieuse*.

ADULTERE. Le mari peut demander le divorce pour cause d'adultère de sa femme, 229.

La femme peut demander le divorce pour cause d'adultère de son mari, lorsqu'il a tenu sa concubine dans la maison commune, 230.

Dans le cas de divorce admis pour cause d'adultère, l'époux coupable ne peut jamais se marier avec son complice, 298.

La femme adultère doit être condamnée à la réclusion, qui ne peut être moindre de 3 mois, ni excéder 2 ans, 298, 308.

Le mari peut-il désavouer l'enfant pour cause d'adultère? 313.

ADULTÉRINS. Les enfans adultérins ne peuvent être légitimés par le mariage subséquent, 331.

Ils ne peuvent non plus être reconnus, 335.

Ils ne sont point admis à la recherche de la paternité ni de la maternité, 342.

Ils ne peuvent demander que des alimens, 762.

Ces alimens sont reglés eu égard aux facultés du père ou de la mère, au nombre et à la qualité des héritiers légitimes, 763.

Circonstance où l'enfant adultérin ne peut élever aucune réclamation contre la succession de son père ou de sa mère, 764.

AFFICHES. Les jugemens des tribunaux d'appel qui admettent l'adoption doivent être affichés, 258.

Un tuteur ne peut vendre les meubles de son mineur qu'après avoir fait apposer des affiches, 452.

Idem pour ses immeubles, 459.

Elles doivent avoir également lieu pour l'envoi en possession

des successions dévolues au conjoint survivant et à la République, 770.
Pour la vente par l'héritier sous bénéfice d'inventaire d'objet dépendant de la succession, susceptible de dépérissement ou dispendieux à conserver, 796.
Pour la vente par le même des meubles de la succession, 805.
Lieux où doit se faire l'affiche pour séparation de biens, 1445.
Idem. Lors du rétablissement de communauté entre époux séparés, 1451.
Circonstances où l'immeuble dotal peut être vendu après trois affiches, 1558.
Énonciation à faire dans les affiches en cas de revente sur enchères, 2187.
AFFILIATION. La qualité de Français se perd par l'affiliation à toute corporation étrangère qui exige des distinctions de naissance, 17.
AFFIRMATION de l'inventaire que doit faire faire la femme survivante qui veut conserver la faculté de renoncer à la communauté, 1456.
Le maître est crû sur son affirmation pour la quotité des gages, pour le paiement du salaire de l'année échue et pour les comptes donnés pour l'année courante, 1781.
AGE. Doit être énoncé dans les actes de l'état civil, 34.
Age requis pour contracter mariage, 144-148.
Le Gouvernement peut accorder des dispenses d'âge pour contracter mariage, 145.
Circonstances où le mariage ne peut plus être attaqué pour défaut d'âge, 185. Voir *Mariage.*
Age avant lequel le divorce par consentement mutuel n'est point admis, 275.
Age après lequel le divorce par consentement mutuel n'est pas admis, 277. Voir *Divorce.*
Age auquel on peut adopter, 343.
Age auquel on peut être adopté, 346. Voir *Adoption.*
La tutelle officieuse ne peut avoir lieu qu'à l'égard d'enfans âgés au moins de 15 ans, 364. Voir *Tutelle officieuse.*
Age auquel on peut refuser la tutelle ou s'en faire décharger, 433.
La majorité est fixée à 21 ans accomplis, 488.
L'usufruit accordé jusqu'à ce qu'un tiers ait atteint un âge fixe, dure jusqu'à cette époque, encore que le tiers soit mort avant l'âge fixé, 620.

La présomption de survie, pour ceux qui périssent dans un même événement, est déterminée par l'âge, 720, 721, 722.

Age auquel le mineur peut disposer par donation ou testament, 903, 904, 907. Voir *Mineur.*

Pour déterminer la violence commise envers les parties contractantes, on a égard à l'âge des personnes, 1112.

AGENS DIPLOMATIQUES valident les actes de l'état civil des Français qu'ils reçoivent en pays étranger, 48.

Dans quels cas ils sont dispensés de la tutelle ou peuvent s'en faire dispenser, 428 et suiv.

AIEULS PATERNELS et MATERNELS. Voir *Ascendans.*

AINESSE. Voir *Primogéniture.*

ALAMBICS sont immeubles par destination quand ils ont été placés par le propriétaire pour le service et l'exploitation des fonds, 524.

ALEATOIRE (Contrat). Ce qui le constitue, 1104. Voir *Jeu, Rente viagère.*

ALIÉNATION. Voir *Vente.*

ALIMENS Le condamné mort civilement ne peut recevoir par donation ou par testament, si ce n'est pour cause d'alimens, 25.

Les époux doivent des alimens à leurs enfans, 203.

Les enfans doivent des alimens à leurs père et mère et autres ascendans qui sont dans le besoin, 205.

Les gendres et belles-filles doivent des alimens à leurs beau-père et belle-mère. Circonstances qui font cesser cette obligation, 206.

Les alimens ne sont accordés que dans la proportion du besoin de celui qui les réclame et de la fortune de celui qui les doit, 208.

Circonstance où la décharge ou réduction des alimens peut être demandée, 209.

Ce que le tribunal doit ordonner, si la personne qui doit des alimens justifie qu'elle ne peut payer la pension alimentaire, 210.

Si le père ou la mère qui doit des alimens à son enfant, offre de le recevoir et de le nourrir dans sa demeure, doit-il être dispensé de payer la pension alimentaire ? 211.

Le mari doit à sa femme tout ce qui est nécessaire pour les besoins de la vie, 214.

Le tribunal peut accorder une pension alimentaire à l'époux qui a obtenu le divorce. Cette pension ne peut excéder le tiers des revenus de l'autre époux. Elle est révocable si elle cesse d'être nécessaire, 301.

L'adoptant et l'adopté se doivent réciproquement des alimens, 349.

Le tuteur officieux doit des alimens à son pupile, 364-367.

Le père qui fait détenir son enfant, lui doit des alimens convenables, 378.

Une des charges de la jouissance des biens d'un mineur est sa nourriture, 385.

Les enfans adultérins et incestueux ne peuvent demander que des alimens, 762, 763, 764. Voir *Adultérins* et *Incestueux*.

Si le donataire refuse des alimens au donateur, la donation peut être révoquée, 955.

Si une rente viagère ou une pension a été léguée à titre d'alimens, les intérêts en sont exigibles dès le jour du décès, 1015.

La compensation n'a pas lieu avec une dette qui a pour cause des alimens insaisissables, 1293.

Les alimens des époux font partie du passif de la communauté, 1409.

L'immeuble dotal peut être aliéné pour fournir des alimens à la famille, 1558.

La femme peut, pendant l'année de deuil, se faire fournir des alimens aux dépens de la succession du mari, 1550. Voir *Nourriture*, *Pension alimentaire*.

ALLIÉS. Voir *Parens*.

ALLUVION. Voir *Etangs*, *Fleuves*, *Lacs*.

ALTÉRATIONS. Les dépositaires des registres de l'état civil sont civilement responsables des altérations qui y surviennent, 51.

Dommages et intérêts qu'ils encourent, sans préjudice des peines portées au code pénal, pour toute altération des actes de l'état civil, 52.

ALTERNATIVE (Obligation). Voir *Obligation*.

AMBIGU. Ce qui est ambigu s'interprête par l'usage des lieux, 1159.

Dans un acte de vente, ce qui est ambigu s'interprête contre le vendeur, 1602.

AMÉLIORATIONS. L'usufruitier ne peut, à la cessation de l'usufruit, réclamer aucune indemnité pour les améliorations par lui faites, 599.

Lorsqu'il a été pris une somme sur la communauté pour l'amélioration des biens de l'un des époux, il doit récompense à l'autre, 1437.

Le tiers détenteur ne peut réclamer ses impenses et améliorations faites sur l'immeuble délaissé par hypothèques, que jusqu'à concurrence de la plus valeur résultant de l'amélioration, 2175. Voir *Impenses*, *Réparations* et *Vente*.

AMENAGEMENT. L'usufruitier doit se conformer pour les bois compris dans l'usufruit à l'amenagement des propriétaires, 590.

AMENDES. Quotité des amendes qu'encourent les officiers de l'état civil pour contravention à leurs fonctions, 50, 68, 156, 192, 193.

Tout parent, allié ou ami convoqué pour composer un conseil de famille et qui ne comparaît pas, encoure une amende qui ne peut excéder 50 fr., 413.

Biens sur lesquels peuvent se poursuivre les amendes encourues par le mari ou par la femme, 1424.

Cas où les conservateurs des hypothèques encourent l'amende de 1000 à 2000 fr., 2203.

AMEUBLISSEMENT. On peut faire entrer dans la communauté par voie d'ameublissement tout ou partie des immeubles présens et futurs, 1497.

Ce que c'est que l'ameublissement, 1505.

Il peut être déterminé ou indéterminé, 1506.

Effet de l'ameublissement *déterminé*. Droits du mari sur l'immeuble ameubli de cette manière, 1507.

Effet de l'ameublissement *indéterminé*. Droits du mari sur l'immeuble ameubli de cette manière, 1508.

L'époux ou ses héritiers ont le droit, lors du partage, de retenir l'héritage par lui ameubli, en le précomptant sur sa part, 1509.

AMIS. Voir *Conseil de Famille*, *Divorce*.

ANIMAUX, que le propriétaire du fonds livre au fermier pour la culture, sont immeubles par destination, 522, 524.

Ceux qu'il donne à cheptel à d'autres qu'au fermier ou métayer, sont meubles. *Même article.*

Les animaux sont meubles par leur nature, 528.
Le croît des animaux appartient au propriétaire par droit d'accession, 547.
Le produit et le croît des animaux sont des fruits naturels qui font partie des droits de l'usufruitier, 583.
Si l'usufruit est établi sur un animal qui vient à périr sans la faute de l'usufruitier, celui-ci n'est pas responsable de sa perte, 615.
Le propriétaire de l'animal, ou celui qui s'en sert, est responsable du dommage que l'animal cause, 1385.
On ne peut donner les animaux à titre de prêt de consommation, 1894. Voir *Bestiaux*, *Cheptel*.
ANNULLATION. Voir *Nullité*.
ANTICHRÈSE. C'est le nantissement d'une chose immobilière, 2072.
Elle ne s'établit que par écrit. Le créancier n'acquiert par l'antichrèse que la faculté de percevoir les fruits de l'immeuble, 2085.
Contributions, charges annuelles, et réparations dont est tenu le créancier, 2086.
Le débiteur ne peut, avant l'entier acquittement de la dette, réclamer la jouissance de l'immeuble qu'il a remis en antichrèse. Circonstance où le créancier peut contraindre le débiteur à reprendre la jouissance de son immeuble, 2087.
L'antichrèse ne rend point le créancier propriétaire de l'immeuble; il ne peut avoir que le droit de poursuivre en expropriation, faute de paiement, 2088.
Les parties peuvent stipuler que les fruits se compenseront avec les intérêts, 2089.
L'antichrèse peut être donnée par un tiers pour le débiteur; elle est indivisible, 2090.
Comment des tiers et le créancier lui-même exercent les priviléges et hypothèques qu'ils ont sur l'immeuble donné en antichrèse, 2091.
APOTHICAIRES. Sont créanciers privilégiés sur les meubles, 2101.
Leur action pour leurs visites, opérations et médicamens, se prescrit par un an, 2272.
APPARTEMENS MEUBLÉS. Voir *Bail*, *Glaces*.
APPEL. Est réservé sur tout jugement portant rectification d'un acte de l'état civil, 99.
— Main-levée d'opposition au mariage, 178.

— Divorce, 262, 263, 291, 292, 293.
— Adoption, 357.
— Destitution de tutelle, 448.

L'appel ne suspend pas la contrainte par corps prononcée par un jugement provisoirement exécutoire, en donnant caution, 2068.

La prescription peut être opposée même devant le tribunal d'appel, 2224. Voir *Tribunaux*.

APPORTS. Les époux peuvent modifier la communauté légale, en stipulant qu'en cas de renonciation, la femme pourra reprendre ses apports francs et quittes, 1497.

Mode de prélevement des apports des époux, lors du partage de la communauté réduite aux acquêts, 1498.

Mode de justification des apports dans la communauté d'où le mobilier est exclu, 1501, 1502.

Les époux doivent se faire raison des dettes qui diminuent l'apport promis, 1511.

La faculté accordée à la femme de reprendre son apport franc et quitte, ne s'entend que déduction faite des dettes qui lui sont personnelles, 1514. Voir *Société*.

APPOSITION DE SCELLÉS. Voir *Scellés*.

APPRENTIS. Les artisans sont responsables des dommages causés par leurs apprentis, 1384.

APPRENTISSAGE. Les frais d'apprentissage ne sont point sujets à rapport, 852.

APPROBATION. Les billets et les promesses sous signature privée doivent être approuvés en toutes lettres, pour la somme ou la quantité de la chose, par celui qui les souscrit, 1326.

AQUEDUCS. Sont du nombre des servitudes apparentes, 689.

ARBRES. Ne sont meubles qu'à mesure qu'ils sont abattus, 521.

Le voisin peut exiger que les arbres et haies plantés à une moindre distance, soient arrachés. — Celui sur la propriété duquel avancent les branches des arbres du voisin, peut contraindre celui-ci à couper ces branches. — Si ce sont les racines qui avancent sur son héritage, il a droit de les y couper lui-même, 672.

Les arbres qui se trouvent dans la haie mitoyenne, sont mitoyens

toyens comme la haie, et chacun des deux propriétaires a droit de requérir qu'ils soient abattus, 673. Voir *Bois*, *Fruits*.

ARCHITECTES. Non responsables de leurs ouvrages après dix ans, 1792, 2270.

Cas où ils ont un privilége pour leurs créances, 2103.

Comment ils le conservent, 2110. Voir *Devis* et *Marchés*.

ARGENT. L'argent comptant n'est pas compris dans l'expression *meuble*, lorsqu'il est employé seul, sans autre addition ni désignation, 533.

La vente ou le don d'une maison avec tout ce qui s'y trouve, ne comprend pas l'argent comptant, 536.

L'usufruitier a le droit de jouir de l'argent comptant compris dans l'usufruit, à la charge d'en rendre pareille quantité, 587.

Mode du rapport de l'argent donné lors de l'ouverture de la succession, 869.

Dettes avec lesquelles les sommes en argent peuvent se compenser, 1291.

ARMÉES. Comment doivent être rédigés les actes de naissance des marins, 59.

Les actes de décès, 86-87.

De la forme des actes de l'état civil concernant les militaires hors du territoire de la République, 88 et suiv.

Les militaires en activité de service sont dispensés de la tutelle, 428.

Règles particulières sur la forme des testamens des militaires, 981 et suiv.

ARMES ne sont point comprises dans le mot *meuble*, lorsqu'il est employé seul, sans autre addition ni désignation, 533.

ARRÉRAGES. Les arrérages des rentes sont des fruits civils, 584.

L'usufruit d'une rente viagère donne à l'usufruitier le droit d'en percevoir les arrérages, 588.

Les arrérages de rente produisent intérêt du jour de la demande ou de la convention, 1155.

Circonstance où le créancier perd la solidarité pour les arrérages échus, 1212.

Imputation des arrérages, 1254.

Pour que les offres réelles soient valables, elles doivent comprendre le capital et les arrérages, 1258.

La clause de séparation des dettes n'empêche pas que la communauté ne soit chargée des arrérages qui ont couru depuis le mariage, 1512.

Les arrérages de rentes et pensions alimentaires se prescrivent par cinq ans, 2277. Voir *Hypothèques, Rentes.*

ARRHES. Voir *Vente.*

ARROSEMENS. Voir *Eaux.*

ARTISANS. Le propriétaire a le droit de réclamer de l'artisan la matière qui ne lui appartenait pas, et avec laquelle il a formé une chose nouvelle, 570, exception, 571.

Le mineur artisan n'est point restituable contre les engagemens qu'il a pris à raison de son art, 1308.

Les billets des artisans quoique non écrits de leur main, n'ont pas besoin d'être par eux approuvés, 1326.

Leur responsabilité à l'egard du dommage causé par leurs apprentis, 1384.

ART MÉCANIQUE. Lorsque les père et mère ont fait apprendre à leur enfant adultérin ou incestueux un art mécanique, l'enfant ne pourra rien réclamer de leur succession, 764.

ARTS et MÉTIERS. Les instrumens d'arts et métiers ne sont pas compris dans le mot *meuble*, employé sans autre addition ni désignation, 533.

ASCENDANS. Circonstance où la surveillance des enfans d'un absent est déférée aux ascendans les plus proches, 142.

Les aïeuls et aïeules remplacent les pères et mères morts ou qui ne peuvent manifester leur volonté, pour le consentement à donner au mariage de leurs petits enfans, 150.

En ligne directe, le mariage est prohibé entre tous les ascendans et descendans légitimes ou naturels, 161.

Les ascendans ne sont pas obligés de motiver leur opposition aux mariages, 176.

Si leur opposition n'est pas fondée, ils ne sont pas passibles des dommages et intérêts, 179.

Ils peuvent attaquer les mariages contractés sans leur consentement, 182.

Il leur est dû des alimens par leurs enfans, 205. Voir *Alimens.*

Leur consentement est nécessaire pour les divorces par consentement mutuel, 278. Voir *Divorce.*

Ils ont la tutelle de leurs petits enfans, si leur père ou mère ne leur a pas choisi un tuteur, 402. Voir *Tutelle.*

Un ascendant, même après dix ans, ne peut être déchargé de la tutelle d'un interdit, 508.

Toute succession échue à des ascendans se divise en deux parts égales; il ne se fait aucune dévolution d'une ligne à l'autre que lorsqu'il ne se trouve aucun ascendant de l'une des deux lignes, 733-746.

L'ascendant qui se trouve au degré le plus proche, recueille la moitié affectée à sa ligne. Les ascendans au même degré succèdent par tête, 746. Voir *Succession.*

Un mineur peut disposer en faveur d'un ascendant qui est ou qui a été son tuteur, 907.

Réserve au profit des ascendans dont on ne peut disposer par donation ou testament, 915.

Ils peuvent accepter les dons et legs faits à leurs descendans mineurs, quoiqu'ils ne soient ni tuteurs ni curateurs, 935. Voir *Donations*, *Testamens.*

Ils peuvent faire entre leurs enfans et descendans le partage de leurs biens, 1075. Voir *Partage.*

La violence est une cause de nullité du contrat, si elle a été exercée sur les ascendans, 1113.

Les ascendans sont garans envers l'un des époux des dettes qu'il a payées pour l'autre, lorsque celui-ci a été déclaré, par le contrat de mariage, franc et quitte de toutes dettes antérieures, 1513.

ASSEMBLÉE DE FAMILLE. Voir *Conseil de Famille.*

ASSISTANCE que se doivent réciproquement les époux, 212.

ASSOCIATION entre le défunt et l'un de ses héritiers; lorsqu'elle est faite sans fraude ne donne pas lieu à rapport, 854.

ASSOCIÉS. Les actions et intérêts des compagnies de finance et de commerce sont réputés meubles à l'égard de chaque associé, tant que dure la société, 529. Voir *Société.*

ASSURANCE. Voir *Contrat d'assurance.*

ATRES. Celui qui veut faire construire un âtre est obligé de laisser la distance prescrite par les réglemens, 674.

Les réparations aux âtres sont des réparations locatives, s'il n'y a clause contraire dans le bail, 1754.

ATTÉRISSEMENS qui se forment successivement aux fonds riverains d'un fleuve ou d'une rivière, s'appellent *alluvion*, 556. Voir *Fleuves*.

AUBERGISTES, sont responsables des effets des voyageurs, 1952-1953.

Ils ne sont pas responsables des vols faits avec force majeure, 1954.

Les fournitures par eux faites sont des créances privilégiées, 2102.

Elles se prescrivent par six mois, 2271.

AUDITOIRE. Les jugemens portant interdiction ou nomination de conseil doivent y être affichés dans les dix jours, 501.

AUTEUR. On peut en matière de prescription, joindre à sa possession celle de son auteur, 2235.

AUTHENTIQUES. Voir *Actes* et *Titres*.

AUTORISATION. La femme ne peut ester en jugement sans l'autorisation de son mari, quand même elle serait marchande publique, ou non commune, ou séparée de biens, 215.

L'autorisation du mari n'est pas nécessaire lorsque la femme est poursuivie en matière criminelle ou de police, 216.

La femme, même non commune ou séparée de biens, ne peut donner, aliéner, hypothéquer, acquérir, à titre gratuit ou onéreux, sans le concours du mari dans l'acte, ou son consentement par écrit, 217.

Si le mari refuse d'autoriser sa femme à ester en jugement, le juge peut donner l'autorisation, 218.

Si le mari refuse d'autoriser sa femme à passer un acte, la femme peut faire citer son mari devant le tribunal de première instance, qui peut donner ou refuser son autorisation, après que le mari aura été entendu ou dûment appelé en la chambre du conseil, 219.

La femme, marchande publique, peut, sans l'autorisation de son mari, s'obliger pour ce qui concerne son négoce; elle oblige aussi son mari, s'il y a communauté entre eux, 220

Ce qui caractérise la marchande publique, 220.

Lorsque le mari est frappé d'une condamnation emportant peine afflictive, la femme, même majeure, ne peut, pen-

dant la durée de la peine, ester en jugement, ni contracter, qu'après s'être fait autoriser par le juge, qui peut, en ce cas, donner l'autorisation, sans que le mari ait été entendu ou appelé, 221.

Si le mari est interdit ou absent, le juge peut, en connaissance de cause, autoriser la femme, soit pour ester en jugement, soit pour contracter, 222.

Toute autorisation générale, même stipulée par contrat de mariage, n'est valable que quant à l'administration des biens de la femme, 223.

Si le mari est mineur, l'autorisation du juge est nécessaire à la femme, soit pour ester en jugement, soit pour contracter, 224.

La nullité fondée sur le défaut d'autorisation ne peut être opposée que par la femme, par le mari, ou par leurs héritiers, 225.

La femme peut tester sans l'autorisation de son mari, 226.

AUTORITÉ MARITALE. Voir *Autorisation*, *Puissance maritale.*

AUTORITÉ PATERNELLE. Voir *Puissance paternelle.*

AUTORITÉS PUBLIQUES. Les membres des autorités publiques sont dispensés de la tutelle, 427.

AUTRUI. Voir *Legs*, *Vente.*

AVANCEMENT D'HOIRIE. Voir *Dot.*

AVANCES faites par un mandataire. Voir *Mand.*

AVANTAGES, sont perdus pour celui contre lequel est admis le divorce, hors le cas du consentement mutuel, 299.

L'époux qui obtient le divorce, conserve les avantages à lui faits par l'autre époux, 300.

Les enfans des divorcés conservent leurs avantages comme s'il n'y avait pas eu de divorce, 304.

Avantages faits par les ascendans qui peuvent être attaqués pour cause de lésion, 1079.

Les avantages indirects résultans des actes de vente faits entre époux, ne peuvent nuire aux droits de leurs héritiers, 1595. Voir *Contrat de mariage*, *Préciput.*

AVARIES. Les voituriers sont responsables des avaries des choses qui leur sont confiées, à moins qu'ils ne prouvent qu'elles ont été avariées par cas fortuit, ou force majeure, 1784.

AVEU. L'aveu qui est opposé à une partie, est ou extrajudiciaire, ou judiciaire, 1354.

L'allégation d'un aveu extrajudiciaire, purement verbal, est inutile, s'il s'agit d'une demande dont la preuve testimoniale ne serait pas admissible, 1355.

L'aveu judiciaire est la déclaration que fait en justice la partie. — Il fait pleine foi contre celui qui la fait. — Il ne peut être divisé contre lui. — Il ne peut être révoqué, à moins qu'il ne prouve qu'il a été la suite d'une erreur de fait. — Il ne pourrait être révoqué sous prétexte d'une erreur de droit, 1356.

AVOUÉS. Ne peuvent devenir cessionnaires des procès, droits et actions litigieux qui sont de la compétence du tribunal dans le ressort duquel ils exercent leurs fonctions, à peine de nullité et de dommages et intérêts, 1597.

Sont contraignables par corps pour la restitution des titres à eux confiés et des deniers par eux reçus, par suite de leurs fonctions, 2060.

L'action pour le paiement de leurs frais et salaires, se prescrit par 2 ans, à compter du jugement du procès, ou de la conciliation des parties, ou depuis la révocation desdits avoués. — Pour les affaires non terminées, ils peuvent faire remonter leurs demandes à 5 ans, 2273.

Ils sont déchargés des pièces 5 ans après le jugement des procès, 2276.

AYANS CAUSE. Voir *Héritiers.*

B.

BAÇS sont meubles, 531.

BAIL. Voir *Baux.*

BAINS SUR BATEAUX sont meubles, 531.

BALCONS. Pour avoir des balcons sur l'héritage du voisin, il faut une distance de 19 décimètres (6 pieds), 678, 680.

BANQUEROUTE. Voir *Cession de biens*, *Faillite.*

BANQUIER. Voir *Mineur*, *Réparation de biens.*

BATEAUX, sont meubles, 531.

BATIMENS, sont immeubles par leur nature, 518.

Le propriétaire est responsable du dommage causé par la

ruine de son bâtiment, lorsqu'elle est arrivée par suite d'un défaut d'entretien, ou par le vice de sa construction, 1386. Voir *Usufruit.*

BAUX. Formalités à observer par un tuteur pour les baux des biens de ses mineurs, 450.

Le mineur émancipé ne peut passer des baux qui excèdent 9 ans, 481.

Les prix des baux à ferme sont rangés dans la classe des fruits civils, 584.

Règles à suivre pour la durée et le renouvellement des baux que passe l'usufruitier, 595.

Durée et effets des baux que le mari fait seul des biens de sa femme, 1429, 1430.

Le vendeur qui rentre dans l'héritage par l'effet du pacte de rachat, est tenu d'exécuter les baux faits sans fraude par l'acquéreur, 1673.

Définition des différentes espèces de baux, 1708, 1709, 1710, 1711.

Les baux des biens nationaux, des biens des communes, et des établissemens publics, sont soumis à des réglemens particuliers, 1712.

On peut louer toutes sortes de biens, meubles et immeubles, 1713.

Le bail ne peut être prouvé par témoins. — Le serment peut seulement être déféré à celui qui nie le bail, 1715.

Quand il y a contestation sur le prix d'un bail verbal commencé, le propriétaire est cru sur son serment, si mieux n'aime le locataire demander l'estimation par experts, 1716.

Le preneur a droit de sous-louer et même de céder son bail, si cette faculté ne lui a pas été interdite, 1717.

Les baux des biens des mineurs sont sujets aux mêmes formalités que les baux des biens des femmes mariées, 1718.

Obligations du bailleur à l'égard du preneur, 1719, 1720.

Circonstances où il est dû garantie au preneur, 1721.

Si la chose louée est détruite en totalité par cas fortuit, le bail est résilié de plein droit.
— Si elle n'est détruite qu'en partie, le preneur a le choix de demander une diminution du prix, ou la résiliation du bail.
— Dans ces deux cas, il n'y a lieu à aucun dédommagement, 1722.

Le bailleur ne peut, pendant la durée du bail, changer la forme de la chose louée, 1723.

Si la chose louée a besoin de réparations urgentes, le preneur doit les souffrir.
— Si elles durent plus de 40 jours, il y a lieu à une diminution du prix du bail.
— Si les réparations sont de nature à rendre le logement inhabitable, le preneur peut faire résilier le bail, 1724.
Effets du trouble apporté à la jouissance d'un locataire ou d'un fermier, 1725, 1726, 1727.
Le preneur doit appeler le bailleur en garantie, lorsqu'il est cité en justice pour se voir condamner au délaissement de la chose louée, ou à des servitudes, 1727.
Principales obligations du preneur, 1728.
Circonstances où le bailleur peut faire résilier le bail, 1729.
S'il a été fait un état des lieux, le preneur doit rendre la chose telle qu'il l'a reçue, excepté ce qui a péri par vétusté ou force majeure, 1730.
S'il n'a pas été fait un état des lieux, le preneur doit les rendre en bon état de réparations locatives, 1731.
Responsabilité du preneur en cas de dégradations ou de pertes arrivées pendant sa jouissance, 1732-1735.
Circonstance où il répond de l'incendie, ainsi que les autres locataires. Exception, 1733-1734.
Si le bail a été fait sans écrit, le délai pour le congé est fixé par l'usage des lieux, 1736.
Ce congé n'est pas nécessaire lorsque le bail cesse de plein droit à l'expiration du terme fixé, 1737.
Il s'opère un nouveau bail par la continuation de la jouissance du preneur à l'expiration du bail écrit, 1738.
Lorsqu'il y a un congé signifié, le preneur, quoiqu'il ait continué sa jouissance, ne peut invoquer la tacite reconduction, 1739.
Dans les cas de la prolongation de jouissance, la caution pour le bail est déchargée de ses obligations, 1740.
Comment se résout le contrat de louage, 1741.
Il n'est pas résolu par la mort du bailleur, ni par celle du preneur, 1742.
Si la chose louée est vendue, l'acquéreur ne peut expulser le preneur par bail authentique, à moins qu'il n'y ait réserve à ce sujet dans le bail, 1743.
Mode d'après lequel on doit régler l'indemnité et fixation montant, de cette indemnité due au fermier ou locataire, dans le cas où l'acquéreur peut les expulser en vertu d'une clause du bail, 1744, 1745, 1746, 1747.

Avertissement

Avertissement à donner au preneur par l'acquéreur qui veut user de la faculté d'éviction, 1748.

Le preneur ne peut être expulsé par l'acquéreur, qu'il n'ait reçu le montant des dommages et intérêts, 1749.

L'acquéreur n'est tenu d'aucuns dommages et intérêts, si le bail n'est pas fait par acte authentique, 1750.

L'acquéreur à pacte de rachat, ne peut expulser le preneur que lorsque le délai fixé pour le remeré est expiré, 1751.

Le locataire qui ne garnit pas la maison de meubles suffisans peut être expulsé, à moins qu'il ne donne des sûretés pour répondre du loyer, 1752.

Le sous-locataire n'est tenu envers le propriétaire saisissant que jusqu'à concurrence du prix de sa sous-location. Paiemens faits par anticipation pour le sous-locataire qui sont admissibles, 1753.

Le locataire est tenu des réparations locatives. Désignation de quelques-unes de ces réparations, 1754.

Les réparations locatives ne sont pas à la charge des locataires quand elles ne sont occasionnées que par vétusté ou force majeure, 1755.

Le curement des puits et des fosses d'aisance est à la charge du bailleur, s'il n'y a clause contraire, 1756.

Quelle est la durée présumée d'un bail de meubles, 1757.

Pour combien de tems le bail d'un appartement meublé est censé fait, 1758.

Effet de la jouissance continuée sans opposition, après l'expiration du bail par écrit, 1759.

En cas de résiliation par la faute du locataire, celui-ci est tenu de payer le prix du bail pendant le tems nécessaire à la relocation, 1760.

Le bailleur ne peut résoudre la location, même pour occuper, s'il n'y a convention contraire, 1761.

S'il a été convenu qu'il pourroit venir occuper la maison, il est tenu de signifier d'avance un congé aux époques déterminées par l'usage des lieux, 1762.

Celui qui cultive sous la condition d'un partage de fruits ne peut sous-louer, si la faculté ne lui en a pas été accordée par le bail, 1763.

En cas de contravention, le propriétaire peut rentrer en jouissance et obtenir des dommages et intérêts, 1764.

Augmentation ou diminution du prix du bail, pour excédant ou défaut de contenance, 1765.

Cas où le bailleur peut faire résilier le bail et obtenir des dommages et intérêts contre le preneur, 1766.
Tout preneur de bien rural est tenu d'engranger dans les lieux à ce destinés d'après le bail, 1767.
Délai dans lequel il doit avertir le propriétaire des usurpations, sous peine de dommages et intérêts, 1768.
Circonstance où le fermier peut et ne peut pas demander une remise du prix de sa location pour perte de fruits. Cette remise se regle suivant les pertes qu'il éprouve et la durée du bail, 1769, 1770, 1771.
Le preneur peut être chargé des cas fortuits, 1772.
Cette stipulation ne s'entend que des cas fortuits ordinaires, tels que grêle, feu du ciel, gelée ou coulure, et non des cas fortuits extraordinaires, tels que ravages de la guerre, inondation, à moins qu'il n'ait été chargé de tous les cas fortuits prévus et imprévus, 1773.
Durée d'un bail non écrit d'un bien rural, 1774.
Il cesse de plein droit à l'expiration du tems pour lequel il est censé fait, 1775.
Si à l'expiration des baux ruraux écrits, le preneur est laissé en possession; il s'en opère un nouveau assimilé au bail sans écrit, 1776.
Logemens que doivent se procurer réciproquement le fermier sortant et le fermier entrant, 1777.
Le fermier sortant doit laisser les pailles et engrais de l'année, 1778.

BAUX A CHEPTEL. Voir *Cheptel.*

BEAU-PERES et BELLES-MERES. Voir *Belles-Filles, Gendres, Pères et Mères.*

BELLES-FILLES doivent des alimens à leurs beaux-pères et belles-mères. Circonstances qui font cesser cette obligation, 206.

BÉNÉFICE DE DISCUSSION. Voir *Cautionnement.*

BÉNÉFICE DE DIVISION ne peut être opposé par le débiteur solidaire, 1203. Voir *Exception.*

BÉNÉFICE D'INVENTAIRE. Un tuteur ne peut accepter une succession au nom de ses mineurs que sous bénéfice d'inventaire, 461.
Si les héritiers ne sont pas d'accord pour accepter ou répudier une succession, elle doit être acceptée sous bénéfice d'inventaire, 782.

La déclaration d'accepter sous bénéfice d'inventaire se fait au tribunal de première instance et doit être inscrite sur le registre des actes de renonciation, 793.

Cette déclaration n'a d'effet qu'autant qu'elle est précédée ou suivie d'un inventaire exact, 794.

L'héritier a trois mois pour faire inventaire ; plus 40 jours pour délibérer sur son acceptation ou sa renonciation, 795.

Cas où il peut se faire autoriser par justice à vendre certains effets de la succession, 796.

Pendant la durée des délais pour faire inventaire et pour délibérer, l'héritier ne peut être contraint à prendre qualité. Les frais par lui faits sont à la charge de la succession, 797.

L'héritier, en cas de poursuites dirigées contre lui, peut demander au tribunal un nouveau délai, 798.

Les frais de poursuites, dans ce cas, sont à la charge de la succession. Cas où elles sont à la charge de l'héritier bénéficiaire, 799.

L'héritier conserve, même après les délais ci-dessus, la faculté de faire encore inventaire et de se porter héritier bénéficiaire, 800.

L'héritier coupable de recelé ou qui a omis sciemment de comprendre dans l'inventaire, des effets de la succession, est déchu du bénéfice d'inventaire, 801.

Effets du bénéfice d'inventaire, 802.

Obligations de l'héritier bénéficiaire relativement à l'administration des biens de la succession et aux comptes qu'il est tenu de rendre, 803.

Il n'est tenu que des fautes graves dans l'administration dont il est chargé, 804.

Formalités qu'il est tenu d'observer pour la vente des meubles, 805.

Idem pour la vente des immeubles, 806.

Circonstances où il doit fournir caution, 807.

Du paiement aux créanciers, 808-809.

Les frais de scellés, d'inventaire et de compte sont à la charge de la succession, 810.

BÉNEFICIAIRE (HERITIER.) Voir *Bénéfice d'inventaire*, *Héritier*.

BESTIAUX. Ceux servant à faire valoir les terres sont censés compris dans les donations entre-vifs et testamentaires desdites terres, 1064.

Si le fermier ne garnit pas la ferme de bestiaux nécessaires à

son exploitation, le bailleur peut faire résilier le bail et obtenir des dommages et intérêts, 1766. Voir *Animaux.*

BIENFAISANCE. Le contrat de bienfaisance est celui dans lequel l'une des parties procure à l'autre un avantage purement gratuit, 1105.

BIENS sont meubles ou immeubles, 516.

Des biens qui sont immeubles ou par leur nature, ou par leur destination, ou par l'objet auquel ils s'appliquent, 517 et suiv. jusqu'à 526 compris. Voir *Immeubles.*

Des biens qui sont meubles par leur nature ou par la détermination de la loi, 527 et suiv. jusqu'à 536: Voir *Meubles.*

Les particuliers ont la libre disposition des biens qui leur appartiennent, sauf les modifications établies par les lois, 537.

Tous les biens vacans et sans maîtres, et ceux des personnes qui décèdent sans héritiers, ou dont les successions sont abandonnées, appartiennent à la Nation, 539-713. Voir *Deshérence*, *Succession vacante.*

Les biens communaux sont ceux à la propriété ou au produit desquels les habitans d'une ou plusieurs communes ont un droit acquis, 542.

On peut avoir sur les biens ou un droit de propriété, ou un simple droit de jouissance, ou seulement des services fonciers à prétendre, 543.

La propriété des biens s'acquiert et se transmet par succession, par donation entre vifs ou testamentaire, et par l'effet des obligations, 711. Voir *Donations*, *Successions*, *Testamens*, *Vente.*

La propriété des biens s'acquiert aussi par accession ou incorporation et par prescription, 712.

Biens sur lesquels frappent les condamnations qui n'emportent pas mort civile, 1724.

Biens sur lesquels frappent les condamnations qui emportent mort civile, 1725.

BIENS NATIONAUX. Voir *Baux* et *Domaines nationaux.*

BIENS PARAPHERNAUX. Voir *Dot.*

BILATERAL. Le contrat est bilatéral lorsque les contractans s'obligent réciproquement les uns envers les autres, 1102.

BILLET SOUS SEING PRIVÉ doit être écrit en entier de la main de celui qui le souscrit, ou contenir un *bon* ou un *approuvé* portant en toutes lettres la somme ou la quantité de la chose. Exception à l'égard des marchands, artisans, laboureurs, vignerons, gens de journée et de service, 1326. Voir *Bon.*

BISAIEUL et BISAIEULE. Voir *Ascendans.*

BLANC. Les actes de l'état civil doivent être inscrits sur les registres de suite et sans aucun blanc, 42.

Les mentions de dépôts, les inscriptions et transcriptions doivent être faites sur les registres des conservateurs de suite et sans aucun blanc, sous peine de mille à deux mille francs d'amende et de dommages et intérêts, 2203.

BOIS. Voir *Coupes de Bois.*

BOISERIE. Voir *Glaces.*

BON. Lorsque la somme exprimée au corps de l'acte est différente de celle exprimée au *bon*, l'obligation est présumée n'être que de la somme moindre, 1327. Voir *Billet, Promesse.*

BONNE-FOI. Le mariage déclaré nul produit néanmoins les effets civils lorsqu'il a été contracté de bonne-foi, 201-202.

Le simple possesseur ne fait les fruits siens que dans le cas où il possède de bonne-foi, 549.

Le possesseur est de bonne-foi quand il possède en vertu d'un titre dont il ignore les vices, 550.

Les conventions doivent être exécutées de bonne-foi, 1134.

Un débiteur de bonne-foi peut abandonner ses biens à ses créanciers, 1268.

Si celui qui a reçu de bonne-foi a vendu la chose, il ne doit restituer que le prix de la vente, 1380.

La bonne-foi est toujours présumée, et c'est à celui qui allègue la mauvaise foi à la prouver, 2268.

Il suffit que la bonne-foi ait existé au moment de l'acquisition, 2269. Voir *Prescription.*

BONNES MŒURS. Voir *Mœurs.*

BORDEREAUX D'INSCRIPTION. Leur teneur et leur forme, 2148, 2150, 2153.

Devoirs des conservateurs des hypothèques pour l'inscription des bordereaux, 2200. Voir *Hypothèques.*

BORNAGE. Tout propriétaire peut obliger son voisin au bornage qui se fait à frais communs, 646.

BOUCHERS ont privilége pour la fourniture des six derniers mois, 2101.

BOULANGERS ont privilége pour la fourniture des six derniers mois, 2101.

BRANCHES D'ARBRES. Voir *Arbres.*

BRANCHES DE FAMILLE. En fait de succession, si une même souche a produit plusieurs branches, la subdivision se fait par souche dans chaque branche, et les membres de la même branche partagent entr'eux par tête, 743.

C.

CADUCITÉ des Donations, des Legs et des Testamens, Voir *Donations, Legs, Testamens.*

CALCUL. L'erreur de calcul, dans une transaction, doit être réparée, 2058.

CAPACITÉ *de disposer ou de recevoir.* Pour faire une donation entre-vifs ou un testament, il faut être sain d'esprit, 901.

Toutes personnes peuvent disposer et recevoir, excepté celles que la loi en déclare incapables, 902.

Le mineur âgé de moins de seize ans ne peut aucunement disposer. — Exception, 903.

Le mineur parvenu à l'âge de seize ans ne peut disposer que par testament, et jusqu'à concurrence seulement de la moitié des biens dont la loi permet au majeur de disposer, 904.

La femme mariée ne peut donner entre-vifs sans l'assistance ou le consentement spécial de son mari, ou sans y être autorisée par la justice. — Elle n'a besoin ni du consentement du mari, ni d'autorisation de la justice, pour disposer par testament, 905.

Pour être capable de recevoir entre-vifs, il suffit d'être conçu au moment de la donation. — Pour être capable de recevoir par testament, il suffit d'être conçu à l'époque du décès du testateur, 906.

Le mineur, quoique parvenu à l'âge de seize ans, ne peut, même par testament, disposer au profit de son tuteur. — Devenu majeur, il ne peut disposer au profit de celui qui a

été son tuteur, si le compte définitif de la tutelle n'a été préalablement rendu et apuré. — Sont exceptés, dans les deux cas ci-dessus, les ascendans des mineurs, qui sont ou qui ont été leurs tuteurs, 907.

Les enfans naturels ne peuvent rien recevoir au-delà de ce qui leur est accordé au titre *des Successions.*

— Les docteurs en médecine ou en chirurgie, les officiers de santé et les pharmaciens qui auront traité une personne pendant la maladie dont elle meurt, ne pourront profiter des dispositions entre-vifs ou testamentaires qu'elle aurait faites en leur faveur pendant le cours de cette maladie. — Exception à l'égard des dispositions rénumératoires, 209.

— Les mêmes règles sont observées à l'égard du ministre du culte, 209.

Les dispositions entre-vifs ou par testament, au profit des hospices, des pauvres, des communes, ou d'établissemens d'utilité publique, n'ont leur effet qu'autant qu'elles sont autorisées par un arrêté du Gouvernement, 910.

Toute disposition au profit d'un incapable est nulle, soit qu'on la déguise sous la forme d'un contrat onéreux, soit qu'on la fasse sous le nom de personnes interposées. — Sont réputés personnes interposées, les pères et mères, les enfans et descendans, et l'époux de la personne incapable, 911.

On ne peut disposer au profit d'un étranger, que dans le cas où cet étranger pourrait disposer au profit d'un Français, 912. Voir *Donations*, *Testamens.*

CAPACITE *de contracter.* Voir *Contrats.*

CAPITAINES-COMMANDANS. Cas où ils remplissent à l'armée les fonctions de l'Officier de l'état civil, 89.

Forme des registres à tenir à cet effet, 90, 91. Voir *Etat Civil.*

Reçoivent les testamens des militaires et des individus employés dans les armées, 981. Voir *Testamens.*

CAPITAL. Voir *Imputation*, *Prêt à intérêt*, *Rente.*

CARREAUX de chambre. Les réparations locatives dont le locataire est tenu, s'il n'y a clause contraire, sont celles à faire aux carreaux des chambres, lorsqu'il y en a quelques-uns de cassés., 1754.

CARRIÈRE. L'usufruitier jouit, de la même manière que le propriétaire, des carrières qui sont en exploitation à l'é-

poque de l'usufruit. — Il n'a aucun droit aux carrières non encore ouvertes, 598.

Les produits des carrières tombent dans la communauté entre époux. — Si elles ont été ouvertes pendant le mariage, les produits n'en tombent dans la communauté que sauf récompense à celui des époux à qui elle pourra être due, 1403.

CAS FORTUITS. Ni le propriétaire, ni l'usufruitier, ne sont tenus de rebâtir ce qui a été détruit par cas fortuit, 607.

Il n'y a pas lieu à des dommages et intérêts, lorsque l'inexécution d'une obligation provient d'un cas fortuit, 1148.

Les cas fortuits libèrent le débiteur de la chose due, mais il est tenu de prouver le cas fortuit qu'il allègue, 1302.

Le commencement de la preuve testimoniale s'applique aux cas où le créancier a perdu le titre qui lui servait de preuve littérale, par suite d'un cas fortuit, 1348.

On est responsable de la perte qui arrive par cas fortuit d'une chose reçue de mauvaise foi, 1379.

Si la chose louée est détruite en totalité par cas fortuit, le bail est résilié de plein droit, 1722.

Cas où l'emprunteur est tenu des cas fortuits, 1881, 1882. Voir *Bail*, *Cheptel*, *Rapport*.

CASSATION. Voir *Tribunal de Cassation*.

CAUSE DÉTERMINÉE. Voir *Divorce*.

CAUTION, CAUTIONNEMENT. En toutes matières, autres que celles de commerce, l'étranger demandeur est tenu de caution. — Exception, 16.

Cautions à fournir par ceux qui sont envoyés en possession provisoire des biens d'un absent, 120, 123, 124.

Cautions à donner par l'usufruitier, 601, 602. Voir *Usufruit*.

On ne peut jouir des droits d'usage et d'habitation, qu'après avoir donné caution, 626.

Le conjoint qui réclame la succession du conjoint prédécédé, doit fournir caution, 771.

Idem, de la part de l'héritier bénéficiaire, 807.

Une obligation peut être acquittée par la caution, 1236.

La subrogation a lieu tant contre les débiteurs que contre les cautions, 1252.

En fait de consignation, tant qu'elle n'a pas été acceptée par le

le créancier, si le débiteur la retire, ses cautions ne sont point libérées, 1261.
Circontance où le débiteur ne peut plus retirer sa consignation, au préjudice de ses cautions, 1262.
La novation opérée à l'égard du débiteur principal, libère les cautions. — Exception, 1281.
La remise ou décharge conventionnelle accordée au débiteur principal, libère les cautions; — celle accordée à la caution ne libère pas le débiteur principal; — celle accordée à l'une des cautions ne libère pas les autres, 1287.
Ce que le créancier a reçu d'une caution pour la décharge de son cautionnement, doit être imputé sur la dette, et tourner à la décharge du débiteur principal et des autres cautions, 1288.
La caution peut opposer la compensation de ce que le créancier doit au débiteur principal. — Mais le débiteur principal ne peut opposer la compensation de ce que le créancier doit à la caution, 1294.
La confusion qui s'opère dans la personne du débiteur principal, profite à ses cautions; — celle qui s'opère dans la personne de la caution, n'entraîne point l'extinction de l'obligation principale; — celle qui s'opère dans la personne du créancier, ne profite à ses co-débiteurs solidaires que pour la portion dont il était débiteur, 1301.
Le serment déféré au débiteur principal libère également les cautions. — Celui déféré à la caution profite au débiteur principal. — Exception, 1365.
La femme qui s'oblige solidairement avec son mari n'est réputée, à l'égard de celui-ci, s'être obligée que comme caution, 1431.
Cas où le mari dont la femme a obtenu le divorce ou la séparation de corps doit donner caution pour la somme ou la chose qui constitue le préciput qui reste toujours provisoirement entre ses mains, 1518.
Cas où la caution donnée pour le bail ne s'étend pas aux obligations résultantes de la prolongation, 1740.
Celui qui se rend caution d'une obligation, se soumet envers le créancier à satisfaire cette obligation, si le débiteur n'y satisfait pas lui-même, 2011.
Le cautionnement ne peut exister que sur une obligation valable. — Exception, 2012.
Si l'étendue du cautionnement excède la dette, ou s'il est contracté sous des conditions plus onéreuses, il n'est point nul:

il est seulement réductible à la mesure de l'obligation principale, 2013.

On peut se rendre caution sans ordre de celui pour lequel on s'oblige, et même à son insu. — On peut aussi se rendre caution de la caution, 2014.

Le cautionnement ne se présume point; il doit être exprès, et on ne peut pas l'étendre au-delà des limites dans lesquelles il a été contracté, 2015.

Le cautionnement indéfini d'une obligation principale s'étend à tous les accessoires de la dette, 2016.

Les engagemens des cautions passent à leurs héritiers, à l'exception de la contrainte par corps, 2017.

Qualités requises pour être accepté comme caution, 2018-2019.

Lorsque la caution reçue par le créancier est devenue insolvable, il doit en être donné une autre. — Exception, 2020.

Obligations de la caution envers le créancier, 2021.

Le créancier est obligé de discuter le débiteur principal, lorsque la caution le requiert, 2022. Voir ci-après *Cautions judiciaires*.

La caution doit indiquer au créancier les biens du débiteur principal, et avancer les deniers suffisans pour faire la discussion. — Exception à l'égard de certains biens, 2023.

Dans quel cas et jusqu'à quelle concurrence le créancier est responsable, à l'égard de la caution, de l'insolvabilité du débiteur principal, survenue par le défaut de poursuites, 2024.

Si plusieurs personnes se sont rendues cautions d'un même débiteur pour une même dette, elles sont obligées chacune à toute la dette, 2025.

Elles peuvent néanmoins exiger que le créancier divise préalablement son action, 2026-2027.

La caution qui a payé a son recours contre le débiteur principal, 2028.

Elle est subrogée à tous les droits qu'avait le créancier contre le débiteur, 2029-2030.

Circonstances où la caution n'a pas de recours contre le débiteur principal, 2031.

Cas où la caution, même avant d'avoir payé, peut agir contre le débiteur, 2032.

Lorsque plusieurs personnes ont cautionné un même débiteur pour une même dette, la caution qui a acquitté la dette a recours contre les autres cautions, 2033.

L'obligation qui résulte du cautionnement s'éteint par les mêmes causes que les autres obligations, 2034.

Le créancier a toujours action contre les cautions de la caution, 2035.

Exceptions que la caution peut opposer au créancier, 2036.

Elle est déchargée, lorsque la subrogation aux droits du créancier ne peut plus, par le fait de ce dernier, s'opérer en faveur de la caution, 2037.

L'acceptation volontaire par le créancier, d'un objet quelconque en paiement de sa dette, décharge la caution, encore que le créancier vienne à être évincé, 2038.

La simple prorogation de terme ne décharge point la caution, qui en ce cas peut poursuivre le débiteur pour le forcer au paiement, 2039.

La caution, lorsqu'il s'agit d'un cautionnement judiciaire, est susceptible de contrainte par corps, 2040-2060.

Celui qui ne peut trouver une caution, est reçu à donner à sa place un gage en nantissement suffisant, 2041.

La caution judiciaire ne peut point demander la discussion du débiteur principal, 2042.

Le créancier inscrit, qui requiert la mise aux enchères de l'immeuble vendu, doit offrir de donner caution, 2185.

CAUTIONNEMENT *des fonctionnaires publics.* Voir *Fonctionnaires publics.*

CÉLÉBRATION *du mariage.* Voir *Mariage.*

CERTIFICATS. Voir *Hypothèques*, *Mariage.*

CERTIFICAT *de vie.* Nécessaire pour toucher les arrérages d'une rente viagère, 1983.

CESSION. Nul ne peut être contraint à céder sa propriété, si ce n'est pour cause d'utilité publique, 545.

Définition de la cession de biens par un débiteur à ses créanciers, 1265.

Elle est volontaire ou judiciaire, 1266.

Définition et effet de la cession volontaire, 1267.

Définition et effets de la cession judiciaire 1268-1269-1270.

Le dépositaire infidèle n'est point admis au bénéfice de la cession, 1945. Voir *Faillite*, *Transport.*

CESSIONNAIRES. Voir *Compensation*, *Partage*, *Privilége*, *Transport.*

CHAMBRANLES DE CHEMINÉE. Les réparations à

faire aux chambranles de cheminées sont à la charge des locataires. — Exception, 1754.

CHAMBRE DU CONSEIL. Voir *Tribunaux.*

CHAMP RIVERAIN. Voir *Fleuves.*

CHANGEMENS. Voir *Baux. Contrat de mariage. Domicile.*

CHAPERON. Marque la non-mitoyenneté du mur, 654.

CHARGES. La tutelle est une charge personnelle qui ne passe pas aux héritiers du tuteur, 419.

La femme dont tous les biens sont paraphernaux contribue aux charges du mariage jusqu'à concurrence du tiers de ses revenus, 1575. Voir *Communauté. Contrat de mariage.*

Le vendeur qui rentre dans son héritage par l'effet du pacte de rachat, le reprend exempt de toutes les charges dont l'acquéreur l'aurait grevé, 1673.

L'acquéreur de droits successifs doit rembourser au vendeur ce qu'il a payé pour les charges de la succession, 1698. Voir *Créances hypothécaires, Créanciers. Immeubles.*

CHARPENTIERS qui traitent à forfait sont assimilés aux entrepreneurs, 1799.

CHASSE. La faculté de chasser est réglée par des lois particulières, 715.

CHAUDIERES. Sont immeubles par destination quand elles ont été placées par le propriétaire pour le service des fonds, 524.

CHAUX. Les objets mobiliers scellés à chaux sont censés avoir été attachés au fonds à perpétuelle demeure, 525.

CHEF. Voir *Rapport. Renonciation à succession. Succession.*

CHEFS *de Bataillon, d'Escadron et d'Etat-major. Armée. Etat civil.*

CHEMINÉE. Effet de la mitoyenneté relativement à l'adossement d'une cheminée contre un mur, 657.

Celui qui veut construire une cheminée près d'un mur est obligé de laisser la distance prescrite par les réglemens et usages sur ces objets, 674.

CHEMINS. Ceux à la charge de la nation sont considérés comme des dépendances du domaine public, 538.

Le propriétaire riverain qui profite de l'alluvion doit laisser le chemin de hallage, 556. Voir *Servitudes*.

CHEPTEL. Les animaux que le propriétaire donne à Cheptel à d'autres qu'au fermier ou métayer, sont meubles, 522.

Définition du cheptel en général, 1711-1800.

Ses différentes espèces, 1801 - 1802.

Définition du cheptel simple, 1804.

Objet de l'estimation donnée au cheptel dans le bail, 1805.

Le preneur doit les soins d'un bon père de famille à la conservation du cheptel, 1806.

Il n'est tenu du cas fortuit que lorsqu'il a été précédé de quelque faute de sa part, 1807.

En cas de contestation, le preneur est tenu de prouver le cas fortuit, et le bailleur est tenu de prouver la faute qu'il impute au preneur, 1808.

Le preneur qui est déchargé par le cas fortuit, est toujours tenu de rendre compte des peaux des bêtes, 1809.

Des pertes à la charge du bailleur, ou à supporter en commun, 1810.

Stipulations prohibées dans le cheptel, 1811.

Le preneur profite seul des laitages, du fumier et du travail des animaux donnés à cheptel. — La laine et le croît se partagent, 1811.

Le preneur et le bailleur ne peuvent disposer d'aucune bête du troupeau, soit du fonds, soit du croît, sans leur consentement réciproque, 1812.

Le propriétaire peut faire saisir et vendre les animaux donnés à cheptel à son fermier par un tiers, si le cheptel ne lui a pas été notifié, 1813.

Le preneur ne peut tondre sans en prévenir le bailleur, 1814.

S'il n'y a pas de tems fixé par la convention pour la durée du cheptel, il est censé fait pour trois ans, 1815.

Le bailleur peut en demander plutôt la résolution, si le preneur ne remplit pas ses obligations, 1816.

Mode de partage à la fin du bail, ou lors de sa résolution, 1817.

Définition du cheptel à moitié, 1818.

Droits du bailleur et du preneur, 1819-1820.

Définition du cheptel donné au fermier appelé *Cheptel de fer*, 1821.

L'estimation ne lui en transfère pas la propriété, mais le met à ses risques, 1822 - 1826.

Les profits et les pertes sont en entier pour le fermier, 1823-1825.

Le fumier appartient à la métairie, 1824.

Nature et effet du cheptel donné au colon partiaire, 1827-1828.

Ce cheptel finit avec le bail à métairie, 1829.

Il est d'ailleurs soumis à toutes les règles du cheptel simple, 1830.

Lorsqu'une ou plusieurs vaches sont données pour les loger et les nourrir, le bailleur en conserve la propriété; il a seulement le profit des veaux qui en naissent, 1831.

Le fermier et le colon partiaire peuvent être contraints par corps à représenter à la fin du bail le cheptel de bétail, 2060.

CHEVAUX. Voir *Meubles.*

CHIFFRES. La date en chiffres ne peut être employée dans les actes de l'état civil, 42.

CHOSES. Des lois de police règlent la manière de jouir des choses qui n'appartiennent à personne, et dont l'usage est commun à tous. 714.

Des lois particulières règlent les droits sur les choses perdues, dont le maître ne se représente pas, 717.

Voir *Commerce*, *Compensation*, *Contrats*, *Legs*, *Louage*, *Union.*

CIMENT. Les effets mobiliers scellés à ciment sont immeubles, 525.

CITATION JUDICIAIRE. Voir *Prescription*, *Tutelle.*

CITOYEN. La qualité de citoyen ne s'acquiert et ne se conserve que conformément à la loi constitutionnelle, 7.

CLAUSE. Voir *Bail*, *Contrats.*

CLEFS. Voir *Délivrance.*

CLERCS. Ceux des notaires par lesquels les testamens sont reçus ne peuvent être témoins, 975.

CLOTURE. Tout propriétaire peut clorre son héritage. — Exception, 647.

Le propriétaire qui veut se clorre perd son droit au parcours et vaine pâture, en proportion du terrain qu'il y soustrait, 648. Voir *Fossés*, *Haies*, et *Murs.*

CLOTURE DU COMPTE de Tutelle. Voir *Tutelle.*

CO-DEBITEURS. Voir *Contrat*, *Prescription.*

COFIDEJUSSEURS. Voir *Caution.*

CO-HABITATION. L'impossibilité physique de la cohabitation du mari avec sa femme l'autorise à désavouer un enfant, 312. Voir *Mariage.*

CO-HÉRITIERS. Voir *Héritiers*, *Privilége*, *Rachat*, *Succession.*

COLLATÉRALE. Voir *Ligne. Représentation. Succession.*

COLLATÉRAUX. Voir *Contrat de mariage. Successions.*

COLOMBIER. Voir *Pigeons.*

COLONIES. Voir *Tutelle.*

COLON PARTIAIRE. Voir *Cheptel*, *Fermiers.*

COMMANDANS DE TROUPES. Voir *Armée.*

COMMANDEMENT. Doit précéder toute expropriation d'immeubles, 2217.

Interrompt la prescription, 2244.

COMMERÇANT. Voir *Commerce*, *Séparation de biens.*

COMMERCE. Un établissement de commerce chez l'étranger ne fait pas perdre la qualité de Français, 17.

Le mineur émancipé qui fait un commerce, est réputé majeur pour les faits relatifs au commerce, 487.

Il n'y a que les choses qui sont dans le commerce qui puissent être l'objet des conventions, 1128.

Le mineur commerçant n'est pas restituable contre les engagemens qu'il a pris à raison de son commerce, 1308.

Les actes faits par la femme sans le consentement de son mari, n'engagent pas les biens de la communauté, si ce n'est lorsqu'elle contracte pour le fait de son commerce, 1426.

Tout ce qui est dans le commerce peut être vendu, 1598.

On ne peut prescrire le domaine des choses qui ne sont point dans le commerce, 2226. Voir *Meubles.*

COMMETTANS. Sont responsables du dommage causé par leurs préposés, 1384.

COMMISSAIRES DE LA COMPTABILITÉ. Sont dispensés de la tutelle, 427.

COMMISSAIRES DU GOUVERNEMENT *près les Tribunaux de première instance.* Vérifient l'état des registres de l'état civil, en dressent procès-verbal, dénoncent les délits commis par les officiers de l'état civil, requièrent la candamnation aux amendes, 53.

Sont entendus avant l'homologation d'un acte de notoriété produit pour remplacer l'acte de naissance de l'un des époux, 72.

Idem. Lorsque la rectification d'un acte de l'état civil est demandée, 99.

Ils sont spécialement chargés de veiller aux intérêts des personnes présumées absentes, et ils sont entendus sur toutes les demandes qui les concernent, 114.

Les enquêtes pour constater l'absence sont faites contradictoirement avec eux, 116.

Ils envoient au Grand Juge les jugemens relatifs à l'absence, 118.

Ils requièrent l'ouverture des testamens des personnes déclarées absentes, lorsque les héritiers présomptifs ont obtenu l'envoi en possession provisoire des biens, 123.

Ils assistent à l'inventaire du mobilier et des titres de l'absent, et à l'homologation du rapport de l'expert qui a procédé à la visite des immeubles, 126. Voir *Absens.*

Ils provoquent la nullité des mariages contractés en contravention de la loi, 184-190.

Ils font prononcer l'amende, tant contre l'officier de l'état civil que contre les parties, pour les contraventions aux publications, dispenses et délais prescrits pour le mariage, 192.

Ils peuvent intenter l'action criminelle contre les auteurs de la fraude dont un mariage est entaché, 199.

Idem. Pour l'action civile contre les héritiers de l'officier civil décédé, 200. Voir *Etat civil.*

La demande et les pièces concenant le divorce pour *cuse déterminée* leur sont communiquées, 239.

Ils donnent leurs conclusions sur la permission de citer, 240.

Idem. Sur les fins de non-recevoir sur le fond, et sur les reproches faits aux témoins, 245 - 246 - 247 - 250.

Ils sont présens lors des dépositions des témoins, 253.

La procédure doit leur être communiquée, 256.

Le jugement définitif n'est prononcé qu'après qu'ils ont donné leurs conclusions, 257.

Ils

Ils peuvent demander que l'administration provisoire des enfans soit ôtée au mari, 267.
Dans les divorces par *consentement mutuel* ils donnent leurs conclusions en ces termes : *la loi permet* ou *la loi empêche*, 289.
Les actes d'appel du jugement qui n'admet pas le divorce leur sont signifiés, 292.
Ils peuvent requérir la réclusion de la femme adultère, 298-308. Voir *Divorce.*
Les actes relatifs à l'adoption doivent leur être communiqués, 354.
Ils sont entendus avant le prononcé du jugement qui admet ou rejette l'adoption, 356. Voir *Adoption.*
Ils confèrent avec le président du tribunal pour la détention des enfans, demandée par le père, 377.
Ils sont tenus de rendre compte des motifs de l'arrestation au commissaire près le Tribunal d'appel, 382.
Ils sont entendus sur l'homolagation à donner par le Tribunal aux délibérations du conseil de famille qui autorisent le tuteur à emprunter pour ses mineurs, à vendre et à hypothéquer leurs biens, 458.
Ils désignent les trois jurisconsultes sans l'avis desquels un tuteur ne peut transiger pour ses mineurs, 467.
Ils sont entendus sur l'homologation de la délibération du conseil de famille qui autorise le mineur émancipé à emprunter, 483.
Ils provoquent l'interdiction dans le cas de fureur, d'imbécillité ou de démence, 491.
Assistent à l'interrogatoire des personnes dont on provoque l'interdiction, 496.
Donnent leurs conclusions sur l'homologation de l'avis du conseil de famille qui a pour objet le mariage de l'enfant d'un interdit, 511.
Aucun jugement en matière d'interdiction ou de nomination de conseil ne peut être rendu que sur leurs conclusions, 515. Voir *Interdiction.*
Le tribunal ne peut ordonner l'envoi en possession d'une succession au profit d'un conjoint survivant et de la République, qu'après avoir entendu le commissaire du gouvernement, 770.
Ils requièrent la nomination d'un curateur à une succession vacante, 812.
— L'apposition des scellés lorsque dans une succession il

y a des héritiers mineurs, interdits, ou non présens, 819. Voir *Succession.*

Ils provoquent d'office la déchéance des donations entre-vifs ou testamentaires, lorsque le grevé de restitution n'a pas fait nommer un tuteur dans les trois mois du décès du donateur, 1057.

Ils font procéder à l'inventaire, si le grevé de restitution n'en a pas fait faire, 1061.

Ne peuvent devenir cessionnaires des procès qui sont de la compétence du tribunal où ils exercent leurs fonctions, 1597.

Circonstances où ils sont tenus de faire faire les inscriptions hypothécaires au profit des mineurs, des interdits et des femmes, 2138.

Ils sont entendus sur les demandes en restriction d'hypothèques formées par les maris et les tuteurs, 2145. Voir *Hypothèques.*

COMMISSAIRES DU GOUVERNEMENT *près les Tribunaux d'appel.* Donnent leurs conclusions sur les jugemens relatifs au divorce par consentement mutuel, 293.

Se font rendre compte par le commissaire près le tribunal civil, des motifs qui ont déterminé le président du tribunal de première instance à ordonner l'arrestation d'un mineur, 382.

Aucun jugement en matière d'interdiction ou de nomination de conseil, ne peut être rendu en cause d'appel que sur leurs conclusions, 515.

Ils ne peuvent devenir cessionnaires des procès qui sont de la compétence du tribunal où ils exercent leurs fonctions, 1597.

COMMISSAIRES DU GOUVERNEMENT *près le Tribunal de cassation.* Ils sont dispensés de la tutelle, ainsi que leurs substituts, 427.

COMMISSAIRES DES GUERRES. Voir *Armée*, *Etat civil.*

COMMISSAIRES *des Relations Commerciales.* Reçoivent une expédition des actes de naissance et des testamens rédigés sur les vaisseaux, 60-991. Voir *Agens diplomatiques.*

COMMODAT. Voir *Prêt à usage.*

COMMUNAUTÉ. L'époux commun en biens, dont l'autre

époux est absent, qui opte pour la continuation de la communauté, peut empêcher l'envoi en possession provisoire des héritiers, 124.

La femme dont le mari est absent, qui opte pour la continuation de la communauté, conserve le droit d'y renoncer ensuite, 124.

La femme, marchande publique, peut, sans l'autorisation de son mari, s'obliger pour son négoce, et elle oblige aussi son mari, s'il y a communauté entre eux, 220.

La femme commune en biens, demanderesse ou défenderesse en divorce, peut requérir l'apposition des scellés sur les effets mobiliers de la communauté, 270.

Le mari peut, sans le concours de sa femme, provoquer le partage des objets, meubles et immeubles à elle échus qui tombent dans la communauté, 818.

La communauté, soit légale, soit conventionnelle, commence du jour du mariage, 1399.

Quand et comment la communauté légale a lieu, 1400.

De quels biens la communauté se compose activement, 1401.

Tout immeuble est réputé acquet de la communauté, s'il n'est prouvé que l'un des époux en avait la propriété avant le mariage, ou qu'il lui est échu depuis, 1402.

Comment les coupes de bois et les produits des carrières et mines tombent dans la communauté, 1403.

Les immeubles que les époux possèdent au jour de la célébration du mariage, ou qui leur échoient pendant son cours à titre de succession, n'entrent point en communauté. — Exception pour les immeubles acquis depuis le contrat de mariage, contenant stipulation de communauté, et avant la célébration du mariage, 1404.

Les donations d'immeubles qui ne sont faites pendant le mariage qu'à l'un des deux époux, ne tombent point en communauté, 1405.

L'immeuble abandonné ou cédé par père, mère ou autre ascendant, à l'un des deux époux, pour le remplir de ce qu'il lui doit, ou à la charge de payer les dettes, n'entre point en communauté, sauf récompense ou indemnité, 1406.

L'immeuble acquis pendant le mariage à titre d'échange contre l'immeuble appartenant à l'un des deux époux, n'entre point en communauté, sauf la récompense s'il y a soulte, 1407.

Idem, Pour l'acquisition faite pendant le mariage, à titre de licitation ou autrement, de portion d'un immeuble dont l'un des époux était propriétaire par indivis.

Choix réservé à la femme, dans le cas où le mari deviendrait seul, et en son nom personnel, acquéreur ou adjudicataire de portion ou de la totalité d'un immeuble appartenant par indivis à la femme, 1408.

De quelles dettes se compose le passif de la communauté, 1409.

La communauté n'est tenue des dettes mobilières contractées avant le mariage par la femme, qu'autant qu'elles résultent d'un acte authentique antérieur au mariage, 1410.

Les dettes des successions purement mobilières qui sont échues aux époux pendant le mariage, sont pour le tout à la charge de la communauté, 1411.

Les dettes d'une succession purement immobilière qui échoit à l'un des époux pendant le mariage, ne sont point à la charge de la communauté. — Exception, si la succession est échue au mari, 1412.

Circonstance où la succession purement immobilière est échue à la femme, 1413.

Lorsque la succession échue à l'un des époux est en partie mobilière et en partie immobilière, les dettes dont elle est grevée ne sont à la charge de la communauté que jusqu'à concurrence de la portion contributoire du mobilier dans les dettes; comment se règle cette portion contributoire, 1414-1415.

De quelle manière les créanciers peuvent poursuivre le paiement de leurs créances, que les dettes soient ou non à la charge de la communauté, 1412-1413-1416-1417.

Les règles établies par les articles ci-dessus régissent les dettes dépendantes d'une donation, comme celles résultant d'une succession, 1418.

Les créanciers peuvent poursuivre le paiement des dettes que la femmes a contractées avec le consentement du mari, tant sur tous les biens de la communauté que sur ceux du mari ou de la femme; 1419.

Toute dette qui n'est contractée par la femme qu'en vertu de la procuration générale ou spéciale du mari, est à la charge de la communauté; et le créancier n'en peut poursuivre le paiement ni contre la femme, ni sur ses biens personnels, 1420.

Le mari administre seul les biens de la communauté ; il peut les vendre, aliéner et hypothéquer sans le concours de la femme, 1421.

Il ne peut disposer entre-vifs à titre gratuit, si ce n'est pour l'établissement des enfans communs. — Exceptions, 1422.

La donation testamentaire faite par le mari ne peut excéder sa part dans la communauté, 1423.

Les amendes encourues par le mari pour crime n'emportant pas mort civile, peuvent se poursuivre sur les biens de la communauté ; celles encourues par la femme ne peuvent s'exécuter que sur la nue propriété de ses biens personnels, tant que dure la communauté, 1424.

Les condamnations prononcées contre l'un des deux époux pour crime emportant mort civile, ne frappent que sa part de la communauté, 1425.

Les actes faits par la femme n'engagent point les biens de la communauté, si ce n'est lorsqu'elle contracte comme marchande publique, et pour le fait de son commerce, 1426.

Cas où elle peut engager les biens de la communauté, après y avoir été autorisée en justice, 1427.

Droits et devoirs du mari au sujet des biens personnels de sa femme, 1428.

Effets des baux par lui passés desdits biens, 1429-1430.

La femme qui s'oblige solidairement avec son mari pour les affaires de la communauté ou du mari, n'est réputée, à l'égard de celui-ci, s'être obligée que comme caution, 1431.

Le mari qui garantit la vente que sa femme a faite d'un immeuble personnel, a recours contre elle, soit sur sa part dans la communauté, soit sur ses biens personnels, s'il est inquiété, 1432.

Cas où il y a lieu à un prélèvement sur la communauté, au profit de l'époux qui était propriétaire, d'un immeuble vendu, ou des services fonciers rachetés, 1433.

Le remploi est censé fait à l'égard du mari, lorsqu'il a déclaré dans l'acquisition qu'elle était faite des deniers provenus de l'aliénation de l'immeuble qui lui était personnel, 1434.

Récompense due à la femme qui n'a point accepté le remploi que son mari a fait pour elle, 1435.

Comment s'exerce la récompense due à la femme et celle due au mari, 1436.

Circonstances où il y a lieu à récompense, 1437.
Effets de la clause par laquelle les père et mère ont doté *conjointement* leur enfant, sans désigner la portion pour laquelle chacun entendait y contribuer, 1438.
Effets de la clause par laquelle le mari seul a constitué la dot en biens de la communauté, 1439.
La garantie de la dot est due par toute personne qui l'a constituée, 1440.
La communauté se dissout 1°. par la mort naturelle; 2°. par la mort civile; 3°. par le divorce; 4°. par la séparation de corps; 5°. par la séparation de biens, 1441.
Le défaut d'inventaire après la mort naturelle ou civile de l'un des époux, ne donne pas lieu à la continuation de la communauté. — Effets du défaut d'inventaire en pareil cas, 1442.
Cause, forme et effets de la dissolution de la communauté entre époux par la séparation de biens, 1443 et suivans. Voir *Séparation*.
La communauté dissoute par la séparation, soit de corps ou de biens, peut être rétablie du consentement des deux parties. — Effets de ce rétablissement, 1451.
La dissolution de communauté opérée par le divorce, la séparation de corps ou de biens ne donne pas ouverture aux droits de survie de la femme. Elle ne peut les exercer que lors de la mort de son mari, 1452.
Après la dissolution de la communauté, la femme, ou ses héritiers et ayans-cause, ont la faculté de l'accepter ou d'y renoncer, 1453.
La femme qui s'est immiscée dans les biens de la communauté ne peut y renoncer. — Actes qui n'emportent point immixtion, 1454.
La femme majeure qui a pris dans un acte la qualité de commune, ne peut plus renoncer à la communauté 1455.
Formalités à observer par la femme survivante qui veut conserver la faculté de renoncer à la communauté, 1456.
Dans quel délai elle doit faire sa renonciation au greffe du Tribunal de première instance du domicile de son mari, 1457.
Elle peut, suivant les circonstances, demander au Tribunal un nouveau délai pour faire sa renonciation, 1458.
Circonstance où elle conserve, même après le délai prescrit, la faculté de renoncer à la communauté, 1459.

La veuve qui a diverti quelques effets de la communauté est déclarée commune, nonobstant sa renonciation. Il en est de même à l'égard de ses héritiers, 1460.

Nouveau délai accordé aux héritiers de la veuve décédée avant l'expiration des trois mois pour faire inventaire ; ou des quarante jours pour délibérer, 1461.

Les dispositions des articles 1456 et suivans sont applicables aux femmes des individus morts civilement, 1462.

La femme divorcée ou séparée de corps qui n'a point, dans les trois mois et quarante jours après le divorce ou la séparation, accepté la communauté, est censée y avoir renoncé. — Exception, 1463.

Les créanciers de la femme peuvent attaquer la renonciation faite par elle où ses héritiers, en fraude de leurs créances, et accepter la communauté de leur chef, 1464.

La veuve a droit, pendant les trois mois et quarante jours de prendre sa nourriture et celle de ses domestiques, aux frais de la communauté ; elle a également droit à son loyer, 1465.

Dans le cas de dissolution de la communauté par la mort de la femme, ses héritiers peuvent renoncer à la communauté dans les délais et les formes que la loi prescrit à la femme survivante, 1466.

Rapport que doivent faire à la masse des biens, les époux, ou leurs héritiers, lors du partage de la communauté, 1468-1469.

Prélevement par chaque époux ou par leurs héritiers sur la masse des biens, 1470.

Comment s'exercent ces prélevemens, 1471.

Le mari ne peut exercer ses reprises que sur les biens de la communauté, la femme et ses héritiers les exercent en outre sur les biens personnels du mari, 1472.

Les remplois, les récompenses, les indemnités emportent les intérêts du jour de la dissolution de la communauté, 1473.

Après que tous les prélevemens des deux ont été exécutés sur la masse, le surplus se partage par moitié entr'eux ou ceux qui les représentent, 1474.

Manière d'opérer dans le partage lorsqu'un héritier de la femme accepte la communauté et que l'autre y renonce, 1475.

Le partage de la communauté pour tout ce qui concerne ses formes, la licitation des immeubles, les effets du partage, la garantie qui en résulte, les soultes, est soumis à

toutes les règles établies au *titre* des successions pour les partages entre co-héritiers, 1476. Voir *Partage*.

Celui des époux qui a diverti quelques effets de la communauté est privé de sa portion, 1477.

Comment, après le partage, s'exercent les créances personnelles que les époux ont l'un contre l'autre, 1478.

Ces créances ne portent intérêt que du jour de la demande en justice, 1479.

Les donations faites par l'un des époux à l'autre, ne s'exécutent que sur la part du donateur dans la communauté, et sur ses biens personnels, 1480.

Le deuil est dû même à la femme qui renonce à la communauté. Voir *Deuil*.

Manière de régler les dettes de la communauté que doivent supporter les époux ou leurs héritiers, 1482-1483-1484-1485.

Recours que les époux ont l'un contre l'autre lorsqu'ils ont acquitté des dettes de la communauté au-delà de leur portion, 1484-1486-1489-1490.

Pour quelle portion de dettes la femme peut être poursuivie, 1486-1487.

La femme qui a payé une dette de la communauté au-delà de sa moitié, n'a point de répétition contre le créancier pour l'excédent. — Exception, 1488.

Les règles ci-dessus ont lieu à l'égard des héritiers du mari ou de la femme, 1491.

La femme qui renonce à la communauté perd tous ses droits sur les biens qui en dépendent; elle retire seulement les linges et hardes à son usage, 1492.

Reprise, par la femme renonçante, de ses immeubles, du prix des immeubles aliénés, et des indemnités qui lui sont dues, 1493.

La femme renonçante est déchargée de toute contribution aux dettes de la communauté. — Exception, 1494.

Elle peut, ainsi que ses héritiers, exercer ses actions et reprises, tant sur les biens de la communauté que sur les biens du mari, 1495.

Les règles de la communauté légale sont observées même lorsque l'un des époux ou tous deux auront des enfans de précédens mariages.

Désignation des principales modifications qu'on peut apporter à la communauté légale, 1497.

De la clause qui réduit la communauté aux acquêts — Effet de cette clause, 1498.

Le mobilier qui n'est pas constaté par inventaire ou état en bonne forme est réputé acquêt, 1499.

Les époux peuvent exclure de leur communauté tout leur mobilier présent et futur, 1500.

Comment le mari et la femme justifient de l'apport du mobilier qu'ils ont promis de faire entrer dans la communauté, 1502.

Chaque époux a le droit de reprendre, lors de la dissolution de la communauté, la valeur de ce dont le mobilier apporté ou échu, excède sa mise en communauté, 1503.

Le mobilier qui échoit à chacun des époux pendant le mariage, doit être constaté par un inventaire. — A défaut d'inventaire du mobilier échu au mari, il ne peut en exercer la reprise. — La femme, à défaut d'inventaire, est admise à faire preuve de la valeur de ce mobilier, 1504.

Les époux peuvent faire entrer en communauté tout ou partie de leurs immeubles. Voir *Ameublissement.*

Effets, tant à l'égard des conjoints que de leurs créanciers, de la clause portant séparation des dettes, 1510.

Si les époux apportent dans la communauté une somme certaine ou un corps certain, un tel apport emporte la convention tacite qu'il n'est pas grevé de dettes antérieures au mariage, 1511.

La clause de séparation des dettes n'empêche point que la communauté ne soit chargée des intérêts qui ont couru depuis le mariage, 1512.

Si la communauté est poursuivie pour les dettes de l'un des époux, déclaré par contrat franc et quitte de toutes dettes au mariage, l'autre époux a droit à une indemnité qui se poursuit contre l'époux, le père, la mère, l'ascendant ou le tuteur qui l'ont déclaré franc et quitte, 1513.

Effets de la clause qui accorde à la femme de reprendre, même en renonçant à la communauté, son apport franc et quitte. — Cette clause ne s'étend point au mobilier échu pendant le mariage. — Elle ne s'étend pas d'une personne à une autre, 1514.

Effets du préciput conventionnel. Voir *Préciput.*

Les époux peuvent assigner à chacun d'eux des parts inégales

dans la communauté ; ils peuvent même stipuler que la communauté entière appartiendra au survivant, 1520.

L'époux réduit ou ses héritiers, ne supportent les dettes de la communauté que proportionnellement à la part qu'ils prennent dans l'actif. — Toute convention contraire est nulle, 1521.

Effets de la clause par laquelle il est convenu que l'un des époux ou ses héritiers ne pourront prétendre qu'une certaine somme pour tout droit de communauté, 1522.

Si la clause n'a lieu qu'à l'égard des héritiers de l'époux, celui-ci, dans le cas où il survit, a droit au partage égal par moitié, 1523.

Effets de la stipulation que la totalité de la communauté appartiendra au survivant, ou à l'un d'eux seulement avec ou sans condition, 1524-1525.

Il est permis aux époux d'établir une communauté universelle de leurs biens, meubles et immeubles, présens et à venir, ou de tous leurs biens présens seulement, ou de tous leurs biens à venir seulement, 1526.

Les époux peuvent faire toutes autres conventions, ainsi qu'il est dit à l'article 1387, et sauf les modifications porées par les articles 1388-1389-1390. — Modification relative au cas où il y a des enfans d'un précédent mariage, 1527.

La communauté conventionnelle reste soumise aux règles de la communauté légale pour tous les cas auxquels il n'y a pas été dérogé par le contrat, 1528.

Effets de la clause portant que les époux se marient sans communauté. — Droits et obligations du mari dans le cas de cette stipulation, 1530-1531-1532-1533.

Cette clause ne fait point obstacle à ce qu'il soit convenu que la femme touchera annuellement, sur ses seules quittances, une certaine portion de ses revenus, 1534.

Les immeubles constitués en dot, lorsqu'il y a exclusion de communauté, ne sont point inaliénables ; néanmoins ils ne peuvent être aliénés sans le consentement du mari, et à son refus, sans l'autorisation de la justice, 1535.

Le contrat de vente ne peut avoir lieu entre époux que lorsque la femme cède des biens à son mari en paiement d'une somme promise en dot, et lorsqu'il y a exclusion de communauté, 1594.

Effets de la clause de séparation de biens. Voir *Séparation*.

Contre qui se poursuit l'expropriation des immeubles de la communauté, 2208.

COMMUNAUX. Voir *Biens.*

COMMUNE RENOMMÉE. Cas où elle peut tenir lieu d'inventaire, 1415-1442-1504.

COMMUNES. Les actes de l'état civil doivent être inscrits dans chaque commune sur un ou plusieurs registres tenus doubles, 40.

L'un des doubles doit être déposé dans les archives de la commune, 43.

Les publications de mariage se font devant la porte de la maison commune, et s'y affichent, 63-64-65. Voir *Mariage.*

Les communes ne peuvent transiger qu'avec l'autorisation expresse du gouvernement, 2045.

L'hypothèque légale est attribuée aux droits et créances des communes sur les biens des receveurs et des administrateurs comptables, 2121.

Les communes sont soumises aux mêmes prescriptions que les particuliers, et peuvent également les opposer, 2227. Voir *Donations*, *Hypothèques.*

COMMUTATIF (Contrat). Cas où il a lieu, 1104.

COMPAGNIES DE FINANCE. Les actions et intérêts dans les compagnies de finance sont meubles par la détermination de la loi, 529.

COMPENSATION. La clause pénale est la compensation des dommages et intérêts que le créancier souffre de l'inexécution de l'obligation principale, 1229.

Une obligation s'éteint par la compensation, 1234.

Quand et comment s'opère la compensation, 1289-1290.

Dettes et prestations pour lesquelles elle a lieu, 1291.

Le terme de grâce n'est point un obstacle à la compensation, 1292.

La compensation a lieu, quelles que soient les causes de l'une ou l'autre des dettes. — Exception, 1293.

La caution peut opposer la compensation de ce que le créancier doit au débiteur principal — Le débiteur principal ne peut opposer la compensation de ce que le créancier doit à la caution. — Le débiteur solidaire ne peut opposer la

compensation de ce que le créancier doit à son co-débiteur, 1294.
Cas où l'on ne peut plus opposer au cessionnaire la compensation qu'on eût pu opposer au cédant, 1295.
Lorsque les deux dettes ne sont pas payables au même lieu on n'en peut opposer la compensation qu'en faisant raison des frais de la remise, 1296.
Lorsqu'il y a plusieurs dettes compensables dues par la même personne, on suit les règles établies par l'article 1256 pour l'imputation, 1297.
La compensation n'a pas lieu au préjudice des droits acquis à un tiers, 1298.
Celui qui a payé une dette éteinte par la compensation, ne peut plus, en exerçant sa créance, se prévaloir au préjudice des tiers des priviléges ou hypothèques qui y étaient attachés. Exception, 1299.
Cas où le plus ou le moins de contenance de deux fonds vendus se compensent, 1623.
Dans le cas de remise sur le prix du bail pour perte de récolte, il se fait une compensation de toutes les années de jouissance, 1769.
L'emprunteur ne peut pas retenir la chose par compensation de ce que le prêteur lui doit, 1885.
COMPÉTENCE DES TRIBUNAUX. Voir *Tribunaux*.
COMPTABILITÉ NATIONALE. Les commissaires de la comptabilité nationale sont dispensés de la tutelle, 427.
COMPTES. Voir *Absens*, *Bénéfice d'inventaire*, *Contrat de mariage*, *Dot*, *Exécuteur testamentaire*, *Succession*, *Tutelle*.
CONCESSION. Cas où l'usufruitier doit obtenir du gouvernement une concession pour l'exploitation des mines et carrières, 598.
CONCIERGES. Ils doivent, en cas de décès dans les maisons de réclusion et de détention, en donner sur-le-champ avis à l'officier de l'état civil, 84.
CONCUBINE. Voir *Adultère*, *Divorce*.
CONCURRENCE. Voir *Priviléges*.
CONDAMNATION, CONDAMNÉS. Les condamnations à des peines dont l'effet est de priver le condamné des droits civils, emportent la mort civile. 22. Voir *Mort civile*.

Manière de constater le décès des condamnés à mort, 83. Voir *Décès , Etat civil.*

Le mariage se dissout par la condamnation de l'un des époux à une peine emportant mort civile , 227. Voir *Mariage.*

La condamnation de l'un des époux à une peine infamante est pour l'autre une cause de divorce, 232-261. Voir *Divorce.*

La condamnation à une peine afflictive ou infamante emporte l'exclusion ou la destitution de la tutelle, 443.

La succession s'ouvre par la mort civile du condamné. 719.

Est indigne de succéder celui qui est condamné pour avoir donné ou tenté de donner la mort au défunt , 727. Voir *Successions.*

Les condamnations prononcées contre l'un des époux pour crime emportant mort civile , ne frappent que sa part de la communauté et ses biens personnels , 1425.

CONDITIONS requises pour contracter mariage. Voir *Mariages.*

Dans toute disposition entre-vifs ou testamentaires , les conditions impossibles , celles qui sont contraires aux lois et aux mœurs , sont réputées non écrites , 900.

Conditions qui rendent nulles les donations , 944-945. Voir *Donations.*

Conditions qui rendent caduc un testament , 1040. Voir *Testamens.*

Conditions qui peuvent être imposées dans une donation par contrat de mariage, 1086.

Conditions relatives aux contrats et obligations. Voir *Contrats , obligations.*

CONFIRMATIFS (Actes). Quand l'acte de confirmation d'un premier acte valide-t-il ce dernier. 1338-1340.

Le donateur ne peut réparer par aucun acte confirmatif les vices d'une donation entre-vifs , 1339.

CONFISCATION. Voir *Deshérence.*

CONJOINT SURVIVANT. Circonstances où il hérite du conjoint décédé. Voir *Succession.*

CONFUSION. La confusion n'éteint la créance solidaire que pour la part et portion du débiteur ou du créancier, lorsqu'ils deviennent héritiers l'un de l'autre , 1209.

Une obligation s'éteint par la confusion , 1234.

Ce qui caractérise la confusion , 1300.

La confusion qui s'opère dans la personne du débiteur prin-

cipal, profite à ses cautions.—Celle qui s'opère dans la personne de la caution n'entraîne point l'extinction de l'obligation principale. —Celle qui s'opère dans la personne du créancier, ne profite à ses co-débiteurs solidaires que pour la portion dont il était débiteur, 1301.

La confusion qui s'opère dans la personne du débiteur principal et de sa caution, lorsqu'ils deviennent héritiers l'un de l'autre, n'éteint point l'action du créancier contre celui qui s'est rendu caution de la caution, 2035.

CONGÉ. Voir *Bail.*

CONJOINTEMENT. Voir *Obligations.*

CONQUETS. Voir *Communauté.*

CONSANGUINS. Voir *Successions.*

CONSEIL DE FAMILLE. Voir *Absens, Émancipation, Hypothèques, Interdiction, Mariage, Tutelle.*

CONSEIL JUDICIAIRE. Peut être donné à celui dont on provoque l'interdiction, par le jugement qui rejette la demande en interdiction, 499.

Peut être donné à un prodigue, 513.

La défense aux prodigues de procéder sans l'assistance d'un conseil, peut être provoquée par ceux qui ont droit de demander l'interdiction; leur demande doit être instruite et jugée de la même manière. Cette défense ne peut être levée qu'en observant les mêmes formalités, 514. Voir *Interdiction.*

Aucun jugement, en matière de nomination d'un conseil judiciaire, ne peut être rendu que sur les conclusions des commissaires du Gouvernement, 515.

CONSEIL DE TUTELLE. Le père peut nommer à la mère survivante et tutrice, un conseil spécial, sans l'avis duquel elle ne peut faire aucun acte relatif à la tutelle. Exception, 391.

Comment cette nomination doit être faite, 392.

CONSENTEMENT. Circonstances où les enfans ne peuvent se marier sans le consentement de leurs père et mère, 148-149.

Ou à leur défaut, sans celui des aïeuls et aïeules, 150.

Ou à défaut de ces derniers, sans le consentement du conseil de famille, 160. Voir *Mariage.*

Le consentement mutuel des époux peut donner lieu au divorce, 233.

Et non à la séparation de corps, 307. Voir *Divorce*, *Séparation de corps*.

Le consentement des pères et mères est nécessaire en matière d'adoption, si l'adopté n'a pas 25 ans, 346. Voir *Adoption*.

On ne peut devenir tuteur officieux qu'en obtenant le consentement des père et mère du pupile, ou à leur défaut, d'un conseil de famille. Voir *Tutelle*.

Le consentement de la partie qui s'oblige est nécessaire, 1108.

Il n'y a point de consentement valable, s'il n'a été donné que par erreur, ou s'il a été extorqué par la violence, ou surpris par le dol., 1109. Voir *Contrats*, *Obligation*.

Les actes faits par la femme, sans le consentement du mari, n'engagent point les biens de la communauté, 1426. Voir *Autorisation*.

Le mari ne peut aliéner les immeubles personnels de la femme sans son consentement, 1428. Voir *Contrat de mariage*.

Consentement en matière de société, 1859. Voir *Société*.

— En matière de dépôt volontaire, 1922. Voir *Dépôt*.

— En matière d'hypothèques, 2158. Voir *Hypothèques*.

CONSERVATEUR DES HYPOTHÈQUES. Voir *Hypothèques*, *Priviléges*.

CONSIGNATION. Lorsque le créancier refuse de recevoir son paiement, le débiteur peut faire des offres réelles, et au refus du créancier de les accepter, consigner la somme ou la chose offerte. — Effets de cette consignation, 1257.

Il n'est pas nécessaire pour la validité de la consignation, qu'elle ait été autorisée par le juge. — Formalités nécessaires, 1259.

Les frais de la consignation sont à la charge du créancier, si elle est valable, 1260.

Tant que la consignation n'a point été acceptée par le créancier, le débiteur peut la retirer, 1261. Voir *Caution*.

Cas où le créancier qui consent que le débiteur retire sa consignation, perd ses priviléges et hypothèques, 1263.

CONSOMMATION. Voir *Prêt*, *Société*.

CONSTITUTION. Voir *Dot*, *Rentes*.

CONSTRUCTIONS. Un propriétaire peut faire au dessus et au dessous de son fonds toutes les constructions qu'il juge à propos, 552.

Toutes constructions sur un terrain sont présumées faites par le propriétaire, à ses frais, et lui appartenir, si le contraire n'est prouvé, 553.

Le propriétaire qui a fait des constructions avec des matériaux qui ne lui appartiennent pas, doit en payer la valeur ; le propriétaire des matériaux n'a pas le droit de les enlever, 554.

Si les constructions sont faites par un tiers, et avec ses matériaux, le propriétaire du fonds peut ou les retenir ou obliger le tiers à les enlever, 555.

De la distance et des ouvrages intermédiaires requis pour certaines constructions, 674. Voir *Devis et Marché*, *Murs*.

CONTENANCE. Voir *Baux*, *Vente*.

CONTESTATION concernant le prix d'un bail. Voir *Baux*.

— La perte arrivée à un cheptel, par cas fortuit. Voir *Cheptel*.

— Le dépositaire d'un séquestre. Voir *Séquestre*.

— Un transport. Voir *Transport*.

CONTINUATION DE COMMUNAUTÉ. Voir *Communauté*.

CONTRAINTE PAR CORPS. La cession des biens opère la décharge de la contrainte par corps, 1270.

La contrainte par corps ne passe pas aux héritiers de la caution, 2017.

La contrainte par corps en matière civile a lieu pour le stellionat, 2059,

Autres cas où elle a lieu, 2060-2061.

Elle ne peut être ordonnée contre les fermiers des biens ruraux, si elle n'a été stipulée dans le bail. — Circonstances où elle a lieu contre les fermiers et colons partiaires, 2062.

Défense aux juges d'ordonner la contrainte par corps, aux notaires et greffiers de recevoir des actes où elle est stipulée, et à tous Français de la consentir, si ce n'est dans les cas déterminés par la loi, 2063.

Elle ne peut être prononcée contre les mineurs, 2064.

Elle ne peut être prononcée pour une somme moindre de trois cents francs, 2065.

Elle ne peut être prononcée contre les septuagénaires, les femmes et les filles, que dans les cas de stellionat. — Exception à l'égard des femmes mariées lorsqu'elles sont séparées de biens, ou lorsqu'elles ont des biens dont elles se sont

réservé la libre administration, et à raison des engagemens qui concernent ces biens, 2066.

La contrainte par corps ne peut être appliquée qu'en vertu d'un jugement, 2067.

L'appel ne suspend pas la contrainte par corps prononcée par un jugement provisoirement exécutoire en donnant caution, 2068.

L'exercice de la contrainte par corps n'empêche ni ne suspend les poursuites et les exécutions sur les biens, 2069.

Il n'est point dérogé aux lois particulières qui autorisent la contrainte par corps dans les matières de commerce, ni aux lois de police correctionnelle, ni à celles qui concernent l'administration des deniers publics, 2070.

CONTRATS. Leur définition générale, 1101.

Définitions particulières.

— Du contrat *synallagmatique* ou *bilatéral*, 1102.

— Du contrat *unilatéral*, 1103.

— Du contrat *commutatif* et du contrat *aléatoire*, 1104.

— Du contrat de *bienfaisance*, 1105.

— Du contrat *à titre onéreux*, 1106.

Conditions essentielles pour la validité des contrats, 1108.

Il n'y a point de consentement valable s'il n'a été donné que par erreur, ou s'il a été extorqué par violence ou surpris par dol, 1109.

Quand l'erreur est une cause de nullité de la convention, 1110.

La violence exercée contre celui qui a contracté l'obligation, est une cause de nullité, 1111.

Cas où il y a violence, 1112.

La violence est une cause de nullité du contrat, non-seulement lorsqu'elle a été exercée sur la partie contractante, mais encore lorsqu'elle l'a été sur son époux, ou sur son épouse, sur ses descendans ou ses ascendans, 1113.

La seule crainte révérentielle envers le père, la mère, ou autre ascendant, sans qu'il y ait eu de violence exercée, ne suffit point pour annuller le contrat, 1114.

Cas où un contrat ne peut plus être attaqué pour cause de violence, 1115.

Cas où le dol est une cause de nullité de la convention. — Il ne se présume pas, il doit être prouvé, 1116.

La convention contractée par erreur, violence, ou dol, n'est

point nulle de plein droit; elle donne seulement lieu à une action en nullité ou en rescision, 1117.

La lésion ne vicie les conventions que dans certains contrats ou à l'égard de certaines personnes, 1118.

On ne peut, en général, s'engager ni stipuler en son propre nom que pour soi-même; néanmoins on peut se porter fort pour un tiers, 1119.

Cas où on peut pareillement stipuler au profit d'un tiers, 1120.

On est censé avoir stipulé pour soi et pour ses héritiers et ayans-cause, à moins que le contraire ne soit exprimé, ou ne résulte de la nature de la convention, 1122.

Toute personne peut contracter si elle n'en est pas déclarée incapable par la loi, 1123.

Quelles sont les personnes incapables de contracter, 1124.

Le mineur, l'interdit et la femme mariée ne peuvent attaquer, pour cause d'incapacité, leurs engagemens, que dans les cas prévus par la loi. — Les personnes capables de s'engager ne peuvent leur opposer leur incapacité, 1125.

Tout contrat a pour objet une chose qu'une partie s'oblige à donner, ou qu'une partie s'oblige à faire ou à ne pas faire, 1126.

Le simple usage d'une chose peut être, comme la chose même, l'objet du contrat, 1127.

Il n'y a que les choses qui sont dans le commerce qui puissent être l'objet des conventions, 1128.

Il faut que l'obligation ait pour objet une chose au moins déterminée quant à son espèce. — La quotité de la chose peut être incertaine, pourvu qu'elle puisse être déterminée, 1129.

Les choses futures peuvent être l'objet d'une obligation.—Exception pour les successions non ouvertes, 1130.

L'obligation sans cause, ou sur une fausse cause, ou sur une cause illicite, ne peut avoir aucun effet, 1131.

La convention n'est pas moins valable quoique la cause n'en soit pas exprimée. 1132.

La cause est illicite quand elle est prohibée par la loi, quand elle est contraire aux bonnes mœurs ou à l'ordre public, 1133.

Les conventions légalement formées tiennent lieu de loi à ceux qui les ont faites.—Elles ne peuvent être révoquées que de leur consentement mutuel, ou pour les causes que la loi autorise.—Elles doivent être exécutées de bonne foi, 1134.

Elles obligent à ce qui y est exprimé, et à toutes les suites que l'équité, l'usage ou la loi donnent à l'obligation d'apres sa nature, 1135.

L'obligation de donner emporte celle de livrer la chose, et de la conserver jusqu'à la livraison, 1136.

L'obligation de veiller à la conservation de la chose, soumet celui qui en est chargé à y apporter tous les soins d'un bon père de famille, 1137.

L'obligation de livrer la chose est parfaite par le seul consentement des parties contractantes. — Ses effets, 1138.

Comment le débiteur est constitué en demeure, 1139.

Les effets de l'obligation de donner ou de livrer un immeuble sont réglés au titre *de la Vente* et au titre *des Priviléges et Hypothèques*, 1140.

Si la chose qu'on s'est obligé de donner ou de livrer à deux personnes successivement, est purement mobilière, celle des deux qui en a été mise en possession réelle en demeure propriétaire, 1141.

Toute obligation de faire ou de ne pas faire se résout en dommages et intérêts, en cas d'inexécution de la part du débiteur, 1142.

Néanmoins le créancier a le droit de demander que ce qui aurait été fait par contravention à l'engagement soit détruit, 1143.

Le créancier peut, en cas d'inexécution, être autorisé à faire exécuter lui-même l'obligation aux dépens du débiteur, 1144.

Si l'obligation est de ne pas faire, celui qui y contrevient doit les dommages et intérêts par le seul fait de la contravention, 1145.

Cas où il est dû des dommages et intérêts pour l'inexécution de l'obligation, 1146-1147.

Cas où il n'y a lieu à aucuns dommages et intérêts, 1148.

Comment doivent être liquidés les dommages et intérêts dus au créancier, 1149-1150-1151-1152-1153.

Ils ne sont dus que du jour de la demande, excepté dans les cas où la loi les fait courir de plein droit, 1153.

Cas où les intérêts échus des capitaux peuvent produire des intérêts, 1154.

Les revenus échus, tels que fermages, loyers, arrérages de rentes perpétuelles ou viagères, produisent intérêt du jour de la demande ou de la convention, 1155.

On doit, dans les conventions, rechercher quelle a été la commune intention des parties contractantes, plutôt que de s'arrêter au sens littéral des termes, 1156.

Ce qu'on doit faire lorsqu'une clause ou les termes sont susceptibles de deux sens, 1157-1158.

Ce qui est ambigu s'interprête par ce qui est d'usage dans le pays où le contrat est passé, 1159.

On doit suppléer, dans le contrat, les clauses qui y sont d'usage, quoiqu'elles n'y soient pas exprimées, 1160.

Toutes les clauses des conventions s'interprêtent les unes par les autres, 1161.

Dans le doute, la convention s'interprête contre celui qui a stipulé, et en faveur de celui qui a contracté l'obligation, 1162.

Quels que soient les termes d'une convention, elle ne comprend que les choses sur lesquelles il paraît que les parties se sont proposé de contracter, 1163.

L'explication d'une clause ne restreint pas l'étendue que l'engagement reçoit de droit aux cas non exprimés, 1164.

Les conventions n'ont d'effet qu'entre les parties contractantes, 1165.

Néanmoins les créanciers peuvent exercer tous les droits et actions de leur débiteur, à l'exception de ceux qui sont exclusivement attachés à la personne, 1166.

Ils peuvent aussi, en leur nom personnel, attaquer les actes faits par leur débiteur en fraude de leurs droits, 1167. Voir au surplus *Obligations.*

CONTRAT ALÉATOIRE. Sa définition et ses différentes espèces, 1964. Voir *Contrat d'assurance*, *Jeu*, *Pari*, *Rentes viagères.*

CONTRAT D'ASSURANCE est aléatoire. — Il est régi par les lois maritimes, 1964.

CONTRAT DE LOUAGE. Voir *Baux*, *Louage.*

CONTRAT DE MARIAGE. Ce contrat admet toutes les conventions, pourvu qu'elles ne soient pas contraires aux bonnes mœurs, et sauf les modifications ci-après, 1387.

Les époux ne peuvent déroger ni aux droits résultant de la puissance maritale, ni aux droits conférés au survivant des époux par le titre *de la Puissance paternelle*, et par le titre *de la Minorité, de la Tutelle et de l'Emancipation*, ni aux dispositions prohibitives du Code civil, 1388.

Ils ne peuvent faire aucune convention ou renonciation dont l'objet serait de changer l'ordre légal des successions, sans préjudice des donations entre-vifs ou testamentaires qui pourront avoir lieu selon les formes et dans les cas déterminés par le Code civil, 1389.

Ils ne peuvent plus stipuler d'une manière générale que leur association sera réglée par l'une des coutumes, lois ou statuts locaux qui sont abrogés par le Code civil, 1390.

Ils peuvent déclarer d'une manière générale qu'ils entendent se marier ou sous le régime de la communauté, ou sous le régime dotal, 1391.

Le régime dotal n'a lieu qu'autant qu'il y a une déclaration expresse à cet égard, 1392.

Le régime de communauté est de droit commun, 1393.

Toutes conventions matrimoniales doivent être rédigées, avant le mariage, par actes devant notaire, 1394.

Elles ne peuvent recevoir aucun changement après la célébration du mariage, 1395.

Les changemens qui y seraient faits avant cette célébration, doivent être constatés par acte passé dans la même forme que le contrat de mariage, et avec le consentement simultané de toutes les personnes qui ont été parties dans le contrat de mariage, 1396.

Tous changemens et contre-lettres sont sans effet à l'égard des tiers, s'ils n'ont été rédigés à la suite de la minute du contrat de mariage; et le notaire ne peut délivrer ni grosses ni expéditions du contrat de mariage sans transcrire à la suite le changement ou la contre-lettre, 1397.

Nota. Pour les différentes clauses dont le contrat de mariage est susceptible, voir *Ameublissement*, *Autorisation*, *Communauté*, *Divorce*, *Donation*, *Dot*, *Mineur*, *Partage*, *Préciput*, *Renonciation*, *Séparation de biens*.

CONTRAT DE RENTE. Celui de rente viagère est aléatoire, 1964. Voir *Rentes*.

CONTRAT DE VENTE. Voir *Vente*.

CONTRE-CŒURS. Les réparations à faire aux contre-cœurs sont à la charge du locataire. — Exception, 1754.

CONTRE-ÉCHANGE. Voir *Echange*.

CONTRE-LETTRES n'ont d'effet qu'entre les parties contractantes, 1321.

Celles concernant les conventions matrimoniales sont sans effet à l'égard des tiers, si elles n'ont été rédigées à la suite de la minute du contrat de mariage, 1397.

CONTRIBUTIONS. Voir *Cote*.

CONTRIBUTION AUX CHARGES ET DETTES. Voir *Communauté*, *Dettes*, *Usufruit*.

CONTUMACE. Les condamnations par contumace n'emportent la mort civile qu'après les 5 années qui suivent l'exécution du jugement par effigie, 27.

Les condamnés par contumace sont pendant les cinq ans, ou jusqu'à ce qu'ils se représentent, ou qu'ils soient arrêtés pendant ce délai, privés de l'exercice de leurs droits civils. — Leurs biens sont administrés et leurs droits exercés de même que ceux des absens, 28.

Lorsque le condamné par contumace se représente volontairement ou est arrêté, quels sont les effets du second jugement qui condamne ou qui absout, 29-30.

S'il meurt dans le délai de grâce des cinq années, il est réputé mort dans l'intégrité de ses droits; le jugement est anéanti de plein droit, sans préjudice de l'action de la partie civile contre les héritiers, 31.

La prescription de la peine ne peut réintégrer le condamné dans ses droits civils pour l'avenir, 32.

Voir *Déshérence*.

CONVENTIONS. On ne peut déroger par des conventions particulières aux lois qui intéressent l'ordre public et les bonnes mœurs. 6.

Voir *Contrats*, *Contrats de mariage*, *Obligations*.

COOBLIGÉS. Voir *Contrats*, *Obligations*, *Solidarité*.

COPARTAGEANS. Voir *Partage*, *Priviléges*.

COPERMUTANS. Voir *Echange*.

COPIES DE TITRES. Les copies, lorsque le titre original subsiste, ne font foi que de ce qui est contenu au titre dont la représentation peut toujours être exigée, 1334.

Distinctions d'après lesquelles, lorsque le titre original n'existe plus, les copies font foi, 1335.

La transcription d'un acte sur les registres publics ne peut servir que de commencement de preuves par écrit. 1336.

COPROPRIÉTAIRES. Voir *Licitation*.

CORBEAUX. Les corbeaux de pierre désignent la non mitoyenneté de mur. 654.

CORPORATION ÉTRANGÈRE. Voir. *Affiliation.*

CORPS LÉGISLATIF. Les membres du corps législatif sont exempts de la tutelle, 427.

COTE DE CONTRIBUTIONS. En matière d'hypothèques, elle sert pour la comparaison à faire de la valeur des immeubles avec celle des créances et le tiers en sus, 2165.

COTUTEUR. Le mari de la femme qui se remarie et qui est conservée tutrice de ses enfans, devient cotuteur et solidairement responsable de la gestion postérieure au mariage, 396.

COULURE. Voir *Baux.*

COUPES DE BOIS. Les coupes des bois, taillis ou de futaies mises en coupes réglées, ne deviennent meubles qu'au fur et à mesure que les arbres sont abattus, 521.

Obligations et droits de l'usufruitier relativement aux bois taillis et à ceux des pépinières, 590.

Cas où les arbres de haute futaie appartiennent à l'usufruitier. 591.

Cas où ils ne lui appartiennent pas, 592.

L'usufruitier peut prendre dans les bois des échalas pour les vignes. — Il peut aussi prendre sur les arbres des produits annuels ou périodiques, en se conformant à l'usage du pays, 593.

Les arbres fruitiers qui meurent, ceux même qui sont arrachés ou brisés par accident, appartiennent à l'usufruitier, à la charge de les remplacer par d'autres, 594.

L'usage des bois et forêts est réglé par des lois particulières. 636.

Comment les coupes de bois tombent dans la communauté, 1403.

COURS DES FLEUVES OU RIVIÈRES. Voir *Fleuves.*

COURS D'EAU. Voir. *Eau.*

COURSE *à pied, à cheval et de chariot.* Voir *Jeux.*

COUSINS ET COUSINES GERMAINS. Cas où ils peuvent former opposition au mariage, 174.

En ligne collatérale, ils sont au quatrième degré. 738. Voir *Parens.*

COUTUMES LOCALES. Sont supprimées par le code civil, et ne peuvent plus régler l'association des époux, 1390.

COUVERTURES. Voir *Réparations.*

CRAINTE. Il y a violence dans le consentement donné à une convention lorsqu'elle inspire la crainte d'exposer sa personne ou sa fortune , 1112.

La seule crainte révérentielle envers le père, la mère ou autre ascendant, sans qu'il y ait eu violence exercée, ne suffit pas pour annuller le contrat , 1114.

CRÉANCES. Voir *Communauté* , *Priviléges* , *Transport.*

CRÉANCIERS. Ce que doit faire un tuteur créancier d'un mineur pour obtenir son paiement, 451. Voir *Tutelle.*

Les créanciers d'un usufruitier peuvent intervenir dans les contestations relatives à son usufruit, pour la conservation de leurs droits, 618.

Ils peuvent faire annuller la renonciation qu'il aurait faite à leur préjudice, 622.

Les créanciers de celui qui renonce au préjudice de leurs droits peuvent se faire autoriser en justice à accepter la succession du chef de leur débiteur , 788.

L'héritier bénéficiaire est tenu de déléguer le prix des immeubles aux créanciers hyypothécaires inscrits , 806.

Il est tenu , si les créanciers l'exigent, de donner caution de la valeur du mobilier, 807.

Du mode de paiement aux créanciers par l'héritier bénéficiaire , 808-809.

Les créanciers d'une succession peuvent requérir l'apposition des scellés, en vertu d'un titre exécutoire ou d'une permission du juge , 820.

Lorsque les scellés sont apposés, ils peuvent y former opposition, 821.

Lorsque les créanciers ont exercé leurs droits de saisie sur les meubles, les co-héritiers sont tenus de les faire vendre, 826.

Le rapport n'est pas dû aux créanciers d'une succession , 857.

Les créanciers ayant hypothèques peuvent intervenir au partage des biens d'une succession, 865.

Les créanciers ne peuvent poursuivre l'exécution de leurs titres contre les héritiers que huit jours après la signification de leurs titres , 878.

Ils peuvent demander dans tous les cas la séparation du patrimoine du défunt d'avec le patrimoine de l'héritier, 878.

Circonstance où ce droit ne peut plus être exercé , 879.

Il

Il se prescrit, relativement aux meubles, par le laps de trois ans ; à l'égard des immeubles, l'action peut être exercée tant qu'ils existent, 880.

Les créanciers de l'héritier ne sont point admis à demander la séparation des patrimoines contre les créanciers de la succession, 881.

Cas où les créanciers d'un co-partageant peuvent intervenir dans le partage, 882.

Les créanciers du défunt ne peuvent demander la réduction des dispositions entre-vifs, 921.

Un legs fait à un créancier n'est pas censé fait en compensation de sa créance, 1023.

L'abandon anticipé de la jouissance au profit des appelés par le grevé de restitution, ne peut préjudicier aux créanciers de ce dernier, 1053.

Les créanciers peuvent exercer tous les droits et actions de leur débiteur, à l'exception de ceux exclusivement attachés à la personne, 1166.

Ils peuvent attaquer les actes faits par leur débiteur en fraude de leurs droits, 1167.

Si un créancier meurt avant l'accomplissement de la condition, ses droits passent à son héritier, 1179.

Les créanciers ne sont pas tenus de la perte de la chose promise sous une condition suspensive, 1182.

Ils ne peuvent être contraints de recevoir une autre chose que celle qui leur est due, 1243.

Ne peuvent être forcés à recevoir en partie le paiement d'une dette même divisible, 1244.

Effets des actes recognitifs et confirmatifs à l'égard des créanciers, 1337.

Les créanciers personnels de la femme ne peuvent, sans son consentement, demander la séparation de biens. — Ce qu'ils peuvent faire en cas de faillite ou de déconfiture du mari, 1446.

Les créanciers du mari peuvent se pourvoir contre la séparation de biens prononcée en fraude de leurs droits ; ils peuvent même intervenir dans l'instance pour la contester, 1447.

Les créanciers de la communauté peuvent faire vendre les effets compris dans le préciput conventionnel, 1519.

La femme et ses héritiers n'ont point de privilége pour la répétition de la dot sur les créanciers antérieurs à elle en hypo-

thèque, 1572. Voir *Absens*, *Antichrèse*, *Caution*, *Cession de biens*, *Communauté*, *Confusion*, *Contrats*, *Débiteurs*, *Dettes*, *Expropriation*, *Hypothèques*, *Novation*, *Obligations*, *Paiement*, *Perte de la chose due*, *Prescription*, *Solidarité*, *Subrogation*.

CROISÉES. Leurs réparations sont à la charge des locataires, 1754.

CROIT DES ANIMAUX donnés à cheptel. Voir *Cheptel*.

CRUE. L'estimation des meubles dans une succession doit être faite sans crue, 825.

Le rapport du mobilier se fait, à défaut d'état estimatif, d'après une estimation par expert et sans crue, 868.

CULTE. Voir *Ministres*.

CULTURE. Le bail d'un bien rural peut être résilié, si le preneur en abandonne la culture, 1766. Voir *Animaux*, *Usage*.

CURATEUR. Le condamné mort civilement ne peut procéder en justice que par le ministère d'un curateur spécial, 25.

Le majeur interdit a son domicile chez son curateur, 108.

Un curateur ne peut former opposition au mariage de son pupile qu'après y avoir été autorisé par un conseil de famille, 175.

Cas où il y a lieu à la nomination d'un curateur au ventre, 393.

Un mineur émancipé peut accepter une donation avec l'assistance de son curateur, 935.

Un sourd-muet qui ne sait pas écrire ne peut accepter une donation que par le ministère d'un curateur nommé à cet effet, 936.

Les curateurs des interdits sont tenus de faire transcrire le donations faites à ces derniers, 940.

La vente d'un immeuble délaissé est poursuivie sur le curateu créé à cet effet, 2174. Voir *Emancipation*, *Successio vacante*.

CUVES sont immeubles par destination, quand elles so placées par le propriétaire pour l'exploitation du fonds, 524.

D.

DATE. Les actes de l'état civil doivent contenir la date du jour qu'ils sont passés, 34-57.
Cette date ne peut être en chiffres, 42.
De quel jour les actes sous seing privé ont date contre des tiers, 1328.
Si un bail n'a pas de date certaine, le nouvel acquéreur, en cas d'expulsion, n'est tenu d'aucuns dommages et intérêts, 1750.

DEBITEUR. Comment il est constitué en demeure de livrer la chose, 1139.
Lorsque l'obligation a été contractée sous une condition suspensive, la chose qui fait la matière de la convention demeure aux risques du débiteur, 1182.
Il ne peut payer au préjudice d'une saisie ou d'une opposition sans s'exposer à payer de nouveau, 1242.
Ne peut forcer le créancier de recevoir une autre chose que celle qui lui est due, 1243.
Ni de recevoir en partie le paiement d'une dette même divisible, 1244.
En quel état le débiteur d'un corps certain doit-il le livrer, 1245.
Les frais de paiement sont à la charge du débiteur, 1248.
Cas où le débiteur d'une rente constituée à perpétuité peut être contraint à la racheter, 1912.
Les biens du débiteur sont le gage commun de ses créanciers, 2093. Voir *Caution*, *Cession de biens*, *Contrats*, *Dettes*, *Expropriation*, *Hypothèques*, *Novation*, *Obligations*, *Paiement*, *Prescription*, *Solidarité*, *Subrogation*.

DÉCÈS. Mode de constater les décès en cas de perte des registres, 46.
Avant de permettre l'inhumation, l'officier de l'état civil doit se transporter au domicile du décédé, pour constater le décès. — L'inhumation ne peut avoir lieu que 24 heures après le décès. — Exception, 77.
L'acte de décès est dressé par l'officier de l'état civil, sur la déclaration de deux témoins, 78.
Ce qui doit contenir l'acte de décès, 79.
Ce que l'on doit faire en cas de décès dans les hôpitaux militaires, civils ou autres maisons publiques.

— L'officier de l'état civil doit dans ce cas envoyer l'acte de décès à celui du dernier domicile de la personne décédée, qui l'inscrira sur les registres, 80.

Lorsqu'il y a des signes ou indices de mort violente, on ne pourra faire l'inhumation qu'après qu'un officier de police, assisté d'un docteur en médecine ou en chirurgie, a dressé procès-verbal de l'état du cadavre, 81.

L'officier de police est tenu de transmettre de suite à l'officier de l'état civil du lieu où la personne est décédée, tous les renseignemens énoncés dans son procès-verbal, d'après lesquels l'acte de décès sera rédigé, 82.

L'officier de l'état civil en enverra une expédition à celui du domicile de la personne décédée, s'il est connu : cette expédition sera inscrite sur les registres, *même article.*

Les greffiers criminels sont tenus d'envoyer, dans les vingt-quatre heures de l'exécution des jugemens portant peine de mort, à l'officier de l'état civil du lieu où le condamné a été exécuté, tous les renseignemens nécessaires pour rédiger l'acte de décès, 83.

En cas de décès dans les prisons ou maisons de réclusion et de détention, il sera donné avis sur-le-champ, par les concierges ou gardiens, à l'officier de l'état civil, qui s'y transportera et rédigera l'acte de décès, 84.

Dans tous les cas de mort violente, ou dans les prisons et maisons de réclusion, ou d'exécution à mort, il ne sera fait sur les registres aucune mention de ces circonstances, et les actes de décès seront simplement rédigés dans les formes prescrites par l'article 79-85.

Mode de rédiger les actes de décès, arrivés pendant un voyage de mer, 86.

Doubles à déposer des actes de décès de cette espèce et expédition à envoyer à l'officier de l'état civil du domicile du décédé, 87.

Mode de constater les décès des militaires hors du territoire de la France, 96-97. Voir *État civil.*

DÉCHARGE. Le mineur émancipé ne peut donner de décharge d'un capital mobilier sans l'assistance de son curateur, 482.

Idem à l'égard de l'interdit et du prodigue sans l'assistance de leur conseil, 499-513.

Ce que le créancier reçoit d'une caution pour la décharge de son cautionnement, doit être imputé sur la dette, et tourner à

la décharge du débiteur principal et des autres cautions, 1288.

DÉCHEANCE. Voir, *Bénéfice d'Inventaire*, *Fin de non-recevoir.*

DÉCISION ARBITRALE n'emporte hypothèques si elle n'est revêtue de l'ordonnance judiciaire d'exécution, 2123.

DÉCLARATION. Voir *Aveu*, *Dépôt.*

DÉCLARATION d'absence, de décès, de domicile, de mariage, de naissance, de remploi. Voir *ces mots.*

DECONFITURE. Voir *Faillite.*

DECOUVERTE D'UN TRESOR. Voir *Trésor.*

DEDOMMAGEMENT. Voir *Baux*, *Dommages Intérêts.*

DEFAUT. Voir *Jugement par défaut.*

DEFAUT DE CONTENANCE d'une chose louée. Voir *Baux.*

DEFAUT DE FORME. En matiere de prescription, si l'assignation est nulle par défaut de forme, l'interruption est regardée comme non avenue, 2247.

DEFAUTS CACHÉS d'une chose louée, vendue, ou prêtée. Voir *Baux*, *Garantie*, *Prêt*, *Vente.*

DEFENSEURS OFFICIEUX ne peuvent devenir cessionnaires de droits litigieux qui sont de la compétence du tribunal, dans le ressort duquel ils exercent leurs fonctions, 1597.

DÉFENSEURS DE LA PATRIE. Voir *Militaires.*

DEFINITIFS. Voir *Jugemens.*

DEFUNT. Voir *Décès*, *Donations*, *Successions*, *Testamens.*

DEGRADATIONS. Circonstance où celui dont la chose est unie à celle d'un autre, peut en demander la séparation, même quand il pourrait résulter quelque dégradation à la chose à laquelle elle a été jointe, 568.

Responsabilité de l'usufruitier au sujet des dégradations qu'il aurait laissé commettre sans les dénoncer au propriétaire, 614.

L'usufruit peut cesser par l'effet des dégradations commises par l'usufruitier, 618.

En matière de rapport, le donataire doit tenir compte des dégradations qui ont diminué la valeur de l'immeuble, 863.

Comment sont imputées les dégradations faites par la personne à qui le donataire a vendu l'immeuble, 864.

En cas d'éviction, si l'acquéreur évincé a tiré profit des dégradations par lui faites, le vendeur a droit de retenir sur le prix une somme égale à ce profit, 1632. Voir *Détériorations.*

DEGRÉS. Chaque génération forme un degré, 735. En ligne directe, on compte autant de degrés qu'il y a de générations entre les personnes. — Manière de compter ces degrés, 737.

En ligne collatérale, les degrés se comptent par les générations. — Manière de les compter, 738.

Les parens au-delà du douzième degré, ne succèdent pas. — A défaut de parens au degré successible dans une ligne, les parens de l'autre ligne succèdent pour le tout, 755. Voir *Parens, Successions.*

DÉLAIS. Circonstance où les juges peuvent accorder un délai au débiteur pour le paiement, 1244.

Délais pour l'inventaire et la renonciation à la communauté entre époux, 1456 et suivans. Voir *Communauté, Inventaire, Renonciation.*

S'il n'a pas été fixé de terme pour la restitution du prêt de consommation, le juge peut accorder à l'emprunteur un délai suivant les circonstances, 1900-1901.

Délai accordé à l'héritier bénéficiaire pour délibérer. Voir *Bénéfice d'inventaire.*

La simple prorogation de terme ne décharge point la caution, 2039. Voir *Terme.*

DÉLAISSEMENT PAR HYPOTHÈQUES. Voir *Hypothèques.*

DÉLÉGATION. Circonstance où la délégation opère novation, 1275.

Cas où le créancier n'a point de recours contre le délégant, si le délégué devient insolvable, 1276.

DÉLIBÉRATIONS *des Conseils de famille.* Voir *Conseil de famille.*

DÉLITS. Le mineur n'est point restituable contre les obligations résultant de son délit ou quasi-délit, 1310.

Effet du commencement de preuve à l'égard des obligations qui naissent des délits et quasi-délits, 1348.
Définition des délits et des quasi-délits, et leur effet à l'égard des père et mère, des maîtres, des instituteurs, des artisans, pour le dommage causé par leurs enfans, élèves et apprentis, 1382-1383-1384.
Le propriétaire d'un animal, ou celui qui s'en sert, est responsable du dommage que l'animal cause, 1385.
Cas où le propriétaire d'un bâtiment est responsable du dommage causé par sa ruine, 1386.
On peut transiger sur l'intérêt civil qui résulte d'un délit, sauf la poursuite du ministère public, 2046.

DÉLIVRANCE DE LEGS. Voir *Légataires*, *Testamens*.

DÉLIVRANCE *en matière de Vente*. Voir *Transport*, *Vente*.

DÉMENCE est une cause d'opposition au mariage, 172.
Peut donner lieu à l'interdiction, 489.
Cas où les actes antérieurs à l'interdiction peuvent être attaqués pour cause de démence, 504.

DÉMISSION. Voir *Partage*.

DENI DE JUSTICE. Le juge qui refuse de juger peut être poursuivi comme coupable de deni de justice, 4.

DENIERS PUBLICS. La contrainte par corps a lieu en matière d'administration des deniers publics, 2070.

DENRÉES. Les prestations en denrées dont le prix est réglé par les mercuriales, peuvent se compenser avec des sommes liquides et exigibles, 1291.
On peut stipuler des intérêts pour prêt de denrées, 1905. Voir *Prêt*.

DÉPENS. Voir *Frais*.

DÉPENSES. Les dépenses annuelles du mineur sont réglées par aperçu par le conseil de famille, 454.
Toutes dépenses suffisamment justifiées et dont l'objet sera utile, doivent être allouées au tuteur, 471.
On doit rembourser à son gérent toutes les dépenses utiles ou nécessaires qu'il a faites, 1375.
Celui auquel une chose a été restituée doit tenir compte, même au possesseur de mauvaise foi, de toutes les dépenses

nécessaires et utiles qui ont été faites pour la conservation de la chose, 1381.

Cas où les dépenses, même voluptuaires ou d'agrémen, doivent être remboursées à l'acquéreur en cas d'éviction, 1635.

Si un emprunteur, pour user de la chose, a fait quelque dépense, il ne peut pas la répéter, 1886.

Les dépenses pour la conservation du dépôt sont à la charge du déposant, 1947.

DÉPOSITAIRE. Voir *Dépôt.*

DÉPOSITIONS. Voir *Témoins.*

DÉPOT. Règles relatives aux dépôts et consignations, 1259.

La compensation n'a pas lieu lorsqu'il s'agit de la demande en restitution d'un dépôt, 1293.

Les dépôts volontaires doivent être prouvés par titres, lorsqu'ils sont de 150 francs, 1341.

Définition du dépôt en général, 1915.

Il y a deux espèces de dépôt : le dépôt proprement dit et le séquestre, 1916. Voir *Séquestre.*

De la nature et de l'essence du Contrat de dépôt.

Le dépôt proprement dit est un contrat essentiellement gratuit, 1917.

Il ne peut avoir pour objet que des choses mobilières, 1918.

Il n'est parfait que par la tradition réelle ou feinte de la chose déposée, quand la tradition feinte suffit, 1919.

Le dépôt est volontaire ou nécessaire, 1920.

Du Dépôt volontaire.

Comment se forme le dépôt volontaire, 1921.

Par qui le dépôt volontaire peut régulièrement être fait, 1922.

Le dépôt volontaire doit être prouvé par écrit. La preuve testimoniale n'en est point reçue pour valeur excédant cent cinquante francs, 1923.

Lorsque le dépôt, étant au dessus de cent cinquante francs, n'est point prouvé par écrit, celui qui est attaqué comme dépositaire, en est cru sur sa déclaration, 1924.

Le

Le dépôt volontaire ne peut avoir lieu qu'entre personnes capables de contracter. — A quoi est tenue une personne capable de contracter et qui accepte le dépôt fait par une personne incapable, 1925.

Cas où le dépôt a été fait par une personne capable à une personne qui ne l'est pas, 1926.

Des Obligations du Dépositaire.

Le dépositaire doit apporter dans la garde de la chose déposée, les mêmes soins qu'il apporte dans la garde des choses qui lui appartiennent, 1927-1928.

Il n'est tenu, en aucun cas, des accidens de force majeure, à moins qu'il n'ait été mis en demeure de restituer la chose déposée, 1929.

Il ne peut se servir de la chose déposée, sans la permission expresse ou présumée du déposant, 1930.

Il ne doit point chercher à connaître quelles sont les choses déposées, si elles lui ont été confiées dans un coffre fermé ou sous une enveloppe cachetée, 1931.

Il doit rendre identiquement la chose même qu'il a reçue, 1932.

Il n'est tenu de rendre la chose déposée que dans l'état où elle se trouve au moment de la restitution. Les détériorations qui ne sont pas survenues par son fait, sont à la charge du déposant, 1933.

Cas où il a reçu un prix ou quelque chose à la place, du dépôt enlevé par une force majeure, 1934.

A quoi est tenu l'héritier du dépositaire qui a vendu de bonne foi la chose dont il ignorait le dépôt, 1935.

Si la chose déposée a produit des fruits qui aient été perçus par le dépositaire, il est obligé de les restituer. — Il ne doit aucun intérêt de l'argent déposé. Exception, 1936.

A qui le dépositaire doit restituer la chose déposée, 1937.

Il ne peut pas exiger de celui qui a fait le dépôt, la preuve qu'il était propriétaire de la chose déposée. — Ce qu'il doit faire s'il découvre que la chose a été volée, et quel en est le véritable propriétaire, 1938.

En cas de mort naturelle ou civile de la personne qui a fait le dépôt, la chose déposée ne peut être rendue qu'à son héritier ou à ses héritiers, 1939.

Si la personne qui a fait le dépôt, a changé d'état, le dépôt ne peut être restitué qu'à celui qui a l'administration des droits et des biens du déposant, 1940.

Cas où le dépôt a été fait par un tuteur, par un mari ou par un administrateur, 1941.

Lieu où le dépôt doit être restitué et aux frais de qui, 1942-1943.

Le dépôt doit être remis au déposant aussitôt qu'il le réclame. — Exception, 1944.

Le dépositaire infidèle n'est point admis au bénéfice de cession, 1945.

Toutes les obligations du dépositaire cessent, s'il vient à découvrir et à prouver qu'il est lui-même propriétaire de la chose déposée, 1946.

Des Obligations de la personne par laquelle le Dépôt a été fait.

La personne qui a fait le dépôt est tenue de rembourser au dépositaire les dépenses qu'il a faites pour sa conservation, 1947.

Le dépositaire peut retenir le dépôt jusqu'à l'entier paiement de ce qui lui est dû à raison du dépôt, 1948.

Du Dépôt nécessaire.

Le dépôt nécessaire est celui qui a été forcé par quelque accident, tel qu'un incendie, une ruine, un pillage, un naufrage ou autre événement imprévu, 1949-1950.

La preuve par témoins peut être reçue pour le dépôt nécessaire, même quand il s'agit d'une valeur au dessus de cent cinquante francs, 1348-1950.

Le dépôt nécessaire est d'ailleurs régi par toutes les règles précédemment énoncées, 1951.

Le dépôt chez les aubergistes ou hôteliers doit être regardé comme un dépôt nécessaire, 1952.

Ils sont responsables du vol ou du dommage des effets du voyageur, 1953.

Ils ne sont pas responsables des vols faits avec force armée ou autre force majeure, 1954.

La contrainte par corps a lieu pour le dépôt nécessaire, 2060.

DÉPOT JUDICIAIRE. Voir *Séquestre.*

DÉPOT *des Registres de l'État civil.* Voir *État civil.*

DÉSAVEU. Dans le cas où la partie désavoue son écriture ou sa signature, la vérification en est ordonnée en justice, 1324.

DÉSAVEU DE LA PATERNITÉ. Voir *Paternité.*

DESCENDANS. Voir *Contrats de Mariage*, *Donations*, *Enfans naturels*, *Partages*, *Représentation*, *Successions.*

DÉSHÉRENCE. Circonstances où les biens appartiennent à la nation à titre de déshérence, 33-539-723-768.

Elle doit se faire envoyer en possession des biens, 724-770.

Formalités à remplir par l'administration des domaines, 769.

L'administration des domaines qui ne remplit pas les formalités qui lui sont prescrites, peut être condamnée à des dommages et intérêts envers les héritiers, s'il s'en représente, 772.

DESTITUTION DE LA TUTELLE. Voir *Tutelle.*

DETENTION. Voir *Prisons*, *Puissance paternelle.*

DÉTENUS. Mode de constater leur décès, 84-85.

DÉTÉRIORATIONS. Le mari est responsable des détériorations survenues par sa négligence aux biens dotaux, 1562. Voir *Dégradations*, *Dépôt.*

DETTES. Les dettes actives ne sont pas comprises dans le mot *meuble*, employé seul dans les dispositions de la loi ou de l'homme, 533.

La vente d'une maison avec tout ce qui s'y trouve ne comprend pas les dettes actives, 536.

L'usufruitier à titre particulier n'est pas tenu des dettes auxquelles le fonds est hypothéqué, 611.

Mode de déterminer la contribution au paiement des dettes par l'usufruitier ou universel ou à titre universel, 612.

Effets du bénéfice d'inventaire relativement aux dettes d'une succession, 802.

Les co-héritiers contribuent entre eux au paiement des dettes et charges de la succession, chacun dans la proportion de ce qu'il y prend, 870.

Le légataire à titre universel, contribue avec les héritiers, au prorata de son émolument; mais le légataire particulier

n'est pas tenu des dettes et charges, sauf toutefois l'action hypothécaire sur l'immeuble légué, 871.

Quand et comment chacun des co héritiers peut exiger que les immeubles de la succession soient libérés des rentes dont ils sont grevés. — Si l'un des héritiers demeure seul chargé d'une rente, il doit en garantir ses co héritiers, 872.

Les héritiers sont tenus des dettes et charges de la succession, personnellement pour leur part et portion virile, et hypothécairement pour le tout, 873.

Le légataire particulier qui a acquitté la dette dont l'immeuble légué étoit grevé, demeure subrogé aux droits du créancier contre les héritiers et successeurs à titre universel, 874.

Le cohéritier ou successeur à titre universel, qui, par l'effet de l'hypothèque, a payé au-delà de sa part dans la dette commune, n'a de recours contre les autres cohéritiers ou successeurs à titre universel, que pour la part que chacun d'eux doit personnellement en supporter, 875.

En cas d'insolvabilité d'un des cohéritiers ou successeurs à titre universel, sa part dans la dette hypothécaire est répartie sur tous les autres, au marc le franc, 876.

Dettes à la charge des légataires, 1009-1012-1020. Voir *Légataires.*

Dettes dont est tenu le donataire par contrat de mariage, 1084-1085-1086. Voir *Donations.*

De la remise de la dette, 1282 et suivans. Voir *Libération.*

De quelles dettes est tenue la communauté, 1409, et suivants.

Manière de régler les dettes de la communauté que doivent supporter les époux ou leurs héritiers, 1482 et suivants. Voir *Communauté.*

Forme et conditions de la vente de l'immeuble dotal pour payer les dettes de la femme ou de ceux qui ont constitué la dot, 1558. Voir *Dot.*

L'acquéreur doit rembourser au vendeur ce que celui-ci a payé pour les dettes de la succession, 1698. Voir au surplus, *Contrats*, *Créanciers*, *Débiteur*, *Hypothèques*, *Obligations*, *Partages*, *Solidarité*, *Successions.*

DEUIL. Le deuil de la femme est aux frais des héritiers du mari. — Il est dû même à la femme qui renonce à la communauté, 1481.

Les habits de deuil doivent lui être fournis sur la succession et sans imputation sur les intérêts à elle dus, 1570.

DEVIS ET MARCHÉS. Définitions, 1711.

Lorsqu'on charge quelqu'un de faire un ouvrage, on peut convenir qu'il fournira seulement son travail ou son industrie, ou bien qu'il fournira aussi la matière, 1787.

Si dans le cas où l'ouvrier fournit la matière, la chose vient à périr avant d'être livrée, la perte en est pour l'ouvrier — Exception 1788.

Dans le cas où l'ouvrier fournit seulement son travail, si la chose vient à périr, il n'est tenu que de sa faute, 1789.

N'a point de salaire à réclamer, à moins que la chose ait péri par le vice de la matière, 1790.

Comment se fait la vérification, s'il s'agit d'un ouvrage à plusieurs pièces, ou à la mesure, 1791.

Les architectes et entrepreneurs sont responsables pendant dix ans de la construction des ouvrages faits à prix fait, 1792.

Lorsqu'un architecte ou un entrepreneur s'est chargé de la construction à forfait d'un bâtiment, il ne peut demander aucune augmentation de prix, 1793.

Le maître peut résilier, par sa seule volonté, le marché à forfait, quoique l'ouvrage soit déjà commencé, en dédommageant l'entrepreneur, 1794.

Le contrat de louage d'ouvrage est dissous par la mort de l'ouvrier, de l'architecte ou entrepreneur, 1795.

Cas où le propriétaire est tenu de payer en proportion du prix porté par la convention, à leur succession, la valeur des ouvrages faits et celle des matériaux préparés, 1796.

L'entrepreneur répond du fait des personnes qu'il emploie, 1797.

Action que peuvent avoir contre le propriétaire, les ouvriers employés par l'entrepreneur, 1798.

Les maçons, charpentiers, serruriers et autres ouvriers qui traitent à forfait, sont assimilés aux entrepreneurs, 1799.

DÉVOLUTION. Cas où en matière de succession, elle a lieu d'une ligne à l'autre, 733-755. Voir *Succession*.

DIGUES. Le rétablissement des digues fait partie des grosses réparations, à la charge du propriétaire du fonds sujet à l'usufruit, 606.

Le propriétaire inférieur ne peut point élever de digue qui empêche l'écoulement des eaux, 640.

DILAPIDATEURS. Voir *Prodigues*.

DIMANCHE. Les publications de mariage par l'officier de l'état civil se font le dimanche, 63.

DIPLOMATIE. Voir *Agens diplomatiques.*

DIRECTEURS *des Etablissemens publics.* Voir *Etablissemens publics.*

DIRECTEURS DES HOPITAUX. Voir *Hôpitaux.*

DISCUSSION. Voir *Caution*, *Hypothèques*, *Rachat*, *Solidarité.*

DISPARITION. Voir *Absence.*

DISPENSES. Le gouvernement peut pour des motifs graves accorder des dispenses d'âge aux époux, 145.

Il peut aussi dispenser de la seconde publication des mariages, 169.

Amendes qu'encourent ceux qui se marient sans avoir obtenu les dispenses prescrites, 192-193.

DISPOSITIONS *entre-vifs réciproques, rénumératoires et testamentaires.* Voir *Donations*, *Testamens.*

DISPOSITIONS ENTRE ÉPOUX. Voir *Contrat de mariage*, *Donations.*

DISSOLUTION. Voir *Baux*, *Communauté*, *Contrat de mariage*, *Société.*

DISTANCES requises pour certaines constructions, 674.

Distance à observer pour avoir des vues droites, fenêtres d'aspect, balcons et autres saillies sur l'héritage du voisin, 678.

Distance à observer pour avoir des vues de côté ou obliques, 679.

Manière de déterminer cette distance, 680.

DISTINCTION DE NAISSANCE. Voir *Affiliation.*

DIVERTISSEMENT. Voir *Recélé.*

DIVISIBLES ET INDIVISIBLES. Voir *Obligations.*

DIVISION. Voir *Caution*, *Solidarité.*

DIVORCE. Les causes qui peuvent donner lieu au divorce sont :

— L'adultère de la femme, 229.

— L'adultère du mari; lorsqu'il a tenu sa concubine dans la maison commune, 230.

— Les excès, sévices ou injures graves, 231.
— La condamnation de l'un des époux à une peine infamante, 232.
— Le consentement mutuel et persévérant des époux, 233.

Des formes du Divorce pour cause déterminée.

A quel tribunal doit être formée la demande en divorce, 234.
Si quelques-uns des faits allégués par l'époux demandeur donnent lieu à une poursuite criminelle, l'action en divorce reste suspendue jusqu'après le jugement, alors elle peut être reprise, 235.

Toute demande en divorce doit détailler les faits : être remise au président du tribunal par l'époux demandeur en personne ; s'il en est empêché par maladie, le magistrat se transporte au domicile du demandeur, sur sa réquisition, pour y recevoir sa demande, 236.

Procès-verbal à dresser par le juge, 237.

Le juge ordonne, au bas de son procès-verbal, que les parties comparaîtront en personne devant lui, 238.

Au jour indiqué, le juge doit faire aux deux époux les représentations qu'il croira propres à opérer un rapprochement : s'il ne peut y parvenir, il en dresse procès-verbal, et ordonne la communication de la demande et des pièces au commissaire du Gouvernement, et le référé du tout au tribunal, 239.
Dans les trois jours qui suivent, le tribunal accorde ou suspend la permission de citer. La suspension ne peut excéder le terme de vingt jours, 240.
Forme de la citation 241.
A l'échéance du délai, le demandeur en personne, expose ou fait exposer les motifs de sa demande, et nomme les témoins qu'il se propose de faire entendre, 242.
Observations que peuvent proposer le demandeur et le défendeur, 243.
Forme du procès-verbal à dresser par le juge, des comparutions, dires et observations des parties, 244.
Renvoi des parties à l'audience publique, la communication de la procédure au commissaire du Gouvernement, et nomination d'un rapporteur, 245.
Jugement qui rejète ou admet la demande en divorce, 246.
Jugement au fond, 247.

Comment les parties peuvent proposer ou faire proposer leurs moyens respectifs, d'abord sur les fins de non-recevoir, et ensuite sur le fond, 248.

Désignation des témoins par les parties. — Délai passé lequel elles ne peuvent plus en nommer, 249.

Reproches respectifs des parties contre les témoins. Le tribunal statue sur ces reproches, après avoir entendu le commissaire du Gouvernement, 250.

Les parens des parties, à l'exception de leurs enfans et descendans, ne sont pas reprochables non plus que les domestiques des époux, 251.

Tout jugement qui admet une preuve testimoniale, dénomme les témoins, et détermine le jour de la présentation, 252.

En présence de qui les dépositions des témoins sont reçues par le tribunal à huit clos, 253.

Les parties peuvent faire aux témoins telles interpellations qu'elles jugent à propos, 254.

Mode de rédaction du procès-verbal d'enquête. — Par qui il doit être signé, 255.

Après la clôture des deux enquêtes, renvoi des parties à l'audience publique, 256.

Au jour fixé pour le jugement définitif, rapport à faire par le juge commis, observations à faire par les parties, et conclusions à donner par le commissaire du Gouvernement, 257.

Le jugement définitif doit être prononcé publiquement : lorsqu'il admet le divorce, le demandeur est autorisé à se retirer devant l'officier de l'état civil pour le faire prononcer, 258.

Circonstances où les juges peuvent ne pas admettre immédiatement le divorce. Dans ce cas, ils autorisent la femme à quitter la compagnie de son mari, et ils condamnent le mari à lui payer une pension alimentaire, si la femme n'a pas des revenus suffisans pour fournir à ses besoins, 259.

Après une année d'épreuve, si les parties ne se sont pas réunies, l'époux demandeur peut provoquer le jugement définitif, qui pour lors admet le divorce, 260.

Formalités à observer lorsqu'il s'agit d'un divorce pour cause de condamnation à une peine infamante, 261.

En cas d'appel du jugement d'admission ou du jugement définitif, la cause doit être jugée par le tribunal d'appel, comme affaire urgente, 261.

Délai

Délai après lequel l'appel n'est plus recevable, non plus que le pourvoi en cassation. Ce pourvoi est suspensif, 263.

L'époux qui a obtenu le divorce est obligé de se présenter, dans le délai de deux mois, devant l'officier de l'état civil, pour faire prononcer le divorce, 264.

De quel jour ces deux mois commencent à courir, 265.

L'époux qui a laissé passer le délai de deux mois, sans appeler l'autre époux devant l'officier de l'état civil, est déchu du bénéfice du jugement qu'il a obtenu, et ne peut reprendre son action en divorce, sinon pour cause nouvelle, 266.

Des Mesures provisoires auxquelles peut donner lieu la demande en Divorce pour cause déterminée.

L'administration provisoire des enfans reste au mari, à moins qu'il n'en soit autrement ordonné par le tribunal, 267.

La femme peut quitter le domicile du mari, et demander une pension alimentaire. Le tribunal indique la maison dans laquelle la femme est tenue de résider, et fixe la provision alimentaire, 268.

Si la femme ne justifie pas de sa résidence dans la maison indiquée, le mari peut refuser la provision alimentaire, et la faire déclarer non-recevable à continuer ses poursuites, 269.

La femme commune en biens, peut, en tout état de cause, requérir l'apposition des scellés sur les effets mobiliers de la communauté, 270.

Les obligations contractées par le mari à la charge de la communauté, sont déclarées nulles, 271.

Des Fins de non-recevoir contre l'action en Divorce pour cause déterminée.

L'action en divorce s'éteint par la réconciliation des époux, 272.

L'un des époux peut néanmoins en intenter une nouvelle pour cause survenue depuis la réconciliation, 273.

Si le demandeur en divorce nie qu'il y ait eu réconciliation, le défendeur est tenu de faire preuve, 274.

Du Divorce par consentement mutuel.

Le consentement mutuel des époux n'est point admis, si le mari a moins de vingt-cinq ans, ou si la femme est mineure de vingt-un ans, 275.

Le consentement mutuel n'est admis qu'après deux ans de mariage, 276.

Il ne peut plus l'être après vingt ans de mariage, ni lorsque la femme aura quarante-cinq ans, 277.

Dans aucun cas, le consentement mutuel des époux ne suffit, s'il n'est autorisé par leurs pères et mères, ou par leurs autres ascendans vivans, 278.

Formalités à observer par les époux déterminés à opérer le divorce par consentement mutuel. 279-280.

Leur déclaration devant le président du tribunal civil de leur arrondissement, de leur volonté, en présence de deux notaires amenés par eux, 281.

Représentation à faire par le juge aux deux époux, 282.

Actes que les époux sont tenus de produire avant d'entamer les poursuites en divorce, 283.

Procès-verbal à dresser par les notaires, dont le plus âgé conserve la minute, 284.

La déclaration des époux doit être renouvelée dans la première quinzaine de chacun des quatrième, septième et dixième mois qui suivent. — Ce qu'ils doivent faire en outre à chaque renouvellement, 285.

Dans la quinzaine du jour où l'année est revolue, à compter de la première déclaration, les époux, assistés de deux amis, doivent requérir l'admission du divorce, 286.

Acte que le juge donne aux époux de leur réquisition, et forme du procès-verbal que dresse à cet effet le greffier, 287.

Ordonnance que le juge met au bas du procès-verbal, qu'il sera par lui référé du tout au tribunal, et que les pièces seront communiquées au commissaire du Gouvernement, 289.

De quelle manière le commissaire du Gouvernement donne ses conclusions, *même article.*

Cas où le tribunal admet le divorce ou le rejette, 290.

L'appel du jugement qui déclare ne pas y avoir lieu à admet-

tre le divorce, n'est recevable qu'autant qu'il est interjeté par les deux parties. — Dans quel délai, 291.

Les actes d'appel doivent être réciproquement signifiés tant à l'autre époux qu'au commissaire du Gouvernement, 292.

Délai dans lequel il est définitivement statué par le tribunal d'appel, après avoir entendu le commissaire du Gouvernement, 293.

En vertu du jugement qui admet le divorce, et dans les vingt jours de sa date, les parties doivent se présenter devant l'officier de l'état civil, pour faire prononcer le divorce. Ce délai passé, le jugement demeure comme non avenu, 294.

Des effets du Divorce.

Les époux divorcés pour quelque cause que ce soit, ne peuvent plus se réunir, 295.

Dans le cas de divorce pour cause déterminée, la femme ne peut se remarier que dix mois après le divorce, 296.

Dans le cas de divorce par consentement mutuel, aucun des deux époux ne peut contracter un nouveau mariage que trois ans après la prononciation du divorce, 297.

Dans le cas de divorce pour cause d'adultère, l'époux coupable ne peut jamais se marier avec son complice. — Réclusion de la femme adultère, 298.

L'époux contre lequel le divorce a été admis, perd tous les avantages que l'autre époux lui a faits, 299.

L'époux qui a obtenu le divorce, conserve les avantages à lui faits par l'autre époux, 300. Voir *Avantages*.

Cas où le tribunal peut accorder à l'époux qui a obtenu le divorce, sur les biens de l'autre époux, une pension alimentaire, 301.

Les enfans doivent être confiés à l'époux qui a obtenu le divorce, si le tribunal n'en ordonne autrement, 302.

Les père et mère conservent respectivement le droit de surveiller l'entretien et l'éducation de leurs enfans, et sont tenus d'y contribuer à proportion de leurs facultés, 303.

La dissolution du mariage par le divorce ne prive les enfans nés de ce mariage, d'aucun des avantages qui leur étaient assurés par les lois, ou par les conventions matrimoniales de leurs père et mère; époque de l'ouverture de ces droits, 304.

La moitié des biens des époux divorcés par *consentement mu-*

tuel appartient à leurs enfans, qui ne peuvent en jouir qu'à leur majorité, 305.

Le divorce dissout la communauté, 1441. Voir *Communauté*, pages 46 et 47.

Effets du divorce à l'égard du préciput, 1518. Voir *Préciput*. Voir aussi *Séparation de corps*.

DOCTEURS EN CHIRURGIE ET MEDECINE. Doivent, à défaut du père, déclarer la naissance de l'enfant, 56.

Sont appelés pour dresser procès-verbal d'un cadavre, lorsqu'il y a des signes de mort violente, 81.

Leur certificat est nécessaire pour autoriser un demandeur en divorce à faire sa déclaration dans son domicile, lorsqu'il y est retenu par maladie, 236.

Ne peuvent profiter des disposition entre-vifs et testamentaires faites en leur faveur pendant le cours de la maladie. — Sont exceptées les dispositions rénumératoires, 909.

Leurs honoraires sont créances privilégiées, 2101.

L'action pour leurs visites; opérations et médicamens se prescrit par un an.

DOL. S'il y a dol de la part du tuteur, la tutelle lui est retirée, 421.

L'acceptation d'une succession peut être révoquée, si cette acceptation a été la suite d'un dol, 783.

Les partages peuvent être rescindés pour cause de dol, 887. Voir *Partages*.

L'action en nullité des conventions ne court dans le cas de de dol, que du jour qu'il a été découvert, 1304. Voir *Contrats*, *Obligations*.

En matière de jeu et pari, le perdant ne peut répéter ce qu'il a payé, à moins qu'il n'y ait eu dol de la part du gagnant, 1967.

Le mandataire répond du dol qu'il commet dans sa gestion, 1992.

Une transaction peut être rescindée lorsqu'il y a dol, 2053.

DOMAINE PUBLIC. Biens qui lui appartiennent, 538-539-540-541-713-723-724-768.

Ce que doit faire l'administration des domaines, quand la Nation succède, 766-770-772. Voir *Affiches*, *Biens*, *Deshérence*.

DOMESTIQUES. Leur domicile est chez la personne qui les loue, 109.

En matière de divorce, ne sont pas reprochables s'ils sont appelés en témoignage, 251.

Les maîtres sont responsables du dommage occasionné par leurs domestiques, 1384.

Ne peuvent engager leurs services qu'à tems et pour une entreprise déterminée, 1780.

Le maître est cru sur son affirmation pour la quotité et le paiement des gages, 1781.

L'action des domestiques qui se louent à l'année se prescrit par un an, 2272.

DOMICILE. L'étranger qui établit son domicile en France, peut acquérir le qualité de français, 9.

Les actes de l'état civil doivent énoncer le domicile de tous ceux qui y sont dénommés, 34-63-76-79.

Le domicile quant au mariage s'établit par six mois, 74.

Le domicile est au lieu du principal établissement quant à l'exercice des droits civils, 102.

Le changement de domicile s'opere par le fait joint à l'intention, 103.

La preuve de l'intention résulte d'une déclaration faite à la municipalité du lieu que l'on quitte et à celle du lieu où on aura transféré son domicile, 104.

A défaut de déclaration expresse, la preuve de l'intention dépendra des circonstances, 105.

Le citoyen appelé à une fonction publique temporaire ou révocable, conservera le domicile qu'il avait auparavant, s'il n'a pas manifesté d'intention contraire, 106.

L'acceptation de fonctions conférées à vie, emportera translation immédiate du domicile du fonctionnaire dans le lieu où il doit exercer ses fonctions, 107.

La femme mariée n'a point d'autre domicile que celui de son mari. Le mineur non émancipé a son domicile chez ses père et mère ou tuteur : le majeur interdit a le sien chez son curateur, 108.

Les majeurs qui servent chez autrui, ont le même domicile que la personne qu'ils servent, lorsqu'ils demeurent avec elle, 109.

Le lieu où la succession s'ouvre, est déterminé par le domicile, 110.

Effet que produit l'élection de domicile pour l'exécution d'un acte dans un autre lieu que celui du domicile réel, 111.

Cas où le paiement d'une obligation doit être fait au domicile du débiteur, 1247.

Domicile où l'on doit faire les offres réelles, 1268.

Du domicile de la caution, 2018.

Il est loisible à celui qui a requis une inscription ainsi qu'à ses représentans de changer sur les registres des hypothèques le domicile par lui élu, 2152.

DOMMAGE doit être reparé par celui qui l'a causé ou par la faute duquel il est arrivé, 1382-1386.

Cas où le dommage fait par le preneur peut faire résilier le bail, 1729.

DOMMAGES ET INTÉRÊTS. Voir *Aubergistes*, *Contrats*, *Délits*, *Echange*, *Etat civil*, *Hypothèques*, *Indemnités*, *Obligations*, *Tutelle*, *Vente*.

DONATAIRES. Voir *Donations*.

DONATIONS ENTRE-VIFS ET TESTAMENTAIRES.

Dispositions communes aux Donations entre-vifs et testamentaires.

On ne peut disposer de ses biens à titre gratuit que par donation entre-vifs et testamentaires, 893.

Les substitutions sont prohibées. — Toute disposition par laquelle le donataire, l'héritier institué ou le légataire est chargé de rendre à un tiers est nulle, 896. — Exceptions, 897-898-899.

Dans toute disposition entre-vifs ou testamentaire, les conditions impossibles, celles contraires aux lois et aux mœurs, sont réputées non écrites, 900.

De la capacité de disposer ou de recevoir par donation entrê-vifs ou par testament. Voir *Capacité*.

Quotité de la portion disponible par acte entre-vifs ou par testament, si le disposant laisse des enfans, 913.

Sont compris sous le nom d'*enfans*, les descendans en quelque degré que ce soit, 914.

Quotité disponible par acte entre-vifs ou par testament, si, à défaut d'enfant, le défunt laisse un ou plusieurs ascendans, 915.

A défaut d'ascendans et de descendans, les libéralités par actes entre-vifs ou testamentaires peuvent épuiser la totalité des biens, 916.

Option réservée aux héritiers, si la disposition par acte entre-vifs ou par testament est d'un usufruit ou d'une rente viagère dont la valeur excède la quotité disponible, 917.

Cas où la valeur en pleine propriété des biens aliénés, à l'un des successibles en ligne directe, doit être imputée sur la portion disponible; et l'excédent, s'il y en a, être rapporté à la masse, 918.

La quotité disponible peut être donnée aux enfans ou autres successibles du donateur, sans être sujette au rapport, pourvu que la disposition ait été faite expressément à titre de préciput ou hors part. — Comment cette déclaration doit être faite, 919.

Les dispositions, soit entre-vifs, soit à cause de mort, qui excèdent la quotité disponible, sont réductibles à cette quotité lors de l'ouverture de la succession, 920.

Par qui la réduction des dispositions entre-vifs peut être demandée. A qui cette demande est prohibée, 921.

Comment la réduction se détermine en formant une masse de tous les biens existans au décès du donateur ou testateur, 922.

Il n'y a jamais lieu à réduire les donations entre-vifs, qu'après avoir épuisé la valeur de tous les biens compris dans les dispositions testamentaires; comment se fait cette réduction, 923.

Si la donation entre-vifs réductible a été faite à l'un des successibles, il pourra retenir, sur les biens donnés, la valeur de la portion héréditaire, 924.

Lorsque la valeur des donations entre-vifs excède ou égale la quotité disponible, toutes les dispositions testamentaires seront caduques, 925.

Lorsque les dispositions testamentaires excèdent la quotité disponible, la réduction se fait au marc le franc, sans aucune distinction entre les legs universels et les legs particuliers, 927.

Exception à l'égard des legs que le testateur déclare vouloir qu'ils soient acquittés de préférence aux autres, 927.

De quel jour le donataire doit restituer les fruits de ce qui excède la portion disponible, 928.

Les immeubles à recouvrer par l'effet de la réduction, le sont sans charge de dettes ou hypothèques créées par le donataire, 929.

Comment et dans quel ordre l'action en réduction ou revendication peut être exercée par les héritiers contre les tiers détenteurs des immeubles, 930.

Dispositions entre-vifs ou testamentaires que l'on peut faire au profit d'un ou plusieurs de ses enfans, ou d'un ou plusieurs de ses frères et sœurs, à la charge de restituer aux enfans nés et à naître au premier degré seulement, 1048-1049.

La charge de restitution doit être en faveur de tous les enfans nés et à naître du grevé, sans aucune inégalité, 1050.

Si le grevé meurt laissant des enfans au premier degré et des descendans d'un enfant prédécédé, ceux-ci recueillent par représentation de leur père, 1051.

Cas où une donation entre-vifs, sans charge de restitution, peut être grevée de cette charge, 1052.

Les droits des appelés sont ouverts à l'époque où cesse la jouissance du grevé de restitution. — L'abandon anticipé au profit des appelés ne préjudicie pas aux créanciers du grevé, 1053.

Cas où les femmes des grevés peuvent avoir leur recours subsidiaire sur les biens à rendre pour le capital des deniers dotaux, 1054.

Les disposants peuvent nommer un tuteur chargé de l'exécution de leurs dispositions, 1055.

A défaut de ce tuteur, il en doit être nommé un à la diligence du grevé, 1056.

Le grevé qui néglige la nomination d'un tuteur, est déchu du bénéfice de la disposition, 1057.

Après le décès du disposant à la charge de restitution, il doit être fait un inventaire des biens et effets de la succession, excepté le cas où il ne s'agit que d'un legs particulier, 1058.

A la requête de qui cet inventaire doit être fait, 1059-1060-1061.

Le grevé de restitution doit faire procéder à la vente par affiches et enchères des meubles et effets compris dans la disposition, 1062.

Les meubles compris dans la disposition sous la condition de les conserver en nature, doivent être rendus dans l'état où ils se trouveront lors de la restitution, 1063.

Le grevé de restitution n'est tenu que de faire priser les bestiaux et ustensiles servant à faire valoir les terres et d'en rendre la valeur, 1064.

Dans le délai de six mois, le grevé doit faire emploi des deniers comptans, de ceux provenant de la vente des meu-

bles,

bles, des effets actifs et remboursemens des rentes, 1065-1066.

Comment cet emploi doit être fait, 1067.

Il doit l'être à la diligence du tuteur nommé pour l'exécution, 1068.

Où doit-on faire la transcription des dispositions entre-vifs ou testamentaires à charge de restitution, 1069.

Le défaut de transcription peut être opposé par les créanciers et tiers acquéreurs, même aux mineurs ou interdits. — Recours de ces derniers, qui ne peuvent être restitués contre le défaut de transcription, 1070.

Le défaut de transcription ne peut être suppléé ni regardé comme couvert par la connaissance que les créanciers ou les tiers-acquéreurs pouvaient avoir eue de la disposition, 1071.

Les donataires, les légataires, ni les héritiers légitimes de celui qui a fait la disposition, ni leurs héritiers, ne peuvent opposer aux appelés le défaut de transcription ou inscription, 1072.

Responsabilité du tuteur chargé de l'exécution de la disposition, 1073.

Le grevé mineur ne peut se faire restituer contre l'exécution des règles qui lui sont prescrites, 1074.

Dispositions relatives aux Donations entre-vifs seulement.

Définition de la donation entre-vifs, 894.

La donation entre-vifs doit être passée devant notaires; il doit en rester minute, *sous peine de nullité*, 931.

Elle engage le donateur, et ne produit aucun effet, que du jour qu'elle a été acceptée en termes exprès. — L'acceptation peut être faite du vivant du donateur, par un acte postérieur et authentique, 932.

Si le donateur est majeur, l'acceptation doit être faite par lui, en son nom, par la personne fondée de sa procuration; forme de cette procuration. 933.

Par qui doivent être acceptées les donations faites à une femme mariée, 934.

— Celle faite à un mineur ou à un interdit, ou à un mineur émancipé, 935.

— Celle faite à un sourd muet, 936.

— Celles faites au profit des hospices des pauvres d'une commune ou établissement d'utilité publique, 937.

La donation dûment acceptée est parfaite par le seul consentement des parties, sans qu'il soit besoin d'autre tradition, 938.

Lorsqu'il y a donation de biens susceptibles d'hypothèques, la transcription doit être faite aux bureaux des hypothèques dans l'arrondissement desquels les biens sont situés, 939.

A la diligence de qui cette transcription doit être faite, lorsque les donations sont faites aux mineurs, aux interdits, aux femmes mariées et aux établissemens publics, 940.

Le défaut de transcription peut être opposé par toutes personnes ayant intérêt. — Exception, 941.

Les mineurs, les interdits, les femmes mariées, ne sont point restitués contre le défaut d'acceptation ou de transcription des donations, sauf leur recours contre leurs tuteurs ou maris, 942.

La donation entre-vifs ne peut comprendre que les biens présens du donateur; si elle comprend des biens à venir, elle est nulle à cet égard, 943.

Toute donation entre-vifs faite sous des conditions dont l'exécution dépend de la seule volonté du donateur, est nulle, 944.

Elle est pareillement nulle, si elle a été faite sous la condition d'acquitter d'autres dettes que celles qui existaient à l'époque de la donation, ou qui seraient exprimées, soit dans l'acte de donation, soit dans l'état qui doit y être annexé, 945.

L'effet ou la somme dont le donateur s'est réservé la disposition, appartient à ses héritiers, s'il meurt sans en avoir disposé, 946.

Donations auxquelles les quatre articles précédens ne sont pas applicables, 947.

Tout acte de donation d'effets mobiliers n'est valable que pour les effets dont un état estimatif est annexé à la minute de la donation, 948.

Il est permis au donateur de faire la réserve à son profit, ou de disposer au profit d'un autre, de la jouissance des biens, meubles ou immeubles donnés, 949.

A l'expiration de l'usufruit, le donataire est tenu de prendre les effets donnés qui se trouvent en nature, dans l'état où ils

sont, et il a action contre le donateur ou ses héritiers, pour raison des objets non existans, 950.

Le donateur peut stipuler le droit de retour des objets donnés, 951.

Effet du droit de retour, 952.

La donation entre-vifs ne peut être revoquée que pour cause d'inexécution des conditions, pour cause d'ingratitude, et pour cause de survenance d'enfans, 953.

Effets de la révocation pour cause d'inexécution des conditions, 954.

Cas où la donation entre-vifs peut être revoquée pour cause d'ingratitude, 955.

La révocation pour cause d'inexécution des conditions ou pour cause d'ingratitude, n'a jamais lieu de plein droit, 956.

Délai dans lequel la demande en révocation pour cause d'ingratitude, doit être formée, 957.

Effets de la révocation pour cause d'ingratitude dans le cas où les objets donnés auraient été aliénés ou hypothéqués, 958.

Les donations en faveur de mariage ne sont pas révocables pour cause d'ingratitude, 959.

Cas où la donation entre-vifs est révoquée de plein droit par la survenance d'enfans, 960-961.

De quel jour, dans ce dernier cas, le donataire est-il tenu de restituer les fruits, 962.

Les biens compris dans la donation révoquée de plein droit retournent au donateur, libres de toutes charges et hypothèques du chef du donataire, 963.

Les donations ainsi révoquées ne peuvent jamais revivre et avoir de nouveau leur effet par la mort de l'enfant du donateur ni par aucun acte confirmatif, 964.

Le donateur ne peut renoncer à la révocation de la donation pour survenance d'enfans, 965.

A compter de quel jour commence à courir le tems nécessaire pour prescrire la révocation pour survenance d'enfans, 966.

Dispositions relatives aux testamens seulement. Voir *Testamens.*

DONATIONS PAR CONTRAT DE MARIAGE *aux époux et aux enfans à naître.*

Toute donation entre-vifs de biens présens, quoique faite par contrat de mariage aux époux, ou à l'un d'eux, est soumise aux règles générales prescrites pour les donations faites à ce titre, et ne peut avoir lieu au profit des enfans à naître, si ce n'est dans les cas d'une disposition à charge de restitution, 1081.

Les pères et mères, les ascendans, les parens collatéraux des époux, et même les étrangers, peuvent, par contrat de mariage, faire une donation tant au profit desdits époux, qu'au profit des enfans à naître, 1082.

Cette donation est irrévocable, en ce sens seulement que le donateur ne pourra plus disposer à titre gratuit, si ce n'est pour sommes modiques, à titre de récompense ou autrement, 1083.

Conditions sous lesquelles la donation par contrat de mariage peut être faite cumulativement des biens présens et à venir, en tout ou en partie, 1084-1085.

La donation par contrat de mariage en faveur des époux et des enfans à naître de leur mariage peut être faite, à condition de payer indistinctement toutes les dettes et charges de la succession du donateur, ou sous d'autres conditions dont l'exécution dépendrait de sa volonté. — Obligations du donataire à qui appartient l'effet ou la somme compris dans la donation dont le donateur s'est réservé la disposition et dont il n'a pas disposé, 1086.

Les donations faites par contrat de mariage ne peuvent être attaquées, ni déclarées nulles, sous prétexte de défaut d'acceptation, 1087.

Toute donation faite en faveur du mariage est caduque, si le mariage ne s'ensuit pas, 1088.

Les donations faites à l'un des époux deviennent caduques, si le donateur survit à l'époux donataire et à sa postérité, 1089.

Toutes donations faites aux époux par leur contrat de mariage sont, lors de l'ouverture de la succession du donateur, réductibles à la portion dont la loi lui permettait de disposer, 1090.

Donations entre Epoux, soit par contrat de mariage, soit pendant le mariage.

Les époux peuvent, par contrat de mariage, se faire réciproquement, ou l'un des deux à l'autre, telles donations qu'ils

jugent à propos, sous les modifications ci-après, 1091.

A quelles règles sont soumises les donations entre-vifs de biens présens faites entre époux par contrat de mariage, 1092.

A quelles règles sont soumises les donations de biens à venir, ou de biens présens et à venir, faite entre époux par contrat de mariage, 1093.

Quotité dont l'époux peut, soit par contrat de mariage, soit pendant le mariage, disposer en faveur de l'autre époux, 1094.

Le mineur ne peut, par contrat de mariage, donner à l'autre époux, qu'avec le consentement de ceux dont le consentement est requis pour la validité de son mariage, 1095.

Toutes donations faites entre époux pendant le mariage, quoique qualifiées entre-vifs, sont toujours révocables. — La révocation peut être faite par la femme, sans y être autorisée par le mari ni par justice. — Ces donations ne sont point révoquées par la survenance d'enfans, 1096.

Les époux ne peuvent, pendant le mariage, se faire, ni par acte entre-vifs, ni par testament, aucune donation mutuelle et réciproque par un seul et même acte, 1097.

L'homme ou la femme qui, ayant des enfans d'un autre lit, contracte un second mariage, ne peut donner à son nouvel époux qu'une part d'enfant, 1098.

Les époux ne peuvent se donner indirectement au-delà de la portion disponible. — Toute donation, ou déguisée, ou faite à personnes interposées, est nulle, 1099.

Quelles sont les donations réputées faites à personnes interposées, 1100.

Les donations que l'un des époux a pu faire à l'autre, ne s'exécutent que sur la part du donateur dans la communauté et sur ses biens personnels, 1480. Voir *Partage.*

DOT. L'effet du droit de retour ne s'étend pas à l'hypothèque de la dot sur les biens donnés, 952.

Les biens compris dans la donation révoquée de plein droit rentrent dans le patrimoine du donateur, sans qu'ils puissent demeurer affectés à la restitution de la dot de la femme du donataire, 963.

Cas où les femmes des grevés de restitution peuvent avoir des recours subsidiaires pour le capital des deniers dotaux, 1054.

Déclaration que peuvent faire les époux, qu'ils entendent se marier sous le régime dotal, 1391.

La simple déclaration qu'une femme se constitue ou qu'il lui

est constitué des biens en dot, ne suffit pas pour soumettre ses biens au régime dotal, 1392.

La dot est le bien que la femme apporte au mari pour supporter les charges du mariage, 1540.

Tout ce que la femme se constitue ou qui lui est donné est dotal, s'il n'y a stipulation contraire, 1541.

Biens que la constitution de dot peut frapper. Celle, en termes généraux, de tous les biens de la femme, ne comprend pas les biens à venir, 1542.

La dot ne peut être constituée ni même augmentée pendant le mariage, 1543.

Cas où les père et mère constituent conjointement une dot, sans distinguer la part de chacun. — Cas où la dot est constituée par le père seul pour droits paternels et maternels, 1544.

Comment se rend la dot constituée par le survivant des père ou mère pour biens paternels et maternels, sans spécifier les portions, 1545.

Quoique la fille dotée par ses père et mère ait des biens à elle propres dont ils jouissent, la dot sera prise sur les biens des constituans, s'il n'y a stipulation contraire, 1546.

Ceux qui constituent une dot, sont tenus à la garantie des objets constitués, 1547.

Les intérêts de la dot courent, de plein droit, du jour du mariage, 1548.

Droits du mari sur les biens dotaux. Il peut être convenu, par le contrat de mariage, que la femme touchera annuellement, sur ses seules quittances, une partie de ses revenus, 1549.

Le mari n'est pas tenu de fournir caution pour la réception de la dot, 1550.

Si la dot ou partie de la dot consiste en objets mobiliers mis à prix par le contrat, sans déclaration que l'estimation n'en fait pas vente, le mari en devient propriétaire, 1551.

L'estimation donnée à l'immeuble constitué en dot, n'en transporte point la propriété au mari, 1552.

L'immeuble acquis des deniers dotaux n'est pas dotal. Il en est de même de l'immeuble donné en paiement de la dot constituée en argent, 1553.

Les immeubles constitués en dot ne peuvent être aliénés ou hypothéqués pendant le mariage, ni par le mari, ni par

la femme, ni par les deux conjointement, 1554. — Exceptions, 1555-1556-1557-1558.

— Formalités à remplir à ce sujet — L'immeuble reçu en échange est dotal, 1559.

Circonstances où la femme ou ses héritiers et même le mari peuvent faire révoquer l'aliénation de la dot, 1560.

Les immeubles dotaux non déclarés aliénables par le contrat de mariage, sont imprescriptibles pendant le mariage, à moins que la prescription n'ait commencé auparavant. Ils deviennent prescriptibles après la séparation de biens, 1561.

Obligation et responsabilité du mari à l'égard des biens dotaux, 1562.

Si la dot est mise en péril, la femme peut poursuivre la séparation de biens, 1563.

Cas où le mari ou ses héritiers peuvent être contraints de restituer la dot, sans délai, après la dissolution du mariage, 1564.

Cas où la restitution n'en peut être exigée qu'un an après la dissolution, 1565.

Si les meubles dont la propriété reste à la femme ont déperi sans la faute du mari, il ne sera tenu de rendre que ceux qui resteront, et dans l'état où ils se trouveront, 1566.

Si la dot comprend des obligations ou constitutions de rente qui ont péri, ou souffert des retranchemens, le mari n'en sera point tenu, 1567.

Si un usufruit a été constitué en dot, le mari n'est obligé que de restituer le droit d'usufruit, et non les fruits échus durant le mariage, 1568.

Cas où la femme peut répéter sa dot, sans être tenue de prouver que son mari l'a reçue, 1569.

Si le mariage est dissous par la mort de la femme, l'intérêt et les fruits de la dot courent de plein droit au profit de ses héritiers depuis le jour de la dissolution. — Si c'est par la mort du mari, la femme a le choix d'exiger les intérêts de sa dot pendant l'an du deuil, ou de se faire fournir des alimens pendant ledit tems aux dépens de la succession du mari, 1570.

A la dissolution du mariage, les fruits des immeubles dotaux se partagent entre le mari et la femme ou leurs héritiers, à proportion du tems qu'il a duré, pendant la dernière année, 1571.

La femme et ses héritiers n'ont point de privilége pour la ré-

pétition de la dot sur les créanciers antérieurs à elle en hypothèque, 1572.

Cas où la femme n'est tenue de rapporter à la succession du père que l'action qu'elle a contre celle de son mari, pour se faire rembourser de sa dot. — Cas où la perte de la dot tombe uniquement sur la femme, 1573. Voir *Communauté, Contrat de mariage, Hypothèques, Paraphernaux, Partage, Rapports.*

DOUBLE LIEN. Voir *Successions.*

DOUTE. Dans le doute, la convention s'interprète en faveur de celui qui a contracté l'obligation, 1162.

DROITS CIVILS. L'exercice des droits civils est indépendant de la qualité de citoyen, 7.

Tout Français jouit des droits civils, 8.

Tout individu né en France d'un étranger peut, dans l'année qui suit l'époque de sa majorité, réclamer la qualité de Français, 9.

Comment l'enfant né, en pays étranger, d'un Français qui aurait perdu la qualité de Français, peut recouvrer cette qualité, 10.

De quels droits civils l'étranger jouit en France, 11.

En perdant la qualité de Français, on perd les droits civils. — Comment se perd cette qualité, 17.

Comment elle se recouvre, 18.

Comment une femme Française qui épouse un étranger, peut, quand elle devient veuve, recouvrer la qualité de Française, 19.

Conditions à remplir pour pouvoir s'en prévaloir, 20.

Le Français qui, sans autorisation du Gouvernement, prendroit du service chez l'étranger, ou s'affilierait à une corporation militaire étrangère, perd la qualité de Français. — Ce qu'il doit faire pour la recouvrer, 21.

Tems pendant lequel les condamnés par contumace sont privés de l'exercice des droits civils, 28.

DROITS INCORPORELS. Voir *Transport.*

DROITS LITIGIEUX. Fonctionnaires publics qui ne peuvent en acheter, 1597.

DROIT DE RETOUR. Dans quel cas il peut être stipulé. Son effet, 951-952. Voir *Donations.*

DROITS SUCCESSIFS. Voir *Successions.*

DROITS DE SURVIE. Voir *Survie.*

DROITS D'USAGE. Voir *Usage.*

E.

EAUX. Les fonds inférieurs sont assujettis envers ceux qui sont plus élevés à recevoir les eaux qui en découlent naturellement. — Le propriétaire supérieur ne peut rien faire qui aggrave la servitude du fonds inférieur, 640.

Droit du propriétaire qui a une source dans son fonds, 641.

Cas où le propriétaire de la source ne peut en changer le cours, 643.

Comment les propriétaires riverains peuvent se servir des eaux courantes, 644.

Les contestations sur l'usage de ces eaux doivent être décidées par les tribunaux d'après les réglemens locaux, 645.

Personne ne peut faire verser les eaux pluviales sur le fonds de son voisin, 681.

Les conduits d'eau font partie des servitudes continues, 688.

ECHALAS. L'usufruitier peut prendre dans les bois des échalas pour les vignes, 593.

ECHANGE. L'échange est un contrat par lequel les parties se donnent respectivement une chose pour une autre, 1702.

L'échange s'opère par le seul consentement, de la même manière que la vente, 1703.

Cas où l'un des copermutans ne peut être forcé à livrer la chose qu'il a promise, mais seulement à rendre celle qu'il a reçue, 1704.

Le copermutant qui est évincé de la chose qu'il a reçue en échange, a le choix de conclure à des dommages et intérêts, ou de répéter sa chose, 1705.

La rescision pour cause de lésion n'a pas lieu dans le contrat d'échange, 1706.

Toutes les autres règles prescrites par le contrat de vente s'appliquent d'ailleurs à l'échange, 1707. Voir *Communauté*, *Dot*, *Rescision*, *Vente.*

ÉCHÉANCE. Voir *Cautionnement*, *Termes.*

ÉCOULEMENT DES EAUX. Voir *Eaux.*

ÉCRITS qui donnent lieu à un commencement de preuve, 1347. Voir *Preuve.*

ÉCRITURE PRIVÉE. Voir *Actes.*

ÉDUCATION DES ENFANS. Lorsque le père est absent, la mère exerce les droits du mari pour diriger l'éducation de ses enfans, 141.

Les époux divorcés ont le droit de la surveiller respectivement, et ils doivent y pourvoir selon leur faculté, 303.

La possession d'état d'un enfant se prouve par les soins que le père a pris de son éducation, 321.

Un tuteur officieux ne peut imputer sur les revenus du pupille les dépenses de son éducation, 365.

L'éducation du mineur par le conjoint survivant est une des charges de la jouissance de ses biens, 385.

Les frais d'éducation ne sont pas sujets à rapport, 852.

Les dépenses d'éducation des enfans sont une dette de la communauté entre époux, 1409.

Comment la femme séparée de biens doit y contribuer, 1448.

EFFET RÉTROACTIF. La loi n'a point d'effet retroactif, 2.

La condition accomplie a un effet rétroactif au jour de l'engagement, 1179.

EFFETS MOBILIERS. Les actions qui ont pour objet des effets mobiliers sont meubles par la détermination de la loi, 529.

Ce qu'on entend par l'expression d'*effets mobiliers*, 535.

Le prix d'effets mobiliers non payés, s'ils sont encore en la possession du débiteur, est du nombre des créances privilégiées, 2102.

EGOUTS sont du nombre des servitudes continues, 688. Voir *Toit.*

ÉLECTION DE DOMICILE. Cas où elle a lieu pour l'exécution d'un acte, 111. Voir *Domicile.*

EMANCIPATION, EMANCIPÉ. Le mineur est émancipé de plein droit par le mariage, 476.

Comment le mineur, même non marié, peut être émancipé par son père, ou, à défaut de père, par sa mère, lorsqu'il a atteint l'âge de quinze ans révolus, 477.

Le mineur resté sans père ni mère, peut, à l'âge de dix-huit ans accomplis, être émancipé, si le conseil de famille l'en juge capable, 478.

Cas où le cousin-germain du mineur ou ses parens à des degrés plus proches peuvent requérir le juge de paix de convoquer le conseil de famille pour délibérer sur son émancipation , 479.

Le compte de tutelle est rendu au mineur émancipé, assisté d'un curateur qui lui est nommé par le conseil de famille, 480.

Actes que le mineur émancipé peut faire , 481.

Actes qu'il ne peut faire sans l'assistance de son curateur, 482.

Il ne peut faire d'emprunts sans une délibération du conseil de famille , 483.

Il ne peut vendre ses immeubles, ni faire aucun acte autre que ceux de pure administration, sans observer les formes prescrites au mineur non émancipé. — Ses obligations pour achats ou autrement sont réductibles en cas d'excès, 484.

Cas où le mineur émancipé peut être privé du bénéfice de l'émancipation , 485.

Dès le jour où l'émancipation est révoquée, le mineur rentre en tutelle, et y reste jusqu'à sa majorité accomplie, 486.

Le mineur émancipé qui fait un commerce, est réputé majeur pour les faits relatifs à ce commerce, 487.

La simple lésion donne lieu à la rescision en faveur du mineur émancipé contre toutes conventions qui excèdent les bornes de sa capacité , 1305.

EMBELLISSEMENS faits sur le fonds légué font partie du legs, 1019.

EMPLOI que le tuteur doit faire des deniers du mineur. — Délai après lequel il en doit les intérêts, 455-456. Voir *Mineurs.*

Délai dans lequel le grevé de restitution doit faire emploi des deniers comptans, de ceux provenant des ventes et des effets actifs, 1065-1066.

Manière dont cet emploi doit être fait et à la diligence de qui, 1067-1068.

Emploi des revenus des interdits. Voir *Interdits.*

Cas où il est fait emploi au profit de la femme de l'excédent du prix de l'aliénation de l'immeuble dotal , 1558.

Idem de l'excédent de l'immeuble dotal donné en échange, 1559. Voir *Remploi.*

EMPRISONNEMENT. Circonstances où les officiers de l'état civil peuvent être condamnés à l'emprisonnement, 156-157.

EMPRUNT. Voir *Créanciers, Débiteurs, Dettes, Interdit, Mineur, Prêt, Prodigue.*

ENCHÈRES prescrites pour la vente des meubles d'un mineur, 452.

Pour la vente de ses immeubles, 459.

Pour celle des meubles d'une successien acceptée sous bénéfice d'inventaire, 805.

Circonstance où l'immeuble dotal peut être vendu aux enchères, 1558. Voir *Licitation.*

ENCLOS. Tout mur servant de séparation entre enclos dans les champs est présumé mitoyen, 653.

L'augmentation faite à l'enclos légué par le testateur, fait partie du legs, 1019.

ENFANS. Voir *Absens, Communauté, Divorce, Donations, Dot, Education, Etat civil, Filiation, Mariage, Mères, Naissance, Paternité, Pères, Puissance paternelle, Successions, Testamens, Tutelle.*

ENFANS ADOPTIFS. Voir *Adoption.*

ENFANS ADULTÉRINS ET INCESTUEUX. Voir *Adultérins, Alimens, Incestueux.*

ENFANS MINEURS. Voir *Emancipation, Mineurs, Tutelle.*

ENFANS NATURELS. Ne peuvent se marier sans le consentement de leurs père et mère, ou sans celui d'un tuteur *ad hoc*, 158-159.

Quels sont ceux qui peuvent être légitimés. — Formalités à ce sujet, 331-332.

Les enfans légitimés par le mariage subséquent, ont les mêmes droits que s'ils étaient nés de ce mariage, 333.

La reconnaissance d'un enfant naturel doit être faite par un acte authentique, lorsqu'elle ne l'a pas été dans son acte de naissance, 334.

Cette reconnaissance ne pourra avoir lieu au profit des enfans nés d'un commerce incestueux ou adultérin, 335.

La reconnaissance du père, sans l'indication et l'aveu de la mère, n'a d'effet qu'à l'égard du père, 336.

La reconnaissance faite pendant le mariage, par l'un des époux, au profit d'un enfant naturel qu'il aurait eu, avant son mariage, d'un autre que de son époux, ne peut nuire ni à celui-ci, ni aux enfans nés de ce mariage. — Néanmoins elle produit son effet après la dissolution de ce mariage, s'il n'en reste pas d'enfans, 337.

L'enfant naturel reconnu ne peut réclamer les droits d'enfant légitime. Les droits des enfans naturels sont réglés au titre des *Successions*, 338.

Toute reconnaissance de la part du père ou de la mère, de même que toute réclamation de la part de l'enfant, peut être contestée par tous ceux qui y ont intérêt, 339.

La recherche de la paternité est interdite. Dans le cas d'enlèvement, le ravisseur peut être déclaré père de l'enfant, 340.

La recherche de la maternité est admise. — Preuves que doit produire l'enfant qui réclame sa mère, 341.

Un enfant adultérin ou incestueux n'est point admis à la recherche soit de la paternité soit de la maternité, 342.

Devoirs des enfans naturels envers leurs père et mère, 383. Voir *Capacité*, *Successions*.

ENFANS-TROUVÉS. Voir *Naissance*.

ENGAGEMENS. Définition des engagemens qui se forment sans qu'il intervienne aucune convention, 1370. Voir *Délits*, *Quasi contrats*, *Obligations*.

ENGRAIS. Sont immeubles par destination, quand le propriétaire d'un fonds les y a placés pour le service de ce fonds, 524.

Le fermier sortant doit laisser les engrais de l'année, s'il les a reçus en entrant. — S'il ne les a pas reçus, le propriétaire peut les retenir suivant l'estimation, 1778.

ENLEVEMENT. Lorsque l'époque de l'enlevement se reporte à celle de la conception, elle peut faire déclarer le ravisseur père de l'enfant, 340.

En matière de vente, les frais d'enlevement sont à la charge de l'acheteur, 1608.

ÉNONCIATION. Quelle foi elles font, 1320.

ENQUÊTE. Voir *Absence*, *Divorce*, *Interdiction*, *Preuve*, *Témoins*.

ENREGISTREMENT. Les testamens faits en pays étran-

ger ne peuvent être exécutés sur les biens situés en France qu'après avoir été enregistrés, 1000.

Chaque legs peut être enregistré séparément, sans que cet enregistrement puisse profiter à aucun autre qu'au légataire, 1016.

L'enregistrement assure la date des actes sous seing privé contre les tiers, 1328.

ENRÔLEMENT VOLONTAIRE. L'enfant âgé de plus de dix-huit ans peut quitter la maison paternelle pour s'enrôler volontairement, 374.

ENTREPRENEURS. Voir *Architectes*, *Devis et Marchés*.

ENVOI EN POSSESSION. L'enfant naturel, l'époux survivant et l'administration des domaines qui prétendent avoir droit à une succession, doivent en demander l'envoi en possession au tribunal de première instance où la succession est ouverte, 724-770.

Cas où le légataire universel doit demander au président du tribunal de première instance, l'envoi en possession de son legs, 1008. Voir *Absens*, *Successions*.

ÉPOUX. L'époux de l'individu condamné à une mort civile peut exercer les droits et actions auxquels sa mort naturelle donnerait ouverture, 25. Voir *Absens*, *Adoption*, *Ameublissement*, *Autorisation*, *Capacité*, *Communauté*, *Contrat de mariage*, *Contrats*, *Deuil*, *Divorce*, *Donations*, *Dot*, *Etat civil*, *Etranger*, *Expropriation*, *Filiation*, *Hypothèques*, *Naissance*, *Obligations*, *Paraphernaux*, *Puissance paternelle*, *Séparation*, *Testamens*, *Tutelle*.

ÉQUIPAGES. Voir *Meubles*.

ERREUR. Voir *Contrats*, *Mariage*, *Obligation*, *Transactions*.

ESCALIER. Lorsque les différens étages d'une maison appartiennent à divers propriétaires, à la charge de qui est l'escalier? 664.

ESCROQUERIE. Dans le cas d'escroquerie, le perdant peut répéter contre le gagnant ce qu'il lui a volontairement payé, 1967.

ESPECES. C'est en espèces ayant cours au moment du paiement que le débiteur doit rendre la somme prêtée, 1895.

ESTIMATION. En matière de lésion, l'estimation doit être faite suivant la valeur de l'immeuble au tems du partage et de la vente, 890-1675.

L'échange de l'immeuble dotal doit être précédé d'une estimation par experts, 1559. Voir *Bail*, *Cheptel*, *Dot*, *Inventaire*, *Vente*.

ETABLE. Distance à garder, ou ouvrage à faire lorsqu'on fait construire une étable près d'un mur mitoyen, 674.

ETABLISSEMENS. Les établissemens de commerce en pays étranger, sans esprit de retour, font perdre la qualité de Français, 17.

Distances et ouvrages intermédiaires requis pour la construction de certains établissemens, 674.

ETABLISSEMENT PAR MARIAGE. Voir *Communauté*, *Dot*, *Mariage*, *Rapport*.

ETABLISSEMENS PUBLICS. Les donations à leur profit par actes entre-vifs ou par testament n'ont d'effet qu'autant qu'elles sont autorisées par un arrêté du Gouvernement, 910.

Mode d'acceptation des donations qui leur sont faites, 937.

La transcription doit en être faite à la diligence des administrateurs, 939-940.

Les établissemens publics ne peuvent transiger sans y être autorisés par le Gouvernement, 2045.

Ils ont une hypothèque légale sur les biens des receveurs et administrateurs comptables, 2122.

Ils sont soumis aux mêmes prescriptions que les particuliers, 2227.

ETAGES. Lorsque les différens étages d'une maison appartiennent à divers propriétaires, les réparations et constructions sont à la charge de chacun d'eux, 664.

ETANGS. L'alluvion n'a pas lieu à l'égard des étangs, 558. Voir *Poissons*.

ÉTAT. Les lois concernant l'état des personnes régissent les Français, même résidans en pays étranger, 3.

Comment s'établit la possession d'état, 321.

On ne peut réclamer ni contester un état contraire à celui établi par le titre et par la possession, 322.

Les tribunaux civils sont seuls compétens pour statuer sur les réclamations d'état, 326.

ETAT CIVIL. Enonciation que doivent contenir les actes de l'état civil, 34.

Les officiers de l'état civil ne peuvent rien insérer que ce qui doit être déclaré par les comparans, 35.

Cas où les parties intéressées peuvent se faire représenter par un fondé de procuration, 36.

Les témoins produits aux actes de l'état civil ne peuvent être que du sexe masculin, âgés de vingt-un ans au moins, parens ou autres, 37.

L'officier de l'état civil doit donner lecture des actes aux parties comparantes, et faire mention de cette lecture, 38.

Par qui ces actes doivent être signés, 39.

Les actes de l'état civil doivent être inscrits, dans chaque commune, sur un ou plusieurs registres tenus doubles, 40.

Les registres sont cottés et paraphés sur chaque feuille, par le président du tribunal de première instance, 41.

Les actes doivent être inscrits sur les registres, de suite, sans aucun blanc. Les ratures et les renvois sont approuvés et signés de la même manière que le corps de l'acte. Il n'y doit être rien écrit par abréviation, aucune date ne doit être mise en chiffres, 42.

Clôture et dépôt des registres, 43.

Dépôt des procurations et autres pièces qui doivent demeurer annexées aux actes de l'état civil, 44.

Toute personne peut se faire délivrer des extraits des registres de l'état civil. Foi desdits extraits, 45.

Manière de suppléer à la perte et à la non-existence des registres, 46.

Tout acte de l'état civil des Français et des étrangers, fait en pays étranger, fait foi, s'il a été rédigé dans les formes usitées dans ledit pays, 47.

Cas où tout acte de l'état civil des Français en pays étranger est valable, 48.

A la requête de qui et par qui doit être faite la mention d'un acte de l'état civil en marge d'un acte déjà inscrit, 49.

Toute contravention aux articles précédens de la part des fonctionnaires y dénommés, doit être poursuivie devant

le

le tribunal de première instance, et punie d'une amende qui ne pourra excéder cent francs, 50.

Tout dépositaire des registres est civilement responsable des altérations qui y surviennent, sauf son recours, s'il y a lieu, contre les auteurs desdites altérations, 51.

Toute altération, tout faux dans les actes de l'état civil, toute inscription de ces actes faite sur une feuille volante, donnent lieu aux dommages-intérêts des parties, sans préjudice des peines portées au code pénal, 52.

Vérification à faire par le commissaire du Gouvernement de l'état des registres lors du dépôt qui en est fait au greffe, 53.

Dans tous les cas où un tribunal de première instance connaît des actes relatifs à l'état civil, les parties intéressées peuvent se pourvoir contre le jugement, 54.

Comment doivent être rédigés les actes de l'état civil concernant les militaires hors du territoire de France, 88.

Quels sont les individus de l'armée chargés de remplir les fonctions de l'état civil, 89.

De la tenue des registres dans chaque corps de troupes, 90-91.

Les déclarations de naissance à l'armée doivent être faites dans les dix jours de l'accouchement, 92.

Obligations de l'officier chargé à l'armée de la tenue des registres de l'état civil, à l'égard des actes de naissance, 93.
— A l'égard des publications et actes de mariage, 94-95.
— A l'égard des actes de décès, 96.

Ce que l'on doit faire en cas de décès dans les hôpitaux militaires, 97.

L'officier de l'état civil du domicile des parties auquel il aura été envoyé de l'armée expédition d'un acte de l'état civil est tenu de l'inscrire de suite sur les registres, 98.

Par qui et comment il est statué sur la demande en rectification d'un acte de l'état civil, 99.

Le jugement de rectification ne peut être opposé aux parties intéressées qui ne l'ont pas requis ou qui n'y ont pas été appelées, 100.

Les jugemens de rectification doivent être inscrits sur les registres par l'officier de l'état civil, et mention doit en être faite en marge de l'acte réformé, 101.

Le jugement d'adoption doit être inscrit sur le registre de

l'état civil du domicile de l'adoptant, 359. Voir *Commissaires du Gouvernement*, *Décès*, *Mariage*, *Naissance*.

ÉTAT DES LIEUX. Voir *Baux*.

ETAT DE SITUATION. Voir *Tuteur*.

ÉTRANGERS. Formalités qu'ils ont à remplir pour jouir en France des droits civils, 9.

De quels droits civils ils jouissent en France, 11.

L'étrangère qui aura épousé un Français suivra la condition de son mari, 12.

Une femme française qui épousera un étranger suivra la condition de son mari, 19.

L'étranger admis à établir son domicile en France, y jouit de tous les droits civils, tant qu'il y réside, 13.

Il peut être cité devant les tribunaux français pour l'exécution de ses obligations avec des Français, 14-15.

En toutes matières, autres que celles de commerce, s'il est demandeur, il est tenu de donner caution. Cas où il en est exempté, 16.

Comment succèdent les étrangers, 726. Voir *Successions*.

On ne peut disposer au profit d'un étranger que dans le cas où cet étranger peut disposer au profit d'un Français, 912.

ÉTRANGERS (PAYS). Formalités à observer pour la validité des actes de l'état civil des Français qui sont passés en pays étrangers, 47-48-170-171. Voir *Etat civil*, *Mariage*.

Formalités à observer par un Français pour tester en pays étranger, 999.

Formalités à observer pour l'exécution en France des testamens faits en pays étranger, 100.

EVICTION. Voir *Echange*, *Garantie*, *Partage*.

EXCEPTIONS que le codébiteur solidaire peut ou non opposer, 1208.

Cas où les exceptions ne peuvent être opposées contre les actes viciés de nullité, 1338.

Les héritiers du donateur, après avoir exécuté la donation, ne peuvent plus opposer les exceptions qu'ils pouvaient avoir, 1340.

Exceptions à l'égard desquelles le juge peut déférer le serment d'office, 1367.

Exceptions que la caution peut opposer aux créanciers, 2036. Voir *Fin de non-recevoir*.

EXCÈS peuvent donner lieu au divorce, 231.

EXCLUSION DE COMMUNAUTÉ. Voir *Communauté*.

EXCLUSION DE SUCCESSION. Voir *Indignes*.

EXÉCUTEURS TESTAMENTAIRES. Le testateur peut nommer un ou plusieurs exécuteurs testamentaires, 1025.

Il peut leur donner la saisine de son mobilier; elle ne peut durer au-delà de l'an et jour, 1026.

Comment l'héritier peut faire cesser la saisine, 1027.

Celui qui ne peut s'obliger, ne peut pas être exécuteur testamentaire, 1028.

La femme mariée ne peut accepter l'exécution testamentaire qu'avec le consentement de son mari. Cas où elle est séparée de biens, 1029.

Le mineur ne peut être exécuteur testamentaire, même avec l'autorisation de son tuteur ou curateur, 1030.

Devoirs et fonctions des exécuteurs testamentaires, 1031.

Les pouvoirs de l'exécuteur testamentaire ne passent pas à ses héritiers, 1032.

Cas où il y a plusieurs exécuteurs testamentaires. — Leur responsabilité solidaire, 1033.

Les frais faits par l'exécuteur testamentaire pour l'exercice de ses fonctions, sont à la charge de la succession, 1034.

EXÉCUTION *des conventions*. Voir *Contrats*, *Obligations*.

— *Des Jugemens* emportant mort civile. Voir *mort civile*.

— *Des Lois*. Voir *Lois*.

— *Des Poursuites*. Voir *Poursuites*.

EXÉCUTOIRES (*Titres*). Voir *Titres*.

EXHAUSSEMENT. Obligations du co-propriétaire qui veut donner de l'exhaussement à un mur mitoyen, 658-659.

EXPÉDITION DES ACTES. Lorsque le titre original est perdu, les premières expéditions font la même foi que l'original, 1335.

EXPERTS. Ceux qui sont envoyés en possession provisoire des biens d'un absent, peuvent requérir par experts la visite des immeubles, pour en constater l'état, 126.

Cas où les père ou mère qui ont la jouissance légale des biens

du mineur doivent faire faire l'estimation des meubles par un expert nommé par le subrogé-tuteur, 453.

Dans le partage des biens avec un mineur, il y a lieu à l'estimation des biens par experts nommés par le tribunal, 466.

En matière de partage, l'estimation des biens doit être faite par experts choisis par les parties ou nommés d'office, 824. Voir *Partage*.

L'immeuble dotal ne peut être échangé qu'après une estimation par experts nommés d'office par le tribunal, 1559. Voir *Rescision*.

EXPLICATION DES CONVENTIONS. Voir *Contrats*, *Obligations*

EXPROPRIATION FORCÉE. De quels biens le créancier peut poursuivre l'expropriation, 2204.

La part indivise d'un cohéritier dans les immeubles d'une succession ne peut être mise en vente par ses créanciers personnels, avant le partage ou la licitation qu'ils peuvent provoquer, 2205.

Les immeubles d'un mineur, même émancipé, ou d'un interdit, ne peuvent être mis en vente avant la discussion du mobilier, 2206.

Cas où la discussion du mobilier n'est pas requise avant l'expropriation des immeubles possédés par indivis entre un majeur et un mineur ou interdit, 2207.

Du mode d'expropriation des immeubles qui font partie de la communauté, et des immeubles de la femme qui ne sont point entrés en communauté. Cas où il est nommé un tuteur à la femme, contre lequel la poursuite est exercée, 2208.

Le créancier ne peut poursuivre la vente des immeubles qui ne lui sont pas hypothéqués, que dans le cas d'insuffisance des biens qui lui sont hypothéqués, 2209.

La vente forcée des biens situés dans différens arrondissemens, ne peut être provoquée que successivement, à moins qu'ils ne fassent partie d'une seule et même exploitation. — Tribunal devant lequel elle doit être suivie, 2210.

Cas où les biens hypothéqués au créancier, et les biens non hypothéqués, ou les biens situés dans divers arrondissemens, font partie d'une seule et même exploitation, 2211.

Cas où la poursuite en expropriation peut être suspendue par les juges, 2212.

La vente forcée des immeubles ne peut être poursuivie qu'en vertu d'un titre authentique et exécutoire, pour une dette certaine et liquide, 2213.

Le cessionnaire d'un titre exécutoire ne peut poursuivre l'expropriation qu'après que la signification du transport a été faite au débiteur, 2214.

En vertu de quels jugemens la poursuite et l'adjudication peuvent avoir lieu, 2215.

La poursuite ne peut être annullée sous prétexte que le créancier l'aurait commencée pour une somme plus forte que celle qui lui est due, 2216.

Toute poursuite en expropriation d'immeubles doit être précédée d'un commandement. — Les formes du commandement et celles de la poursuite sur l'expropriation sont réglées par les lois sur la procédure, 2217.

L'ordre et la distribution du prix des immeubles, et la manière d'y procéder, sont réglés par les lois sur la procédure, 2218. Voir *Hypothèques*.

EXTINCTION DES OBLIGATIONS. Comment elle s'opère, 1234.

La société finit par l'extinction de la chose, 1865.

Extinction de l'obligation résultant du cautionnement, 2034.

Les priviléges et hypothèques s'éteignent par l'extinction de l'obligation principale, 2180. Voir *Compensation*, *Confusion*, *Obligations*.

EXTRAITS *des registres de l'Etat civil*. Voir *Etat civil*.

F.

FACULTÉ. Les actes de pure faculté ne peuvent fonder ni possession ni prescription, 2232.

FACULTÉ DE RACHAT. Voir *Rachat*.

FAILLITE. Le débiteur ne peut plus réclamer le bénéfice du terme lorsqu'il a fait faillite, 1188.

Le créancier qui a déchargé le débiteur par qui a été faite la délégation, n'a point de recours contre ce débiteur, à moins que le délégué ne fût en faillite ouverte ou tombé en déconfiture, 1276.

Ce que peuvent faire les créanciers de la femme, en cas de faillite ou de déconfiture du mari, 1446.

L'acquéreur tombé en faillite ou en déconfiture depuis la vente, ne peut se faire délivrer la chose vendue qu'en donnant caution de payer au terme, 1613.

La société finit par la déconfiture de l'un des associés, 1865.

Le capital de la rente constituée en perpétuel devient exigible en cas de faillite ou de déconfiture du débiteur, 1912.

Le mandat finit par la déconfiture du mandant ou du mandataire, 2003.

La caution même, avant d'avoir payé, peut agir contre le débiteur lorsque ce dernier est en faillite ou en déconfiture, 2032.

Les inscriptions hypothécaires ne produisent aucun effet si elles sont prises dans le délai pendant lequel les actes faits avant l'ouverture des faillites sont déclarés nuls, 2146. Voir *Cession.*

FAMILLE. L'un des principaux faits qui établissent la possession d'état, c'est que *tel* individu a été reconnu pour l'enfant d'un *tel* par la famille, 321.

L'adopté reste dans sa famille naturelle, 348.

FAUSSES (Pièces). Voir *Pièces.*

FAUTES dont est tenu l'héritier bénéficiaire, 804.

L'immeuble qui a péri sans la faute du donataire n'est pas sujet à rapport, 855.

De quelles fautes le mandataire est responsable, 1992.

FAUX. Tout faux dans les actes de l'état civil donne lieu aux dommages-intérêts des parties, sans préjudice des peines portées au code pénal, 52. Voir *Etat civil.*

Ce que doit faire le tribunal en cas de plainte en faux principal ou d'inscription en faux incident, 1319.

FEMMES. Voir *Epoux.*

FENÊTRES. L'un des voisins ne peut, sans le consentement de l'autre, pratiquer aucune fenêtre dans le mur mitoyen, 675. Voir *Distances, Servitudes.*

FER (Cheptel de). Voir *Cheptel.*

FERMAGES produisent intérêt du jour de la demande ou de la convention, 1155.

Les fermages des immeubles sont créances privilégiées sur les fruits de la récolte de l'année et sur le prix de tout ce qui garnit la ferme, et de tout ce qui sert à son exploitation, 2102.

Le prix de ferme des biens ruraux se prescrit par cinq ans, 2277. Voir *Baux , Contrainte par corps.*

FERMIER. Le fermier ni ses héritiers ne peuvent prescrire, 2236.

Exception, 2237. Voir *Animaux , Baux , Cas fortuits, Cheptel, Contrainte par corps , Semences.*

FEUILLES VOLANTES. Peines qu'encourent les officiers de l'état civil qui inscrivent leurs actes sur des feuilles volantes, 52.

FIDÉI-COMMIS. Voir *Substitutions.*

FIDÉJUSSEURS. Voir *Cautionnement.*

FIDÉLITÉ. Les époux se doivent réciproquement fidélité, 212.

FILETS d'un côté du mur en marquent la non-mitoyenneté, 654.

FILIATION. L'enfant conçu pendant le mariage a pour père le mari. Exception, 312.

Le mari ne peut, sous prétexte d'impuissance naturelle, désavouer l'enfant, même pour cause d'adultère, à moins que la naissance ne lui ait été cachée, 313.

Cas où l'enfant né avant le cent quatre-vingtième jour du mariage ne peut être désavoué par le mari, 314.

La légitimité de l'enfant né 300 jours après la dissolution du mariage peut être contestée, 315.

Délais dans lesquels le mari doit réclamer, dans les cas où il y est autorisé, 316.

Cas où le mari est mort avant d'avoir fait sa réclamation, mais étant encore dans le délai utile pour la faire, 317.

Tout acte contenant le désaveu de la part du mari ou de ses héritiers, est regardé comme non avenu, s'il n'est suivi dans le mois d'une action en justice, 318.

La filiation des enfans légitimes se prouve par les actes de naissance, 319.

A défaut de ce titre, la possession constante de l'état d'enfant légitime suffit, 320.

Comment s'établit la possession d'état, 321.

Nul ne peut réclamer un état contraire à celui que lui donnent son titre de naissance et la possession conforme à ce titre. — Nul ne peut contester l'état de celui qui a une possession conforme à son titre de naissance, 322.

Cas où la preuve de filiation peut se faire par témoins, 323-324.

La preuve contraire est admise, 325.

Les tribunaux civils sont seuls compétens pour statuer sur les réclamations d'état, 326.

L'action criminelle contre un délit de suppression d'état ne peut commencer qu'après le jugement définitif sur la question d'état, 327.

L'action en réclamation d'état est imprescriptible à l'égard de l'enfant, 328.

Elle ne peut être intentée par les héritiers de l'enfant qui n'a pas réclamé. — Exception, 329.

Les héritiers peuvent suivre cette action, lorsqu'elle a été commencée par l'enfant. — Exception, 330. Voir *Enfans naturels*, *Mariage*.

FILLES. Voir *Contrainte par corps*, *Mariage*.

FILS DE FAMILLE. Voir *Mariage*.

FIN DE NON-RECEVOIR contre celui qui réclame un droit échu à un individu dont l'existence n'est pas reconnue, 135.

Contre une demande en nullité de mariage toutes les fois qu'il y a eu cohabitation continuée pendant six mois, 181.

Contre la femme demanderesse en divorce, lorsqu'elle ne justifie pas de sa résidence dans la maison désignée par le tribunal, 269.

Contre la demande en divorce, lorsqu'il y a réconciliation entre les époux, 273.

Contre ceux qui réclament ou contestent un état contraire à celui établi par le titre et par la possession, 322.

Contre celui qui présent à la délibération qui lui a déféré la tutelle, n'a pas de suite proposé ses motifs de refus, 438.

Contre l'action en rescision en matière de partage, 892. Voir *Rescision*.

Contre celui qui, sous prétexte de violence, attaque un acte qu'il a approuvé depuis que la violence a cessé, 1115. Voir *Exceptions*.

FLEUVES. Les fleuves navigables ou flottables sont considérés comme des dépendances du domaine public, 538.

Les attérissemens et accroissemens qui se forment successivement aux fonds riverains d'un fleuve ou d'une rivière,

s'appellent *alluvion.* — L'alluvion profite au propriétaire riverain, 556.

Effets de l'enlèvement subit d'une portion de champ portée par un fleuve ou une rivière navigable ou non vers un champ inférieur ou sur la rive opposée, 559.

Les îles, îlots, attérissemens qui se forment dans le lit des fleuves ou des rivières navigables ou flottables, appartiennent à la Nation, s'il n'y a titre ou prescription contraire, 560.

Le propriétaire riverain d'une rivière ou d'un fleuve qui, en se formant un nouveau bras, coupe et embrasse son champ et en fait une île, conserve la propriété de ce champ, 562.

Si un fleuve ou une rivière navigable, flottable ou non, se forme un nouveau cours en abandonnant son ancien lit, les propriétaires des fonds nouvellement occupés prennent l'ancien lit abandonné, 563.

FOI. Tout acte de l'état civil fait en pays étranger fait foi, s'il a été rédigé dans les formes usitées dans ledit pays, 47.

—Due aux différens actes, 1319-1320-1322.

—Aux registres et papiers domestiques, 1331.

—Aux copies de titres, soit que le titre original existe ou n'existe pas, 1334-1335.

—À l'aveu judiciaire des parties, 1356. Voir *Bonne Foi* et *Mauvaise-Foi*

FOINS. Voir *Meubles.*

FONCTIONNAIRES PUBLICS. De leur domicile, 106-107. Voir *Domicile.*

Quels sont les fonctionnaires publics dispensés de la tutelle, 427.

Priviléges accordés sur les cautionnemens des fonctionnaires publics qui se rendent coupables d'abus ou prévarications, 2102.

FONCTIONS PUBLIQUES conférées à vie emportent translation de domicile, 107.

Acceptées chez l'étranger, sans l'autorisation du Gouvernement, font perdre la qualité de Français, 17.

FONDÉ DE POUVOIR. Voir *Mandant, Mandataires, Procurations.*

FONDS DE TERRE sont immeubles par leur nature, 518.

FONDS PERDU. La valeur en pleine propriété des biens aliénés à fonds perdu, à l'un des successibles en ligne directe, s'impute sur la portion disponible, et l'excédent, s'il y en a, est rapporté à la masse, 918.

FONDS RIVERAINS. Voir *Fleuves.*

FONGIBLES. Les choses fongibles sont susceptibles de compensation, lorsque la quotité en est certaine, 1291.

FORCE ARMÉE. Voir *Force majeure.*

FORCE JUGÉE. Cas où l'autorité que la loi attribue à la chose jugée, a lieu, 1350-1351.

FORCE MAJEURE. Il n'y a lieu à aucuns dommages et intérêts pour l'inexécution d'une convention, lorsqu'elle provient d'une force majeure, 1148.

Le commencement de la preuve testimoniale s'applique aux cas où le créancier a perdu par suite d'une force majeure le titre qui lui servait de preuve, 1348.

Le locataire n'est pas tenu des dégradations occasionnées par force majeure, 1730-1755.

Il ne répond pas de l'incendie arrivé par force majeure, 1733.

L'aubergiste n'est pas responsable des vols faits avec force armée ou autre force majeure, 1954.

Le dépositaire n'est pas tenu des accidens de force majeure. — Exception, 1929.

FORFAIT. Voir *Devis* et *Marchés.*

De la clause à forfait entre les époux, de sa nature et de ses effets, 1522-1523.

FORGES. Les ustensiles nécessaires à leur exploitation sont immeubles, 524.

Celui qui veut construire une forge près d'un mur est obligé de laisser la distance prescrite par les réglemens et usages sur ces objets, 674.

FORME DES TESTAMENS. Voir *Testamens.*

FORMES (Défaut et Vices de). Voir *Défaut et Vices de formes.*

FORTERESSES. Les portes, murs, fossés et remparts des forteresses font partie du domaine public, 540.

FORTIFICATIONS. Cas où les fortifications des places qui

ne sont pas places de guerre, appartiennent à la nation, 541.

FORTUIT (Cas). Voir *Cas fortuit.*

FOSSES D'AISANCE. Obligations de celui qui fait creuser une fosse d'aisance près d'un mur mitoyen ou non, 674. Le curement est à la charge du bailleur, 1756.

FOSSÉS. Tous fossés entre deux héritages sont présumés mitoyens, s'il n'y a titre ou marque du contraire, 666.

A quelle marque on reconnaît la non-mitoyenneté, 667-668.

Les fossés mitoyens doivent être entretenus à frais communs, 669.

Les fossés des places de guerre et des forteresses font partie du domaine public, 540.

FOUILLES que le propriétaire a droit de faire, 552.

FOUR. Celui qui veut construire un four ou fourneau près d'un mur, est obligé de laisser la distance prescrite par les réglemens et usages sur cet objet, 674.

FOURNEAU. Voir *Four.*

FOURNITURES. Voir *Tailles.*

FOURRAGES. Le fermier entrant doit laisser au fermier sortant les bâtimens nécessaires pour la consommation des fourrages, 1777.

FRACTURE. Les objets mobiliers qui ne peuvent être enlevés des fonds sans fracture, sont immeubles, 525.

FRAIS. L'usufruitier n'est tenu que des frais des procès relatifs à la jouissance, 613.

Cas où les frais de poursuites sont à la charge de l'héritier bénéficiaire, 799.

Les frais de scellés, d'inventaire et de compte sont à la charge de la succession, 810-1034.

Les frais de la demande en délivrance des legs particuliers sont à la charge de la succession, 1016.

Ceux du paiement sont à la charge du débiteur, 1248.

Les offres de paiement doivent contenir celle des frais liquidés, et d'une somme pour les frais non-liquidés, 1258.

Les frais des offres réelles et de la consignation sont à la charge du créancier, si elles sont valables, 1260.

La veuve qui n'a point fait sa renonciation dans le délai prescrit, doit les frais de poursuites faits contre elle jusqu'à sa renonciation, 1459.
Les frais de vente sont à la charge de l'acheteur, 1593.
Les frais de délivrance sont à la charge du vendeur, et ceux de l'enlèvement à la charge de l'acheteur, 1608.
Le vendeur qui use du pacte de rachat doit rembourser les frais et loyaux coûts de la vente, 1673.
Les frais de transport de la chose déposée, sont à la charge du déposant, 1942.
Le mandant doit rembourser au mandataire les frais par lui faits pour l'exécution du mandat, 1999.
Les frais funéraires et de justice, et ceux faits pour la conservation de la chose, sont créances privilégiées, 2101-2102.
Les frais des inscriptions sont à la charge du débiteur. Les frais de transcription qui peut être requise par le vendeur, sont à la charge de l'acquéreur, 2155.

FRANÇAIS. Comment se perd et se recouvre la qualité de français, 7 et suivans. Voir *Affiliation*, *Droits civils.*

FRAUDE. La fraude employée pour attirer les pigeons, lapins, poissons, dans un autre colombier, garenne ou étang, empêche d'en conserver la propriété, 564.

Les créanciers peuvent, en leur nom personnel, attaquer les actes faits par leur débiteur en fraude de leurs droits, 1167.
Effet de la présomption à l'égard des actes faits en fraude de la loi, 1350.
Les créanciers du mari peuvent se pourvoir contre la séparation de biens prononcée en fraude de leurs droits. 1447.
Les créanciers de la femme peuvent attaquer la renonciation faite par elle ou ses héritiers en fraude de leurs créances, 1464.

FRÈRES ET SŒURS. Le mariage est prohibé entr'eux, 162.
Cas où ils peuvent réciproquement former opposition à leur mariage, 174.
Les frères-germains du mineur et les maris des sœurs-germaines sont admis à composer le conseil de famille pour la nomination d'un tuteur, 408.
Les frères germains peuvent être nommés subrogés-tuteurs, 423.

Les frères et sœurs forment le deuxième degré d'une génération, 738.

FRUITS appartiennent au possesseur de bonne-foi, 549. Voir *Possesseur.*

Ils se divisent en fruits naturels, industriels et civils. — Définition de chacune de ces espèces, 583-584. Voir *Usufruit.*

Quotité de fruits que peut exiger celui qui jouit des droits d'usage et d'habitation, 630. Voir *Usage.*

L'héritier exclu pour cause d'indignité, doit les fruits dont il a joui depuis l'ouverture de la succession, 729.

Les fruits des choses sujettes à rapport ne sont dus qu'à compter du jour de l'ouverture de la succession, 856.

De quel jour le donataire dont la donation est révoquée par survenance d'enfans, doit restituer les fruits de la chose donnée, 962.

De quel jour sont dus les fruits de la chose léguée, 1014-1016.

De quel jour les restitutions de fruits produisent intérêt, 1155.

Le mari a seul le droit de percevoir les fruits des biens dotaux, 1549.

De quel jour sont dus les fruits de la dot à restituer, 1570.

Comment on partage, à la dissolution du mariage, les fruits des immeubles dotaux, 1571.

Compte que doit rendre le mari des fruits des biens paraphernaux de sa femme, lorsqu'il les administre en vertu de sa procuration, 1577.

De quel jour les fruits de l'immeuble délaissé par hypothèque sont-ils dus par le tiers détenteur, 2176. Voir *Accession*, *Meubles*, *Immeubles.*

FUMIER. Voir *Baux* , *Cheptel.*

FUREUR. L'état de fureur est une cause d'interdiction, 489.

FUTAIES. Voir *Coupes de bois*, *Usufruit.*

G.

GAGE. Celui qui ne peut pas trouver une caution, est reçu à donner à sa place un gage en nantissement suffisant, 2041.

Le gage confère au créancier le droit de se faire payer sur la

chose qui en est l'objet, par privilége aux autres créanciers, 2073.

Ce privilége n'a lieu qu'autant qu'il y a un acte public ou sous seing privé, dûment enregistré. Exception, 2074.

Comment ce privilége s'établit sur les meubles incorporels, 2075.

Le privilége ne subsiste sur le gage qu'autant que ce gage a été mis et est resté en la possession du créancier, ou d'un tiers convenu entre les parties, 2076.

Le gage peut être donné par un tiers pour le débiteur, 2077.

Le créancier ne peut, à défaut de paiement, disposer du gage, sauf à lui à faire ordonner en justice que ce gage lui demeurera en paiement, ou qu'il sera vendu aux enchères, 2078.

Le débiteur reste propriétaire du gage jusqu'à l'expropriation, s'il y a lieu, 2079.

Le créancier répond de la perte ou détérioration du gage qui serait survenu par sa négligence. — De son côté, le débiteur doit lui tenir compte des dépenses utiles qu'il a faites pour la conservation du gage, 2080.

S'il s'agit d'une créance donnée en gage, et que cette créance porte intérêts, le créancier impute ces intérêts sur ceux qui peuvent lui être dus, et à défaut d'intérêts sur le capital, 2081.

Cas où le débiteur ne peut réclamer la restitution du gage, à moins que le débiteur n'en abuse, 2082.

Le gage est indivisible. — Effet de cette indivisibilité, 2083.

Les dispositions relatives au gage ne sont applicables, ni aux matières de commerce, ni aux maisons de prêt sur gage autorisées, 2084.

GAGES DES DOMESTIQUES. Les gages des domestiques ne se compensent pas avec les legs qui leur sont faits, 1023.

Quand il y a du doute sur la quotité ou le paiement des gages, le maître est cru sur son affirmation, 1781.

GAINS. Société universelle de gains. Voir *Société*.

GARANTIE. Effets de la garantie des lots en matière de partage, 884-1476. Voir *Partage*.

La garantie de la dot est due par les constituans, 1440-1547.

Objets de la garantie, 1625.

La garantie de l'éviction est de droit, ainsi que celle des charges non déclarées lors de la vente, 1626.

Les parties peuvent convenir que le vendeur ne sera tenu à aucune garantie, 1627.

Quoique le vendeur ne soit soumis à aucune garantie, il demeure cependant tenu de celle qui résulte d'un fait qui lui est personnel, 1628.

Effet de la stipulation de non-garantie, 1629.

Ce que peut demander l'acquéreur lorsque la garantie a été promise, ou qu'il n'a rien été stipulé à ce sujet, 1630.

Lorsqu'à l'époque de l'éviction, la chose vendue se trouve diminuée de valeur, le vendeur n'en est pas moins tenu de restituer la totalité du prix, 1631.

Mais si l'acquéreur a tiré profit des dégradations par lui faites, le vendeur a droit de retenir sur le prix une somme égale à ce profit, 1632.

Si la chose vendue se trouve avoir augmenté de prix à l'époque de l'éviction, le vendeur est tenu de payer à l'acquéreur ce qu'elle vaut au dessus du prix de la vente, 1635.

Remboursement à faire à l'acquéreur de toutes les réparations et améliorations utiles qu'il a faites au fonds, 1634.

Cas où le vendeur est obligé de rembourser à l'acquéreur toutes les dépenses, même voluptuaires ou d'agrément, 1635.

Cas où l'acquéreur n'est évincé que d'une partie de la chose, 1636-1637.

Cas où l'héritage vendu se trouve grevé de servitudes non apparentes, 1638.

Comment les autres questions auxquelles peuvent donner lieu les dommages et intérêts résultant pour l'acquéreur de l'inexécution de la vente, doivent être décidées, 1639.

Cas où la garantie pour cause d'éviction cesse en faveur de l'acquéreur, 1640.

Le vendeur est tenu de la garantie à raison des défauts cachés de la chose vendue, 1641.

Le vendeur n'est pas tenu des vices apparens et dont l'acheteur a pu se convaincre lui-même, 1642.

Il est tenu des vices cachés, quand même il ne les aurait pas connus, 1643.

Dans le cas des articles 1641 et 1643, l'acheteur a le choix de

rendre la chose et de se faire restituer le prix, ou de garder la chose et de se faire rendre une partie du prix, telle qu'elle sera arbitrée par experts, 1644.

Si le vendeur connaissait les vices de la chose, il est tenu, outre la restitution du prix, de tous les dommages et intérêts envers l'acheteur, 1645.

Si le vendeur ignorait les vices de la chose, il n'est tenu qu'à la restitution du prix, et au remboursement des frais occasionés par la vente, 1646.

Si la chose a péri par suite de sa mauvaise qualité, la perte est pour le vendeur; si elle périt par cas fortuit, elle est pour le compte de l'acheteur, 1647.

L'action résultant des vices redhibitoires doit être intentée par l'acquéreur dans le délai reçu par l'usage, 1648.

Elle n'a pas lieu dans les ventes faites par autorité de justice, 1649.

Celui qui vend une créance ou autre droit incorporel, doit en garantir l'existence au tems du transport, quoiqu'il soit fait sans garantie, 1693.

Il ne répond de la solvabilité du débiteur que lorsqu'il y est engagé, 1694.

Lorsqu'il a promis la garantie de la solvabilité du débiteur, cette promesse ne s'entend que de la solvabilité actuelle, 1695.

Celui qui vend une hérédité, sans en détailler les objets, n'est tenu que de garantir sa qualité d'héritier, 1696.

Le preneur doit appeler le bailleur à garantie, lorsqu'il est cité en justice pour se voir condamner au délaissement de la chose louée ou à des servitudes, 1727.

Dans une société, lorsque l'apport consiste en un corps certain, et que la société en est évincée, l'associé en est garant envers la société, 1845.

GARDIENS. Ceux des détenus sont tenus de donner avis de leur décès à l'officier de l'état civil, 84.

Obligations des gardiens judiciaires, 1962.

La contrainte par corps a lieu contre les gardiens des dépôts pour la représentation des choses qui leur sont déposées, 2060.

GARENNE. Voir *Lapins*.

GENDRES. Dans quelles circonstances ils doivent des alimens à leurs beau-père et belle-mère, 206.

GÉNÉRATIONS

GÉNÉRATIONS. La proximité de parenté s'établit par le nombre de générations. Chaque génération s'appelle un degré. Voir *Successions*.

GENS — *de journée*. Forme de leurs billets, 1326.

— *De travail*. Leur action pour le paiement de leur salaire se prescrit par six mois, 2271.

GERMAINS prennent part dans les deux lignes, 733-752. Voir *Successions*.

GESTION. Celui qui gère volontairement l'affaire d'autrui, se soumet à toutes les obligations qui résulteraient d'un mandat exprès, 1372.

Il est obligé de continuer sa gestion, encore que le maître vienne à mourir avant que l'affaire soit consommée, 1373.

Il est tenu d'apporter à la gestion de l'affaire tous les soins d'un bon père de famille, 1474.

GLACES. Cas où elles sont immeubles par destination, 525.

L'usufruitier ou ses héritiers peuvent enlever les glaces que l'usufruitier a fait placer, en rétablissant les lieux dans leur premier état, 599.

GONDS. Les réparations aux gonds font partie des réparations locatives, 1754. — Exception, 1755.

GOUVERNEMENT. Voir *Dispenses*, *Domicile*, *Droits civils*, *Etablissemens publics*, *Etranger*, *Français*, *Hospices*, *Pauvres*.

GRACE. Le terme de grace n'est point un obstacle à la compensation, 1292.

GRAINS. Les grains coupés quoique non enlevés sont meubles, 520.

Cas où ils ne sont pas compris dans le mot *meuble*, employé seul dans les dispositions de la loi ou de l'homme, 533.

L'usufruitier a droit de se servir des grains compris en son usufruit, à la charge d'en rendre à la fin de l'usufruit pareille quantité et qualité, ou leur estimation, 587.

Les prestations en grains peuvent se compenser avec des sommes liquides et exigibles, 1291.

GREFFES, GREFFIERS. Les renonciations à successions doivent être faites au greffe du tribunal de première instance où la succession est ouverte, 784.

Idem pour la déclaration d'un héritier, qu'il ne prend cette qualité que sous bénéfice d'inventaire, 793.

Idem pour la renonciation de la femme survivante à la communauté, 1457.

Les greffiers ne peuvent devenir cessionnaires des procès de la compétence de leur tribunal, 1597. Voir *Contrainte par corps*, *Décès*, *Etat civil.*

GRÊLE. Voir *Baux.*

GREVÉS DE RESTITUTION. Voir *Donations entre-vifs et Testamentaires.*

GROSSES DES TITRES. Leurs remises font présumer le paiement, 1283.

Les grosses font la même foi que le titre original qui n'existe plus, 1335.

GROSSES RÉPARATIONS. Voir *Réparations.*

GROSSESSE. L'enfant né avant le cent quatre-vingtième jour du mariage, ne peut être désavoué par le mari, s'il a eu connaissance de la grossesse avant le mariage, 314.

H.

HABITATION. Les droits d'habitation s'établissent et se perdent de la même manière que l'usufruit, 625.

On ne peut en jouir sans donner préalablement caution, et sans faire des états et inventaires, 626.

Celui qui a un droit d'habitation doit jouir en bon père de famille, 627.

Les droits d'habitation se règlent par le titre qui les a établis, 628.

Si le titre ne s'explique pas sur l'étendue de ces droits, ils sont réglés ainsi qu'il suit, 620.

Celui qui a un droit d'habitation dans une maison, peut y demeurer avec sa famille, 632.

Le droit d'habitation se restreint à ce qui est nécessaire pour l'habitation de celui à qui ce droit est concédé, et de sa famille, 633.

Il ne peut être cédé ni loué, 634.

Celui qui a un droit d'habitation est assujéti aux réparations d'entretien et au paiement des contributions comme l'usufruitier, 633.

L'habitation doit être fournie à la femme pendant l'an de deuil, 1570.

HABITS DE DEUIL. Voir *Deuil.*

HAIES. Ce qui constitue leur mitoyenneté, 670.
Règles sur leur plantation, 671-672. Voir *Arbres.*

HALLAGE. Voir *Chemins.*

HAVRES font partie du domaine public, 538.

HÉRITIERS. Les héritiers légitimes sont saisis de plein droit des biens du défunt, 724.
Qualités requises pour être héritier, 725-726.
Individus qui sont indignes d'être héritiers, 727.
L'héritier exclu de la succession pour cause d'indignité est tenu de rendre tous les revenus dont il a eu la jouissance depuis l'ouverture de la succession, 729.
Les enfans naturels ne sont point héritiers. Droits que la loi leur accorde sur les successions de leurs père et mère, 756.
L'héritier qui renonce à une succession est censé n'avoir jamais été héritier, 785.
L'héritier de l'un de ceux qui ont contracté une dette indivisible, en est tenu pour le tout, 1222.
Chaque héritier du créancier peut exiger en totalité l'exécution de l'obligation indivisible, 1224.
Cas où l'héritier du débiteur peut demander un délai au tribunal, pour mettre en cause ses cohéritiers, 1225.
L'acte authentique fait foi entre les parties contractantes et leurs héritiers, 1319.
Effets des actes sous seing-privé à l'égard des héritiers des parties contractantes, 1322-1323-1324.
Cas où il est dû récompense aux héritiers de l'un des époux en communauté, 1403.

Les héritiers de la femme peuvent renoncer à la communauté, dans les formes que la loi prescrit à la femme survivante, 1466.

Dettes de la communauté dont les héritiers sont tenus, 1482 et suivans. Voir *Absent*, *Ameublissement*, *Bénéfice d'inventaire*, *Donations entre-vifs et testamentaires*, *Prescription*, *Renonciation*, *Succession*, *Testament*, *Usufruit.*

HOPITAUX. Voir *Hospices.*

HOSPICES. Celui qui veut devenir tuteur officieux d'un enfant recueilli dans un hospice, doit obtenir le consentement des administrateurs, 361.

Le conseil de famille délibère si un interdit doit être placé dans un hospice, 510.

Les donations à leur profit n'ont d'effet qu'autant qu'elles sont autorisées par le Gouvernement, 910.

Mode d'acceptation des donations qui leur sont faites, 937.

HOTELLERIES. Le commencement de preuve s'applique aux dépôts faits dans les hôtelleries, 1348.

HOTELIERS. Voir *Aubergistes.*

HUILE. A l'égard de l'huile, il n'y a pas de vente tant que l'acheteur ne l'a pas goûtée et agréée, 1587.

HUISSIERS. Ne peuvent devenir cessionnaires de droits litigieux qui sont du ressort du tribunal où ils exercent, 1597.

Sont contraignables par corps pour la restitution des titres à eux confiés et des deniers par eux reçus pour leurs cliens, 2060.

Leur action pour leur salaire se prescrit par un an, 2272.

Sont déchargés des pièces après deux ans depuis l'exécution de la commission, 2276. Voir *Officiers ministériels.*

HUIS CLOS. Voir *Divorce.*

HYPOTHÈQUES. Définition de l'hypothèque. — Elle est, de sa nature, indivisible, subsiste en entier sur tous les immeubles affectés. Elle les suit dans quelques mains qu'ils passent, 2114.

L'hypothèque n'a lieu que dans les cas et suivant les formes autorisées par la loi, 2115.

Elle est ou légale, ou judiciaire, ou conventionnelle, 2116.

Définition de chacune de ces hypothèques, 2117.

Biens susceptibles d'hypothèques, 2118.

Les meubles n'ont pas de suite par hypothèque, 2119.

Il n'est rien innové par le Code civil aux dispositions des lois maritimes concernant les navires et bâtimens de mer, 2120.

Des Hypothèques légales, judiciaires et conventionnelles.

Droits et créances auxquels l'hypothèque légale est attribuée, 2121.

L'hypothèque légale peut s'exercer sur tous les immeubles présens et à venir, 2122.

Jugemens desquels résulte l'hypothèque judiciaire. Cas où les décisions arbitrales emportent hypothèques, 2123.

Les hypothèques conventionnelles ne peuvent être consenties que par ceux qui ont la capacité d'aliéner les immeubles qu'ils y soumettent, 2124.

Ceux qui n'ont sur l'immeuble qu'un droit suspendu par une condition, ou résoluble dans certains cas, ou sujet à rescision, ne peuvent consentir qu'une hypothèque soumise aux mêmes conditions ou à la même rescision, 2125.

Comment les biens des mineurs, des interdits, et ceux des absens, tant que la possession n'en est déférée que provisoirement, peuvent être hypothéqués, 2126.

L'hypothèque conventionnelle ne peut être consentie que par acte passé en forme authentique devant deux notaires, ou devant un notaire et deux témoins, 2127.

Les contrats passés en pays étranger ne peuvent donner d'hypothèque sur les biens de France. Exception, 2128.

Il n'y a pas d'hypothèque conventionnelle valable que celle qui déclare spécialement la nature et la situation des immeubles actuellement appartenant au débiteur, sur lesquels il consent l'hypothèque. — Les biens à venir ne peuvent pas être hypothéqués, 2129.

Cas où le débiteur peut consentir que chacun des biens qu'il acquerra par la suite, demeure affecté à mesure des acquisitions, 2130.

Cas où le créancier peut ou poursuivre dès à présent son remboursement, ou obtenir un supplément d'hypothèque, 2131.

L'hypothèque conventionnelle n'est valable qu'autant que la somme pour laquelle elle est consentie, est certaine et déterminée par l'acte. Cas où la créance est conditionnelle pour son existence, ou indéterminée dans sa valeur, 2132.

L'hypothèque requise s'étend à toutes les améliorations survenues à l'immeuble hypothéqué, 2133.

Du rang que les Hypothèques ont entre elles.

Entre les créanciers, l'hypothèque, soit légale, soit judiciaire, soit conventionnelle, n'a de rang que du jour de l'inscription, 2134.

L'hypothèque existe, indépendamment de toute inscription, au profit des mineurs et interdits, sur les immeubles appartenant à leur tuteur, à raison de sa gestion ; au profit des femmes, sur les immeubles de leur mari, pour raison de leur dot, des successions à elles échues, des donations qui leur sont faites, pour les remplois ou propres aliénés, l'indemnité des dettes contractées avec leurs maris, 2135.

Les maris et les tuteurs sont tenus de rendre publiques les hypothèques dont leurs biens sont grevés, et de requérir eux-mêmes inscription sur les immeubles à eux appartenant, et sur ceux qui pourront leur appartenir par la suite. — Peines qu'ils encourent s'ils ne font pas ces inscriptions, 2136.

Peines qu'encourent les subrogés-tuteurs, s'ils ne veillent pas à ce que les inscriptions soient prises sur les biens du tuteur, ou s'ils ne les font pas faire eux-mêmes, 2137.

A défaut par les maris, tuteurs, subrogés-tuteurs, de faire faire les inscriptions ordonnées par les articles précédens, elles doivent être requises par le commissaire du Gouvernement, 2138.

Peuvent les parens, soit du mari, soit de la femme, et les parens du mineur, ou, à défaut de parens, ses amis, requérir lesdites inscriptions ; elles peuvent aussi être requises par la femme et par les mineurs, 2139.

Dans un contrat de mariage, les parties majeures peuvent convenir qu'il ne sera pris d'inscription que sur un ou certains immeubles du mari. Il ne peut pas être convenu qu'il ne sera pris aucune inscription, 2140.

De même pour les immeubles du tuteur, lorsque le conseil de famille aura été d'avis qu'il ne soit pris d'inscription que sur certains immeubles, 2141.

Dans le cas des deux articles précédens, le mari, le tuteur et le subrogé-tuteur, ne sont tenus de requérir inscription que sur les immeubles indiqués, 2142.

Cas où le tuteur et le mari peuvent demander que l'hypothèque soit restreinte aux immeubles suffisans pour opérer une pleine garantie en faveur du mineur et de la femme. — Formalités à observer en ce cas, 2143-2144.

Les jugemens sur les demandes des maris et des tuteurs ne doivent être rendus qu'après avoir entendu le commissaire du Gouvernement. — Dans le cas de la réduction de l'hypothèque à certains immeubles, les inscriptions prises sur tous les autres doivent être rayées, 2145.

De l'Inscription des Privilèges et Hypothèques, et de leur radiation.

Les inscriptions se font au bureau des hypothèques dans l'arrondissement duquel sont situés les biens soumis au privilége ou à l'hypothèque. Cas où elles ne produisent aucun effet, 2146.

Tous les créanciers inscrits le même jour exercent en concurrence une hypothèque de la même date, sans distinction entre l'inscription du matin et celle du soir, 2147.

Formalités à remplir par le créancier pour opérer l'inscription, 2148.

Comment se font les inscriptions sur les biens d'une personne décédée, 2149.

Ce que fait le conservateur lors de l'inscription, 2150.

Pour combien d'années d'arrérages ou d'intérêts le créancier a-t-il le droit de se faire colloquer, 2151.

Il est loisible à celui qui a requis une inscription, ainsi qu'à ses représentans, de changer sur le registre des hypothèques le domicile par lui élu, à la charge d'en indiquer un autre dans le même arrondissement, 2152.

Formalités nécessaires pour opérer l'inscription de l'hypothèque légale de la Nation, des communes, des établissemens publics, des mineurs ou interdits, et des femmes mariées, 2153.

Les inscriptions conservent l'hypothèque et le privilége pendant dix années, à compter du jour de leur date, 2154.

A la charge de qui sont les frais d'inscription et ceux de transcription, 2155.

Devant quel tribunal doivent se porter les actions auxquelles les inscriptions peuvent donner lieu, 2156.

Mode de radiation des inscriptions, 2157.

Ce que doivent faire ceux qui requièrent la radiation des inscriptions, 2158.

La radiation non consentie est demandée au tribunal dans le ressort duquel l'inscription a été faite. Cas où cette demande peut être portée à un autre tribunal, 2159.

Cas où la radiation doit être ordonnée par les tribunaux, 2160.

Cas où l'action en réduction est ouverte au débiteur, 2161-2063.

Ce qu'on entend par inscriptions excessives, 2162.

Comment et par qui est arbitré l'excès des inscriptions, 2164-2165.

De l'Effet des Priviléges et Hypothèques contre les Tiers détenteurs.

Les créanciers ayant privilége ou hypothèque inscrite sur un immeuble, le suivent en quelques mains qu'il passe, 2166.

Si le tiers détenteur ne remplit pas les formalités pour purger sa propriété, il demeure obligé comme détenteur à toutes les dettes hypothécaires, 2167.

Le tiers détenteur est tenu ou de payer tous les intérêts et capitaux exigibles, ou de délaisser l'immeuble hypothéqué, 2168.

Faute par lui de satisfaire à l'une de ces obligations, chaque créancier hypothécaire a droit de faire vendre sur lui l'immeuble hypothéqué, 2169.

Cas où le tiers détenteur qui n'est pas personnellement obligé à la dette, peut s'opposer à la vente de l'héritage hypothéqué qui lui a été transmis, et requérir la discussion préalable du principal obligé, pendant laquelle il est sursis à la vente, 2170.

L'exception de discussion ne peut être opposée au créancier privilégié ou ayant hypothèque spéciale sur l'immeuble, 2171.

Le délaissement par hypothèque peut être fait par les tiers détenteurs, 2172.

Le délaissement n'empêche pas que, jusqu'à l'adjudication, le tiers détenteur ne puisse reprendre l'immeuble en payant toute la dette et les frais, 2173.

Le délaissement par hypothèque se fait au greffe du tribunal de la situation des biens; il est créé à l'immeuble délaissé un curateur sur lequel la vente de l'immeuble est poursuivie, 2174.

Détériorations dont est tenu le tiers détenteur. — Améliorations qu'il peut répéter, 2175.

De quel jour les fruits de l'immeuble hypothéqué sont dus par le tiers détenteur, 2176.

Les servitudes et droits réels que le tiers détenteur avait sur l'immeuble avant sa possession, renaissent après le délaissement ou après l'adjudication faite sur lui. Ses créanciers

personnes

personnels exercent leur hypothèque à leur rang, sur le bien délaissé ou adjugé, 2177.

Garantie du tiers détenteur contre le débiteur principal, 2178.

Formalités à observer par le tiers détenteur qui veut purger sa propriété en payant le prix, 2179.

De l'extinction des Priviléges et Hypothèques, et du Mode de purger les Hypothèques.

Comment s'éteignent les priviléges et hypothèques, 2180.

Le tiers détenteur doit faire transcrire son titre par le conservateur qui doit lui donner une reconnaissance de cette transcription, 2181.

La simple transcription sur le registre du conservateur ne purge pas les hypothèques et priviléges. — Le vendeur ne transmet à l'acquéreur la propriété que sous l'affectation des mêmes priviléges et hypothèques dont il était chargé, 2182.

Ce que doit faire le nouveau propriétaire qui veut se garantir des poursuites autorisées contre lui, 2183.

Déclaration que l'acquéreur ou le donataire doit faire par l'acte de vente, 2184

Cas où tout créancier dont le titre est inscrit pour requérir la mise de l'immeuble aux enchères et adjudications publiques. Formalités qu'il doit observer à ce sujet, 2185.

A défaut de la mise aux enchères, la valeur de l'immeuble demeure définitivement fixée au prix stipulé dans le contrat, et le nouveau propriétaire, est libéré de tout privilége et hypothèque, en payant ledit prix aux créanciers en ordre de recevoir, ou en le consignant, 2186.

Formalités relatives à la revente sur enchères, 2187.

Frais que l'adjudicataire est tenu, au-delà du prix de son adjudication, de restituer à l'acquéreur ou au donataire dépossédé, 2188.

L'acquéreur ou le donataire qui conserve l'immeuble mis aux enchères, en se rendant dernier enchérisseur, n'est pas tenu de faire transcrire le jugement d'adjudication, 2189.

Le désistement du créancier requérant la mise aux enchères ne peut empêcher l'adjudication publique, si ce n'est du consentement exprès de tous les autres créanciers hypothécares, 2190.

L'acquéreur qui s'est rendu adjudicataire, a son recours tel que de droit contre le vendeur, pour le remboursement de ce qui excède le prix stipulé par son titre, 2191.

Cas où le titre du nouveau propriétaire comprend des immeubles et des meubles, ou plusieurs immeubles, les uns hypothéqués, les autres non hypothéqués, situés dans le même ou dans divers arrondissemens de bureaux, aliénés pour un seul et même prix, ou pour des prix distincts et séparés, soumis ou non à la même exploitation, 2192.

Mode de purger les hypothèques quand il n'existe pas d'inscription sur les biens des maris et des tuteurs, 2193.

Formalités à observer à ce sujet par l'acquéreur, 2194.

Effet que produit le dépôt pendant deux mois au greffe du tribunal, d'une copie du contrat translatif de propriété, s'il a été fait pendant ces deux mois, où s'il n'a pas été fait des inscriptions du chef des femmes, mineurs ou interdits, 2195.

Des Registres et de la Responsabilité des Conservateurs.

CONSERVATEURS DES HYPOTHÈQUES. Sont tenus de délivrer à tous ceux qui le requièrent, copie des actes transcrits sur leurs registres et celle des inscriptions subsistantes, ou certificat qu'il n'en existe aucune, 2196.

Ils sont responsables du préjudice résultant de l'omission sur leurs registres, des transcriptions et des inscriptions, et du défaut de mention dans leurs certificats des inscriptions existantes. — Exception, 2197.

L'immeuble à l'égard duquel le conservateur a omis dans ses certificats ou une ou plusieurs des charges inscrites, en demeure, sauf la responsabilité du conservateur, affranchi dans les mains du nouveau possesseur, 2198.

Dommages et intérêts auxquels s'impose le conservateur qui refuse ou retarde la transcription, l'inscription ou la délivrance des certificats. — Par qui doivent être dressés les procès-verbaux de refus ou de retardement, 2199.

Registre des conservateurs. — Tenue de ces registres. — Reconnaissances à donner aux parties. — Forme de ces reconnaissances, 2200-2201.

Peines qu'encourent les conservateurs qui ne se conforment pas aux dispositions qui leur sont prescrites, 2202.

Les mentions de dépôts, les inscriptions et transcriptions, doivent être faites sur les registres de suite sans aucun blanc

ni interligne, à peine d'amende et de dommages et intérêts, 2203. Voir *Absent*, *Autorisation*, *Communauté*, *Compensation*, *Donations*, *Dot*, *Interdit*, *Legs*, *Novation*, *Obligations*, *Priviléges*, *Usufruit*, *Tutelle*.

I.

ILES. Cas où elles appartiennent à la Nation ou aux propriétaires riverains, 560-561.

ILOTS. Cas où ils appartiennent à la Nation, 560.

IMBÉCILITÉ. L'état d'imbécilité est une cause d'interdiction, 489.

IMMEUBLES. Les immeubles, même ceux possédés par des étrangers, sont régis par la loi française, 3.

Les biens sont immeubles ou par leur nature, ou par leur destination, ou par l'objet auquel ils s'appliquent, 515.

Quels sont ceux qui le sont par leur nature, 518-519-520-521-523.

Les animaux que le propriétaire livre au fermier pour la culture, sont immeubles tant qu'ils demeurent attachés au fonds, 522.

Quels sont les immeubles par destination. De ce nombre sont tous les effets mobiliers que le propriétaire a attachés au fonds à perpétuelle demeure, 524.

Manière de connaître quand le propriétaire a attaché à son fonds des objets mobiliers à perpétuelle demeure. Quand les glaces, tableaux et statues sont-ils immeubles par destination ? 525.

Quels sont les immeubles par l'objet auquel ils s'appliquent, 526.

Un immeuble peut être donné en nantissement, 2072.

Les immeubles et leurs accessoires sont susceptibles d'hypothèque, 2118.

Cas où les immeubles peuvent être ameublis. Voir *Ameublissement*.

Quels sont les immeubles qui tombent en communauté. Voir *Communauté*.

IMMIXTION. La femme qui s'est immiscée dans les biens de la communauté, ne peut plus y renoncer, 1454-1459.

Les actes purement administratifs ou conservatoires n'emportent point immixtion, 1454.

IMPENSES. Il doit être tenu compte au donataire des impenses qui ont amélioré la chose dont il fait le rapport, 861. 862. Voir *Améliorations.*

IMPOSITIONS à la charge du propriétaire, à la charge de l'usufruitier, 608-609.

Impositions à la charge de l'usager, 635.

IMPOSSIBLES. Les conditions impossibles dans une donation ou un testament sont censées non écrites, 900.

La condition d'une chose impossible est nulle, 1172.

IMPUISSANCE ne peut être alléguée par le mari pour désavouer l'enfant, 313.

IMPUTATION DE PAIEMENS. Voir *Paiemens.*

INCAPABLES *de succéder.* Voir *Succession.*

— De disposer ou de recevoir par donation entre-vifs ou par testament. Voir *Capacité.*

— De contracter. Voir *Contrats.*

INCAPACITÉ. Voir *Capacité, Incapables.*

INCENDIE. Effet de l'incendie relativement à l'usufruitier, des objets sujets à l'usufruit, 624.

Application de la preuve testimoniale aux dépôts nécessaires faits en cas d'incendie, 1348.

Incendie des choses louées. Voir *Baux, Cas fortuit.*

INCESTUEUX. Les enfans incestueux ne peuvent être légitimés par le mariage subséquent, 331.

Ils ne peuvent non plus être reconnus, 335.

Ils ne sont point admis à la recherche de la paternité, ni de la maternité, 342.

Ils ne peuvent demander que des alimens, 762.

Comment ces alimens sont réglés, 763. Voir *Art mécanique.*

INCONDUITE. Voir *Puissance paternelle, Tutelle.*

INCORPORATION. La propriété s'acquiert par incorporation, 712. Voir *Accession.*

INDEMNITÉS. Nul ne peut être contraint de céder sa propriété, si ce n'est pour cause d'utilité publique, et moyennant une juste et préalable indemnité, 545.

Le propriétaire d'une source qui fournit de l'eau aux habitans,

peut réclamer d'eux une indemnité à arbitrer par experts, 643.

Le propriétaire qui veut exhausser un mur mitoyen doit payer l'indemnité de la charge en raison de l'exhaussement, 658.

Cas où un propriétaire peut réclamer un droit de passage sur l'héritage voisin, en payant une indemnité, 682-685.

Il est dû une indemnité à celui qui a géré les affaires d'un autre, pour tous les engagemens personnels qu'il a pris, 1375.

Cas où il en est dû à l'un des époux en communauté, 1403-1406-1407-1408.

Cas où la constitution de dot par l'un des époux donne lieu à l'action en indemnité envers l'autre, 1438.

La femme qui renonce à la communauté a droit de reprendre toutes les indemnités qui lui sont dues par la communauté, 1493.

Indemnité due à l'un des époux pour les dettes qu'il a acquittées à la décharge de l'autre, 1513. Voir *Baux*, *Constructions*, *Récompenses*, *Tuteur*, *Usufruitier*.

INDIGNES DE SUCCÉDER. Personnes déclarées indignes de succéder, 727-728. Voir *Succession.*

INDIVIS. Voir *Licitation*, *Partage.*

INDIVISION. Voir *Partage*, *Rescision.*

INDUSTRIE. Les père et mère n'ont pas la jouissance des produits de l'industrie de leurs enfans mineurs, 387.

Les actions et intérêts dans les compagnies d'industrie sont de nature mobilière, 529.

Partage des acquêts provenant de l'industrie des deux époux, 1498.

En matière de société, chaque associé doit y apporter de l'argent ou son industrie, 1833. Voir *Louage*.

INFIRMITÉS. Des infirmités graves et dûment justifiées dispensent de la tutelle, 434.

INGRATITUDE peut faire révoquer les dispositions entre-vifs et testamentaires, 953-955-1046.

INHUMATION doit être autorisée par écrit par l'officier l'état civil, 77.

En cas de mort violente, 81. Voir *Décès*.

INJURES. Les injures graves d'un époux envers l'autre sont une cause du divorce, 231-259.

Peuvent faire révoquer les dispositions entre-vifs et testamentaires, 955-1046-1047.

INNOVATION. Voir *Société.*

INONDATION. En matière de bail, est un cas fortuit extraordinaire. Voir *Baux*, *Cas fortuit.*

INSAISISSABLE. La rente viagère ne peut être stipulée insaisissable que lorsqu'elle a été constituée à titre gratuit, 1981.

INSCRIPTIONS. Voir *Hypothèques*, *Priviléges.*

INSCRIPTION DE FAUX. Voir *Faux.*

INSOLVABILITÉ. En cas d'insolvabilité d'un des cohéritiers ou successeurs à titre universel, sa part dans la dette hypothécaire est repartie sur tous les autres, au marc le franc, 876-885.

Cas où l'insolvabilité d'un débiteur d'une rente donne lieu à garantie contre les cohéritiers de celui à qui la rente est échue en partage, 886.

Cas où les mineurs et interdits ne peuvent être restitués contre le défaut de transcription des dispositions à leur profit, quand même le tuteur et le grevé de restitution se trouveraient insolvables, 1070.

En cas d'insolvabilité d'un des débiteurs solidaires, comment doit-on repartir sa portion, 1214.

Cas où l'insolvabilité du délégué donne lieu à un recours de la part du créancier contre le débiteur qui a fait la délégation, 1276.

Sur qui tombe la perte de la dot, en cas d'insolvabilité du mari, 1573.

Lorsque la caution reçue par le créancier est devenue ensuite insolvable, il doit en être donné une autre. — Exception, 2020.

Les personnes qui se sont rendues cautions d'un même débiteur pour une même dette, sont-elles tenues de l'insolvabilité les unes des autres, 2026-2027.

INSTITUTEURS. Sont responsables du dommage causé par leurs élèves. — Exception, 1384.

Leur action pour les leçons qu'ils donnent au mois se prescrit par six mois, 2271.

Peuvent déférer le serment à ceux qui les opposent sur la question de savoir si la chose a été réellement payée, 2275.

INSTITUTION D'HÉRITIER. Voir *Legs*, *Successions*, *Testamens*.

INSTRUMENS. Les fermiers sont contraignables par corps à restituer à la fin du bail les instrumens aratoires qui leur ont été confiés, 2062. Voir *Ustensiles*.

INTENTION. Dans les conventions, on doit rechercher l'intention des parties plutôt que de s'arrêter au sens littéral des termes, 1156.

INTERDICTION. L'opposition à un mariage pour cause de démence ne peut être reçue qu'à la charge par l'opposant de provoquer l'interdiction, 174.

Le majeur qui est dans un état habituel d'imbécilité, de démence ou de fureur doit être interdit, 489.

Quelles sont les personnes recevables à provoquer l'interdiction, 490.

Cas où elle doit l'être par le commissaire du Gouvernement, 491.

Toute demande en interdiction doit être portée devant le tribunal de première instance, 492.

Les faits d'imbécilité, de démence, ou de fureur, sont articulés par écrit. Ceux qui poursuivent l'interdiction, présentent les témoins et les pièces, 493.

Le tribunal doit ordonner que le conseil de famille donne son avis sur l'état de la personne dont l'interdiction est demandée, 494.

Ceux qui provoquent l'interdiction ne peuvent faire partie du conseil de famille. — Exception à l'égard de l'époux, ou de l'épouse et des enfans, 495.

Interrogatoire du défendeur en présence du commissaire du Gouvernement, 496.

Après le premier interrogatoire, le tribunal commet, s'il y a lieu, un administrateur provisoire, pour prendre soin de la personne et des biens du défendeur, 497.

Le jugement sur une demande en interdiction ne peut être rendu qu'à l'audience publique, 498.

En rejetant la demande en interdiction, le tribunal peut ordonner que le défendeur ne pourra désormais agir sans l'assistance d'un conseil qui lui sera nommé par le même jugement, 499.

En cas d'appel, le tribunal d'appel peut interroger de nouveau la personne dont l'interdiction est demandée, 500.

Tout jugement portant interdiction ou nomination d'un con-

seil doit être affiché, dans les dix jours, dans la salle de l'auditoire et dans les études des notaires de l'arrondissement, 501.
L'interdiction ou la nomination d'un conseil de famille a son effet du jour du jugement. Tous les actes passés postérieurement sont nuls, 502.
Cas où les actes antérieurs à l'interdiction peuvent être annullés, 503.
Après la mort d'un individu, les actes par lui faits ne peuvent être attaqués pour cause de démence, qu'autant que son interdiction aurait été prononcée avant son décès. — Exception, 504.
Cessation des fonctions de l'administrateur provisoire, 505.
Le mari est, de droit, le tuteur de sa femme interdite, 506.
La femme peut être nommée tutrice de son mari. En ce cas, le conseil de famille règle la forme et les conditions de l'administration, 507.
Nul, à l'exception des époux, des ascendans et descendans, n'est tenu de conserver la tutelle d'un interdit au-delà de dix ans, 508.
L'interdit est assimilé au mineur, pour sa personne et pour ses biens, 509.
Emploi des revenus d'un interdit. Lieu où il doit être traité, 510.
Lorsqu'il est question du mariage de l'enfant d'un interdit, la dot, ou l'avancement d'hoirie, et les autres conventions matrimoniales, sont réglés par un avis du conseil de famille, homologué par le tribunal, 511.
L'interdiction cesse avec les causes qui l'ont déterminée, l'interdit ne peut reprendre l'exercice de ses droits qu'après le jugement de main-levée, 512.
Aucun jugement en matière d'interdiction ou de nomination de conseil ne peut être rendu que sur les conclusions du commissaire du Gouvernement, 515.
La société finit par l'interdiction de l'un des associés, 1865.
L'interdiction fait cesser le mandat, 2003. Voir *Interdits.*
INTERDITS. Le majeur interdit a son domicile chez son curateur, 108.
Ils ne peuvent être tuteurs ni membres du conseil de famille, 442.
Les successions échues aux interdits ne peuvent être valablement acceptées que par leur tuteur, 776.

Si parmi les héritiers il y a des interdits, il y a lieu d'apposer les scellés, 819.
Le partage des biens doit être fait en justice, 838.
Les dispositions faites en leur faveur ne sont valables que d'après l'acceptation de leur tuteur, 935-1057.
La transcription aux hypothèques doit s'en faire à la diligence du tuteur, 940.
Les interdits ne sont point restituables contre le défaut d'acceptation ou de transcription des donations, sauf leur recours contre leurs tuteurs, 942-1070.
Ils sont incapables de contracter, 1124.
Ils ne peuvent attaquer, pour cause d'incapacité, leurs engagemens que dans les cas prévus par la loi. — Les personnes capables qui ont contracté avec eux ne peuvent opposer son incapacité, 1125.
Les dix ans accordés pour se pourvoir en nullité ou en rescision des conventions ne courent à leur égard que du jour où l'interdiction est levée, 1304.
Effet de la restitution contre leurs engagemens, 1312.
Ils ne sont pas restituables lorsque les actes faits en leur nom sont revêtus des formalités requises, 1314.
Le dépôt ne peut être restitué à l'interdit, 1940.
L'hypothèque légale est attribuée aux droits et créances des interdits, 2121.
Cette hypothèque existe sur les immeubles de leur tuteur, indépendamment de toute inscription, du jour de l'acceptation de la tutelle, 2135.
Les immeubles d'un interdit ne peuvent être mis en vente avant la discussion du mobilier, 2206. Exception, 2207.
La prescription ne court pas contre les interdits, 2252.
Exception, 2278.

INTÉRESSÉS. Voir *Transaction*.

INTÉRÊTS dus par un tuteur à son mineur, 456-474.
Intérêts dus par le mineur à son tuteur, 474.
Les intérêts dans les compagnies de finance, de commerce ou d'industrie sont meubles, 529.
Les intérêts des sommes exigibles sont des fruits civils, 584.
L'usufruitier doit tenir compte au propriétaire des intérêts des sommes payées par ce dernier pour charges imposées sur la propriété, 609-612.
Les intérêts des choses sujettes à rapport ne sont dus qu'à compter du jour de l'ouverture de la succession, 856.

De quel jour courent les intérêts de la chose léguée, 1014-1015.

Intérêts auxquels donne lieu l'inexécution des obligations, 1153.

Les intérêts échus des capitaux peuvent produire des intérêts, 1154.

De quel jour les revenus échus, les restitutions de fruits, et les intérêts payés par un tiers en acquit du débiteur, produisent intérêt, 1155.

La demande d'intérêts formée contre l'un des débiteurs solidaires, fait courir les intérêts à l'égard de tous, 1207.

Cas où le créancier perd la solidarité pour les intérêts échus, 1212.

Imputation des paiemens sur les intérêts, 1254.

Les intérêts dus sur le capital doivent être compris dans les offres réelles, 1258.

Pour la validité de la consignation, les intérêts dûs jusqu'au jour du dépôt doivent également être déposés, 1259.

Celui qui a reçu de mauvaise foi doit restituer tant le capital que les intérêts, 1378.

Les intérêts qui entrent dans la communauté entre époux sont à la charge de la communauté, 1401-1409.

Ceux de la dot courent du jour du mariage, encore qu'il y ait terme pour le paiement, 1440-1548.

Les remplois et récompenses dus par la communauté aux époux, et les récompenses et indemnités par eux dues à la communauté, emportent les intérêts du jour de la dissolution de la communauté, 1473.

Les créances personnelles que les époux ont à exercer l'un contre l'autre, ne portent intérêt que du jour de la demande en justice, 1479.

La clause de séparation des dettes n'empêche point que la communauté ne soit chargée des intérêts qui ont couru depuis le mariage, 1512.

Le mari a seul le droit de toucher les intérêts des biens dotaux, 1549.

De quel jour courent les intérêts de la dot à restituer, 1570.

Cas où l'acheteur doit l'intérêt du prix de la vente jusqu'au paiement du capital, 1652.

De quel jour l'associé doit intérêt des sommes qu'il n'a point apportée ou qu'il a tirées de la caisse sociale, 1846.

Le mandataire doit l'intérêt des sommes qu'il a employées à

son usage, à dater de cet emploi, et de celles dont il est reliquataire, à compter du jour qu'il est mis en demeure, 1996.

L'intérêt des avances faites par le mandataire lui est dû par le mandant, à dater du jour des avances constatées, 2001.

Si une créance donnée en gage porte intérêts, le créancier impute ces intérêts sur ceux qui peuvent lui être dus, et à défaut d'intérêts, sur le capital, 2081.

Les intérêts des sommes prêtées se prescrivent par cinq ans, 2277.

INTERPOSÉES. Les donations faites à des personnes interposées sont nulles. — Quelles sont les personnes interposées telles, 911-1099-1100.

INTERPRÉTATION des conventions. Voir *Contrats*.

INVENTAIRES. Dans les inventaires qui intéressent les personnes absentes, le tribunal commet un notaire pour les représenter, 113.

L'envoi en possession provisoire des biens d'un absent exige un inventaire du mobilier et des titres de l'absent, 126.

Les scellés mis en cas de divorce pour cause déterminée, ne peuvent être levés qu'en faisant faire inventaire, 270.

Les époux déterminés à opérer le divorce par consentement mutuel, sont tenus de faire préalablement inventaire, 279.

Le tuteur doit faire procéder, dans les dix jours de sa nomination, à l'inventaire des biens du mineur, 451.

Inventaire à faire par l'usufruitier, 600.

Par celui qui a le droit d'usage ou d'habitation, 626.

Lors de l'envoi en possession d'une succession dévolue au conjoint survivant ou à la République, 769.

— Par l'héritier bénéficiaire, 794-795-800-801.

— Par le curateur à une succession vacante, 813.

— Par l'exécuteur testamentaire, lorsqu'il y a des héritiers mineurs, interdits ou absens, 1031.

— Par le grevé de restitution, 1058-1059.

— A défaut du grevé de restitution par le tuteur, ou par les appelés majeurs ou leurs parens, ou le commissaire du Gouvernement, 1060-1061.

— Par le mari, lorsqu'il survient une succession aux époux en communauté, 1414.

Moyen de suppléer à l'inventaire qui n'a pas été fait par le mari, 1415.

Effet du non inventaire après la mort naturelle et civile des époux, 1442.

Formalités relatives à l'inventaire que la femme est obligée de faire faire pour conserver la faculté de renoncer à la communauté, 1456.

Délai fixé pour l'inventaire que doivent faire faire les héritiers de la veuve qui meurt avant l'expiration des trois mois, sans avoir fait ou terminé l'inventaire, 1461.

Effet de l'inventaire relativement au paiement des dettes de la communauté entre époux, 1483.

Si le mobilier existant lors du mariage, ou échu depuis, n'a pas été constaté par un inventaire, il est réputé acquêt, 1499.

Le mobilier qui échoit à chacun des époux pendant le mariage doit être constaté par un inventaire. — Preuves qui peuvent en tenir lieu, 1504.

Effet de l'inventaire du mobilier apporté en communauté par les époux, à l'égard de leurs dettes et de leurs créanciers, 1510.

Inventaire à faire lorsque les époux se marient sans communauté, 1532. Voir *Bénéfice d'inventaire.*

IRRÉVOCABILITÉ. Voir *Donations.*

IRRIGATION. Comment chaque riverain peut se servir des eaux courantes pour l'irrigation de ses propriétés.

J.

JARDINS. Mitoyenneté des murs entre cours et jardins, 653 et suivans.

JEU. Le jeu et le pari sont un contrat aléatoire, 1964.

La loi n'accorde aucune action pour une dette du jeu, 1965.

Exception à l'égard des jeux d'armes, de courses, de paume, et autres de même nature, 1966.

Le perdant ne peut répéter ce qu'il a volontairement payé. — Exception, 1967.

JOUISSANCE. Voir *Antichrèse, Baux, Droits civils, Paraphernaux, Puissance paternelle, Usufruit.*

JOURNALIERS. Voir *Gens de journée.*

JOURNÉE. Voir *Gens de journée.*

JOURS. Voir *Vues.*

JOURS COMPLÉMENTAIRES. Comment ils se comptent en matière de prescription, 2261.

JUGEMENS. Voir *Absence*, *Adoption*, *Contrainte par corps*, *Divorce*, *Etat civil*, *Filiation*, *Force jugée*, *Hypothèques*, *Interdiction*, *Juges*, *Mariage*, *Paternité*, *Provisoire*, *Rescision*, *Séparation*, *Transactions*, *Tribunaux*, *Tutelle.*

JUGES ne peuvent prononcer par voie de disposition générale et réglementaire, 5.

Cas où en matière d'obligation avec clauses pénales, ils peuvent modifier la peine, 1231.

Peuvent accorder des délais pour le paiement, 1244-1900-1901.

Cas où ils ne peuvent déférer le serment, 1367.

Ne peuvent devenir, non plus que leurs suppléans, cessionnaires de procès ou droits litigieux qui sont de la compétence de leur tribunal, 1597.

Sont déchargés des pièces cinq ans après le jugement des procès, 2276. Voir *Contrainte par corps*, *Deni de justice*, *Divorce*, *Expropriation*, *Jugemens*, *Tribunaux.*

JUGES DE PAIX. Fonctions des juges de paix, relativement aux actes de notoriété qu'ils délivrent pour suppléer aux actes de naissance, 70.

— A l'inventaire du mobilier et des titres d'un absent, 126.

— Aux actes de notoriété qu'ils délivrent pour constater l'absence de l'ascendant auquel eût dû être fait l'acte respectueux, 155.

— Aux actes d'adoption, 353.

— A la tutelle officieuse, 363.

— A la nomination d'un tuteur choisi par le dernier mourant des père et mère, 398.

— A la tutelle déférée par le conseil de famille qu'il préside, 406-409-410-411-413-414-416.

— A la convocation du conseil de famille, lorsqu'ils en sont requis par des parens et alliés qui proposent la destitution d'un tuteur, 446.

— Au serment à prêter par l'expert nommé par le subrogé-tuteur, pour estimer les biens du mineur, 453.

— A l'émancipation d'un mineur, 477-478.
— A la convocation du conseil de famille pour cette émancipation, 479.
— A l'apposition des scellés sur les effets d'une succession, lorsque parmi les héritiers il y a des absens, mineurs ou interdits, 819.
— Aux testamens qu'ils peuvent recevoir lorsque toute communication est interceptée par l'effet d'une maladie contagieuse, 985.
— Au dépôt à faire au greffe de la justice de paix de l'un des originaux des testamens faits sur mer, et qui leur sont adressés par le ministre de la marine, 991.
— Au procès-verbal à dresser lorsque le conservateur aux hypothèques refuse ou retarde la transcription, l'inscription, ou la délivrance de certificats de non inscription, 2199.

JURISCONSULTES. Un tuteur ne peut transiger pour son mineur sans l'avis de trois jurisconsultes, 467.

L.

LABOUREURS. Forme de leurs billets ou promesses, 1326.

LABOURS. Le propriétaire ne doit pas compte des labours au moment où l'usufruit cesse, 585. Voir *Accession.*

LACS. L'alluvion n'a pas lieu à l'égard des lacs et étangs, 558.

LAINE. En matière de cheptel, la laine se partage, 1811-1819.

LAIS de la mer font partie du domaine public, 538.

LAITAGE. En matière de cheptel, le laitage appartient exclusivement au preneur, 1811-1819.

On peut stipuler que le bailleur aura la moitié des laitages, 1828.

LAPINS. Cas où ils sont immeubles par destination, 524.

Appartiennent au propriétaire de la garenne où ils passent. — Exception, 564.

LATRINES. Voir *Fosses d'aisance.*

LÉGALISATION. Les extraits des registres de l'état civil légalisés par le président du tribunal, font foi jusqu'à inscription de faux, 45.

LÉGATAIRES. Les légataires d'un absent peuvent exercer leurs droits sur ses biens, en donnant caution, 123.

L'héritier bénéficiaire doit rendre compte de son administration aux légataires, 803.

Il est tenu de les payer, 808.

Le rapport n'est pas dû aux légataires de la succession, 857.

Les légataires ne peuvent demander la réduction des dispositions entre-vifs, ni en profiter, 921.

Ne peuvent être témoins du testament par acte public, 975.

Voir au surplus *Legs*, *Testamens*.

LÉGITIMATION d'un enfant naturel né depuis la donation, la révoque de plein droit, 960. Voir *Enfans naturels.*

LÉGITIMITÉ des enfans nés dans le mariage. Voir *Filiation.*

LEGS. Tout héritier, même bénéficiaire, ne peut réclamer les legs à lui faits, à moins que les legs ne lui aient été faits par préciput et hors part, et avec dispense de rapport, 843.

L'héritier qui renonce peut réclamer les legs à lui faits jusqu'à concurrence de la portion disponible, 845.

Les legs faits au fils de celui qui se trouve successible, sont toujours réputés faits avec dispense du rapport, 847.

Idem des legs faits au conjoint d'un époux successible, 849.

Cas où les legs sont faits à deux époux dont l'un est successible, 849.

Comment se fait la réduction des legs, 926-927.

Les legs sont ou universels, ou à titre universel, ou à titre particulier, 1002.

Définition du legs universel, 1003.

Cas où le légataire universel est tenu de demander aux héritiers la délivrance des biens compris dans le testament, 1004.

A compter de quel jour il a la jouissance des biens compris dans le testament, 1005.

Cas où il est saisi de plein droit, sans être tenu de demander la délivrance, 1006.

Formalités à observer pour l'exécution d'un testament olographe et d'un testament dans la forme mystique, 1007.

Cas où le légataire universel est tenu de se faire envoyer en possession, par une ordonnance du président du tribunal, 1008.

Comment il est tenu des dettes et charges de la succession, lorsqu'il est en concours avec un héritier auquel la loi réserve une quotité de biens, 1009.

Définition du legs à titre universel, 1010.

A qui le légataire à ce titre est tenu de demander la délivrance, 1011.

Le légataire à titre universel est tenu, comme le légataire universel, des dettes et charges de la succession du testateur, personnellement pour sa part et portion, et hypothécairement pour le tout, 1012.

Le légataire à titre universel d'une portion de la quotité disponible, est tenu d'acquitter les legs particuliers par contribution avec les héritiers naturels, 1013.

Définition du legs particulier. — A compter de quel jour le légataire particulier peut se mettre en possession de la chose leguée, 1014.

Cas où les intérêts ou fruits de la chose léguée courent au profit du légataire dès le jour du décès, et sans qu'il ait fourni sa demande en justice, 1015.

A la charge de qui sont les frais de la demande en délivrance et les droits d'enregistrement, 1016-1017.

La chose léguée doit être délivrée avec les accessoires nécessaires, et dans l'état où elle se trouve au jour du décès du donateur, 1018.

Les nouvelles acquisitions jointes à l'immeuble légué ne font pas partie du legs. — Les embellissemens, les constructions en font partie, 1019.

Celui qui doit acquitter le legs n'est point tenu de le dégager des charges créées avant ou depuis le testament, 1020.

Lorsque le testateur a légué la chose d'autrui, le legs est nul, 1021.

Manière d'acquitter un legs d'une chose indéterminée, 1022.

Le legs fait au créancier n'est point censé en compensation de sa créance, ni le legs fait au domestique en compensation de ses gages, 1023.

Le légataire à titre particulier n'est point tenu des dettes de la succession, 1024.

Dans une société de tous biens présens, ceux qui arrivent aux

associés

associés par donation ou legs n'y entrent que pour la jouissance, 1837.

LÉSION. Le majeur qui a accepté une succession ne peut réclamer sous prétexte de lésion. — Exception, 783.

En matière de partage, la rescision a lieu lorsqu'il y a lésion de plus du quart à l'égard de l'un des cohéritiers, 887.

Pour juger s'il y a eu lésion, on estime les objets suivant leur valeur à l'époque du partage, 890.

Cas où la lésion donne lieu à la rescision en faveur du mineur émancipé et du mineur non émancipé, 1305.

Le mineur n'est pas restituable pour cause de lésion, lorsqu'elle ne résulte que d'un événement casuel et imprévu, 1306.

Les majeurs ne sont restitués pour cause de lésion que dans les cas spécialement exprimés par le code civil, 1313.

Si le vendeur a été lésé de plus de sept douzièmes dans le prix d'un immeuble, il a le droit de demander la rescision de la vente, 1674.

Pour savoir s'il y a lésion de plus de sept douzièmes, il faut estimer l'immeuble suivant son état et sa valeur au moment de la vente, 1675.

La demande n'est plus recevable après l'expiration de deux années, à compter du jour de la vente, 1676.

La preuve de la lésion ne peut être admise que par jugement, 1677.

Cette preuve ne peut se faire que par un rapport de trois experts, tenus de dresser un seul procès-verbal commun, et de ne former qu'un seul avis à la pluralité des voix, 1678.

S'il y a des avis différens, le procès-verbal doit en contenir les motifs, 1679.

Les trois experts sont nommés d'office; à moins que les parties ne se soient accordées pour les nommer tous les trois conjointement, 1680.

Dans le cas où l'action en rescision est admise, l'acquéreur ou le tiers possesseur a le choix de retenir la chose en suppléant le juste prix, ou de la rendre en retirant le prix, 1681.

Compte que se font le vendeur et l'acquéreur des fruits et intérêts, dans l'un et l'autre cas, 1682.

La rescision pour lésion n'a pas lieu en faveur de l'acheteur, 1683.

Elle n'a pas lieu en toutes ventes, qui, d'après la loi, ne peuvent être faites que d'autorité de justice, 1684.

La rescision pour cause de lésion n'a pas lieu dans le contrat d'échange, 1706.

Elle n'a pas lieu dans les transactions, 2052.

LETTRE. Le mandat peut être donné par lettre, 1985.

LEVÉE DE SCELLÉS. Voir *Scellés.*

LIBÉRALITÉ. Voir *Donations*, *Testamens.*

LIBÉRATION. La remise du titre original sous signature privée opère libération, 1282.

La quittance du capital donnée sans réserve des intérêts en opère la libération, 1908. Voir *Paiement*, *Quittance*, *Subrogation.*

LICITATION. Les formalités exigées pour la vente des biens du mineur ne s'appliquent pas au cas où un jugement aurait ordonné la licitation à laquelle les étrangers doivent être admis, 460.

Si les immeubles ne peuvent se partager commodément, il doit être procédé à la licitation devant le tribunal ou devant un notaire, 827.

La licitation doit avoir également lieu, si, parmi les cohéritiers, il y a des absens, des mineurs ou des interdits, 838.

Dans le cas de l'article précédent, elle ne peut avoir lieu qu'en justice, 839.

Effet des acquisitions par licitation pendant la communauté entre époux d'une portion de biens dont l'un des époux était propriétaire par indivis, 1408.

Forme de la licitation des immeubles de la communauté entre époux, 1476.

Cas où la vente doit se faire par licitation, 1686.

Chacun des copropriétaires est le maître de demander que les étrangers soient appelés à la licitation : ils sont nécessairement appelés lorsque l'un des copropriétaires est mineur, 1687.

Formalités à observer pour la licitation, 1688. Voir *Indivis*, *Partage.*

LIEU. Le lieu où la succession s'ouvre est déterminé par le domicile, 110.

Lieu où doit être payé le prix de la vente, 1650-1651.

Lieu où le dépôt doit être restitué, 1942-1943.

LIGNE. Ordre de successions dans la ligne paternelle et la

ligne maternelle. — Cas où il y a dévolution d'une ligne à l'autre, 733.

Définition de la ligne directe et de la ligne collatérale, 736.

A défaut de parens au degré successible dans une ligne, les parens de l'autre ligne succèdent pour le tout, 755. Voir *Degrés.*

LINGES ET HARDES. La femme qui renonce à la communauté retire les linges et hardes à son usage, 1492.

Dans le cas de la restitution de la dot, la femme peut retirer les linges et hardes à son usage, sauf à précompter leur valeur, lorsqu'ils ont été constitués avec estimation, 1566.

LINGOTS. En matière de prêt, mode de leur restitution, 1896-1897.

LIQUEURS. L'usufruitier a le droit de s'en servir, à la charge d'en rendre pareille quantité et qualité, 587.

LIT. Partage d'une succession entre frères et sœurs du même ou d'un différent lit., 752. Voir *Succession.*

Enfans du second lit. Voir *Mariage.*

LITS font partie des meubles meublans, 534.

LITS DES FLEUVES ET RIVIÈRES. Voir *Fleuves, Rivières.*

LITIGIEUX. Voir *Droits, Transports.*

LIVRAISON. L'obligation de donner emporte celle de livrer la chose et de la conserver jusqu'à livraison, 1136.

L'obligation de livrer la chose est parfaite par le seul consentement des parties contractantes, 1138.

Cas où la chose qu'on s'est obligé de livrer à deux personnes successivement, est purement mobilière, 1141. Voir *Vente.*

LIVRES. Voir *Meubles, Registres.*

LOCATAIRES. Voir *Baux.*

LOCATION. Voir *Baux, Habitation, Usage.*

LOGEMENT est dû à la veuve pendant le tems nécessaire pour faire inventaire et délibérer, 1465.

Cas où il doit être fourni à la femme pendant l'an de deuil, 1570.

Logemens que doivent se procurer réciproquement le fermier sortant et le fermier entrant, 1777.

LOIS sont exécutoires en vertu de la promulgation qui en est

faite par le premier Consul (aujourd'hui l'Empereur). — Elles sont exécutées du jour où la promulgation peut en être connue. — Comment la promulgation est réputée connue, 1.

Elles n'ont point d'effet rétroactif, 2.

Les lois de police et de sûreté obligent tous ceux qui habitent le territoire. — Les lois concernant l'état et la capacité des personnes régissent les Français, même résidant en pays étranger, 3.

On ne peut déroger par des conventions particulières aux lois qui intéressent l'ordre public et les bonnes mœurs, 6.

Dans les dispositions entre-vifs et testamentaires, les conditions contraires aux lois sont réputées non écrites, 900.

Les conventions légalement formées tiennent lieu de loi à ceux qui les ont faites, 1134.

Dans une obligation, toute condition prohibée par la loi est nulle et rend nulle la convention qui en dépend, 1172. Voir *Juges*.

LOTS. Les cohéritiers en sont garans les uns envers les autres, 884-885-886.

Les cohéritiers sont des créanciers privilégiés sur les immeubles de la succession, pour la garantie des soultes ou retours de lots, 2103.

Comment ils conservent leur privilége sur le bien de chaque lot, 2109. Voir *Partage*.

LOUAGE. Il y a deux sortes de contrats de louage : celui des choses et celui d'ouvrage, 1708.

Définition du louage des choses, 1709.

Définition du louage d'ouvrage, 1710.

Subdivision de ces deux genres de louage en plusieurs espèces particulières, 1711. Voir *Baux*, *Cheptel*, *Devis et Marchés*, *Domestiques*, *Loyers*, *Voituriers*.

LOYAUX COUTS. En cas d'éviction, les frais et loyaux coûts du contrat doivent être restitués à l'acquéreur, 1630-2188.

Le vendeur qui use du pacte de rachat, doit rembourser les frais et loyaux coûts de la vente, 1673.

LOYERS. Les loyers sont des fruits civils, 584.

Ils sont réputés s'acquérir jour par jour, et appartiennent à l'usufruitier à proportion de la durée de son usufruit, 586.

Ils produisent intérêt du jour de la demande ou de la convention, 1155.

La veuve ne doit point de loyer à raison de son habitation pendant le tems nécessaire pour faire faire inventaire et délibérer, 1465.

Leur privilége sur le prix de tout ce qui garnit la maison louée, 2102.

Les loyers se prescrivent par cinq ans, 2277. Voir *Baux.*

M.

MAÇONS. Lorsqu'ils font des marchés à prix fait, ils sont assimilés aux entrepreneurs, 1799.

Cas où ils ont un privilége pour leurs créances, 2103.

Comment ils les conservent, 2110. Voir *Devis et Marchés.*

MAGASIN DE SEL. Obligation de celui qui veut établir un magasin de sel contre un mur, 674.

MAIN-D'ŒUVRE. Le propriétaire qui conserve les constructions et plantations faites sur son fonds par un tiers, est tenu de rembourser le prix de la main-d'œuvre, 555. Voir *Artisan.*

MAIN-LEVÉE des oppositions relatives au mariage, 174-177.

— De l'interdiction lorsqu'elle vient à cesser, 512.

MAIRES. Les maires visent et certifient les affiches relatives à la vente des biens des mineurs, 459. Voir *Mairie.*

MAIRIES. Voir *Communes.*

MAISON DE CORRECTION. La femme contre laquelle le divorce ou la séparation de corps aura été prononcée pour cause d'adultère, est condamnée à une réclusion dans une maison de correction, 298-308. Voir *Maisons publiques.*

MAISON MEUBLÉE La vente ou le don d'une maison meublée ne comprend que les meubles meublans, 535. Voir *Baux.*

MAISON PATERNELLE est le lieu du domicile de l'enfant mineur, 108.

L'enfant ne peut la quitter sans la permission de son père, si ce n'est pour enrôlement volontaire après l'âge de 18 ans, 374.

MAISON DE PRÊT. Les dispositions de la loi sur le gage

ne sont pas applicables aux maisons de prêt sur gage autorisées, 2084.

MAISONS PUBLIQUES. Mode d'y constater les décès, 80-84-85. Voir *Décès.*

MAITRES. Voir *Domestiques.*

MAITRES DE PENSION. Ils ont un privilége pour le paiement de la dernière année, 2101.

Leur action se prescrit par un an, 2272.

MAJEURS. Les témoins produits aux actes de l'état civil doivent être majeurs, 37.

L'acte de mariage doit énoncer si les futurs époux sont majeurs ou mineurs, 63-76.

Les majeurs qui servent ou travaillent chez autrui ont le même domicile que leurs maîtres, lorsqu'ils demeurent dans la même maison, 109.

Sont capables de tous les actes de la vie civile, sauf la restriction relative au mariage, 488.

Le majeur ne peut attaquer l'acceptation qu'il a faite d'une succession, que dans le cas où cette acceptation aurait été la suite d'un dol, 783.

Forme d'acceptation d'une donation, lorsque le donataire est majeur, 933.

Les témoins appelés pour être présens à un testament, doivent être majeurs, 980.

Cas où les majeurs sont restitués pour cause de lésion, 1313. Voir *Adoption, Divorce, Etat civil, Majorité, Mariage, Partage, Puissance paternelle, Témoins.*

MAJORITÉ. Elle est fixée à vingt-un ans accomplis, 488.

La simple déclaration de majorité faite par le mineur ne fait point obstacle à sa restitution, 1307.

Effet de la ratification du mineur, lorsqu'il est en majorité, 1311. Voir *Majeurs.*

MALADIES CONTAGIEUSES. Voir *Testamens.*

MALES. Les témoins pour les actes de l'état civil et les testamens doivent être mâles, 27-980.

MANDANT. Voir *Mandat.*

MANDAT. Définition du mandat. Il ne se forme que par l'acceptation du mandataire, 1984.

Comment il peut être donné. — L'acceptation peut n'être que

tacite, et résulter de l'exécution qui lui a été donnée par le mandataire, 1985.

Le mandat est gratuit, s'il n'y a convention contraire, 1986.

Il est ou spécial ou général, 1987.

Le mandat conçu en termes généraux n'embrasse que les actes d'administration. — S'il s'agit d'aliéner ou hypothéquer, ou de quelque autre acte de propriété, le mandat doit être exprès, 1988.

Le mandataire ne peut rien faire au-delà de ce qui est porté dans son mandat : le pouvoir de transiger ne renferme pas celui de compromettre, 1989.

Les femmes et les mineurs émancipés peuvent être choisis pour mandataires, 1990.

Obligations du mandataire, 1991.

Le mandataire répond non-seulement du dol, mais encore des fautes qu'il commet dans sa gestion, 1992.

Tout mandataire est tenu de rendre compte de sa gestion, et de faire raison au mandant de tout ce qu'il a reçu, 1993.

Cas où le mandataire répond de celui qu'il s'est substitué dans la gestion. — Dans tous les cas, le mandant peut agir directement contre la personne que le mandataire s'est substituée, 1994.

Quand il y a plusieurs mandataires établis par le même acte, il n'y a de solidarité entre eux qu'autant qu'elle est exprimée, 1995.

De quelle époque le mandataire doit l'intérêt des sommes qu'il a employées à son usage, et de celles dont il est reliquataire, 1996.

Cas où le mandataire n'est tenu d'aucune garantie pour ce qui a été fait au-delà de ces pouvoirs, 1997.

Obligations du mandant à l'égard du mandataire, 1998.

Cas où le mandant doit rembourser au mandataire les avances et frais que celui-ci a faits pour l'exécution du mandat, et lui payer ses salaires lorsqu'il en a été promis, 1999.

Cas où le mandant doit indemniser le mandataire des pertes que celui-ci a essuyées à l'occasion de sa gestion, 2000.

L'intérêt des avances faites par le mandataire lui est dû par le mandant, à dater du jour des avances constatées, 2001.

S'il y a plusieurs mandans pour une affaire commune, chacune d'elle est tenue solidairement envers le mandataire, 2002.

Différentes manières dont le mandat finit, 2003.

Le mandant peut révoquer sa procuration quand bon lui semble, et contraindre, s'il y a lieu, le mandataire à la lui remettre, 2004.

La révocation notifiée au seul mandataire ne peut être opposée au tiers qui ont traité dans l'ignorance de cette révocation, 2005.

La constitution d'un nouveau mandataire vaut révocation du premier, à compter du jour de la notification à celui-ci, 2006.

Le mandataire peut renoncer au mandat, en notifiant au mandant sa renonciation. — Si cette renonciation préjudicie au mandant, il devra être indemnisé par le mandataire. — Exception, 2007.

Tout ce que fait le mandataire est valide tant qu'il ignore la cause qui fait cesser le mandat, 2008.

Les engagemens du mandataire dont les pouvoirs ont cessé, sont exécutés à l'égard des tiers qui sont de bonne foi, 2009.

Ce que doivent faire les héritiers du mandataire qui vient à mourir, 2010. Voir *Procuration.*

MANDATAIRES. Voir *Mandat.*

MANŒUVRES. Cas où les manœuvres rendent la convention nulle, 1116.

MARCHANDE PUBLIQUE. Les actes faits par la femme n'engagent point les biens de la communauté, si ce n'est lorsqu'elle contracte comme marchande publique, 1426. Voir *Autorisation.*

MARCHANDS. Forme de leurs billets ou promesses, 1326.

Les registres des marchands ne font point preuve de fournitures contre les personnes non marchandes, 1329.

Les livres des marchands font preuve contre eux, 1330.

Les marchands de subsistances ont privilége, les marchands en détail pour les six derniers mois, les maîtres de pension et les marchands en gros, pour la dernière année, 2101.

L'action des marchands pour les marchandises qu'ils vendent aux particuliers non marchands, se prescrit par un an, 2272.

MARCHÉ. Voir *Devis et Marchés.*

MARCHEPIED. Le propriétaire riverain qui profite de l'alluvion doit laisser le marchepied, conformément aux réglemens, 556. Voir *Servitudes.*

MARI. Ses devoirs envers sa femme, 212-213-214.

Le second mari est solidairement responsable de la gestion de la tutelle confiée à sa femme, 396.

Le mari doit prendre les inscriptions sur les biens grevés au profit de la femme, 2136. Voir *Autorisation*, *Communauté*, *Contrat de mariage*, *Dot*, *Hypothèques*, *Tutelle.*

MARIAGE. Celui qui est mort civilement est incapable de contracter un mariage qui produise aucun effet civil. Celui qu'il avait contracté précédemment est dissous, 25.

Comment se prouve le mariage à défaut de registres de l'état civil, 46.

Le mariage doit être précédé de deux publications faites un jour de dimanche devant la porte de la maison commune. — Enonciations qu'elles doivent contenir, 63.

Le mariage ne peut être célébré que trois jours après la publication, 64.

Si le mariage n'a pas été célébré dans l'année, il ne pourra plus être célébré qu'après de nouvelles publications, 65.

Oppositions au mariage; par qui elles doivent être signées; à qui elles doivent être signifiées. *Visa* de l'officier de l'état civil, 66.

Mention par l'officier de l'état civil des oppositions et des mains-levées, 67.

En cas d'opposition, l'officier de l'état civil ne peut célébrer le mariage avant la main-levée, sous peine de trois cents francs d'amende, 68.

S'il n'y a point d'opposition, il en est fait mention dans l'acte de mariage. — Cas où les publications ont été faites dans plusieurs communes, 69.

L'officier de l'état civil se fait remettre l'acte de naissance de chacun des futurs époux. Celui des époux qui est dans l'impossibilité de se le procurer, peut le suppléer en rapportant un acte de notoriété d'un juge de paix, 70.

Forme de l'acte de notoriété, 71.

Commune où doit être célébré le mariage. — Le domicile, quant au mariage, s'établit par six mois d'habitation, 74.

Fonctions de l'officier de l'état civil, lors de la célébration, 75.

Enonciations que doit contenir l'acte de mariage, 76.

Formalités relatives aux publications et célébration du mariage des militaires et employés à la suite des armées, 94-95.

L'époux absent dont le conjoint a contracté une nouvelle union, est seul recevable à attaquer ce mariage, 139.

L'homme avant dix-huit ans révolus, la femme avant quinze ans révolus, ne peuvent contracter de mariage, 144.

Le Gouvernement peut néanmoins, pour des motifs graves, accorder des dispenses d'âge, 145.

Il n'y a pas de mariage lorsqu'il n'y a point de consentement, 146.

On ne peut contracter un second mariage avant la dissolution du premier, 147.

Age avant lequel les enfans ne peuvent contracter mariage sans le consentement de leurs père et mère : en cas de dissentiment, le consentement du père suffit, 148.

Si l'un d'eux est mort, le consentement de l'autre suffit, 149.

Si le père et la mère sont morts, les aïeuls et aïeules les remplacent, 150.

Les enfans de famille ayant atteint la majorité, ne sont tenus que de demander par un acte respectueux le conseil de leurs père et mère ou ascendans, 151.

Depuis la majorité, jusqu'à l'âge de trente ans pour les fils, et jusqu'à l'âge de vingt-cinq ans pour les filles, l'acte respectueux sur lequel il n'y a pas de consentement au mariage, doit être renouvelé deux autres fois de mois en mois, 152.

Après l'âge de trente ans, il peut être, à défaut du consentement sur un acte respectueux, passé outre à la célébration du mariage, 153.

L'acte respectueux doit être notifié par deux notaires, ou par un notaire et deux témoins, 154.

Ce que l'on doit faire en cas d'absence de l'ascendant auquel eût dû être fait l'acte respectueux, 155.

Amende et emprisonnement qu'encoure l'officier de l'état civil qui procède à la célébration, sans que les consentemens voulus par la loi soient énoncés dans l'acte de mariage, 156.

Idem, lorsqu'il n'y a pas eu d'actes respectueux dans les cas où ils sont prescrits, 157.

Les dispositions relatives au consentement des père et mère et à l'acte respectueux qui doit leur être fait, sont applicables aux enfans naturels légalement reconnus, 158.

Cas où l'enfant naturel ne peut se marier qu'après avoir obtenu le consentement d'un tuteur *ad hoc* qui lui sera nommé, 159.

Cas où les fils ou filles mineurs de vingt-un ans ne peuvent contracter mariage sans le consentement du conseil de famille, 160.

En ligne directe, le mariage est prohibé entre tous les ascendans et descendans légitimes ou naturels, et les alliés dans la même ligne, 161.

En ligne collatérale, le mariage est prohibé entre le frère et la sœur légitimes ou naturels, et les alliés au même degré, 162.

Le mariage est encore prohibé entre l'oncle et la nièce, la tante et le neveu, 163.

Le Gouvernement peut, pour des causes graves, lever les prohibitions, 164.

Le mariage doit être célébré publiquement, devant l'officier civil du domicile de l'une des deux parties, 165.

Lieux où les publications doivent avoir lieu, 166-167-168.

Le Gouvernement peut, pour des causes graves, dispenser de la seconde publication, 169.

Conditions requises pour la validité d'un mariage contracté en pays étranger entre Français, et entre Français et étranger, 170-171.

Personnes qui peuvent former opposition au mariage, 172-173.

Cas où à défaut d'aucun ascendant, le frère ou la sœur, l'oncle ou la tante, le cousin ou la cousine germains, majeurs, peuvent former opposition, 174.

Dans quel cas le tuteur ou curateur ne peut former opposition sans y être autorisé par un conseil de famille, 175.

Ce que doit énoncer l'acte d'opposition, 176.

Le tribunal de première instance doit prononcer dans les dix jours sur la demande en main-levée, 177.

S'il y a appel, il doit y être statué dans les dix jours de la citation, 178.

Si l'opposition est rejetée, les opposans, autres que les ascen-

dans, peuvent être condamnés à des dommages-intérêts, 179.

Par qui le mariage peut être attaqué pour cause d'erreur ou défaut de liberté dans le consentement, 180.

La demande en nullité n'est plus recevable s'il y a eu cohabitation pendant six mois, 181.

Par qui peut être attaqué le mariage sans le consentement des parens, 182.

Cas où l'action en nullité ne peut plus être intentée, 183.

Cas où le mariage peut être attaqué soit par les époux eux-mêmes, soit par tous ceux qui y ont intérêt, soit par le ministère public, 184.

Cas où le mariage contracté par des époux qui n'avaient point encore l'âge requis, ne peut plus être attaqué, 185.

Ceux qui ont consenti au mariage contracté dans le cas de l'article précédent, ne sont point recevables à en demander la nullité, 186.

Les parens collatéraux et les enfans nés d'un autre mariage ne peuvent attaquer le mariage du vivant des deux époux. — Exception, 187.

L'époux au préjudice duquel a été contracté un second mariage, peut en demander la nullité, du vivant même de l'époux qui était engagé avec lui, 188.

Si les nouveaux époux opposent la nullité du premier mariage, la validité ou la nullité de ce mariage doit être jugée préalablement, 189.

Cas où le commissaire du Gouvernement peut et doit demander la nullité du mariage, du vivant des deux époux, et les faire condamner à se séparer, 190.

Par qui peut être attaqué le mariage qui n'a point été contracté publiquement, et qui n'a point été célébré devant l'officier public compétent, 191.

Amende qu'encourent les parties et l'officier de l'état civil pour contravention aux dispositions relatives aux publications et à la célébration du mariage, 192-193.

Nul ne peut réclamer le titre d'époux, s'il ne représente un acte de célébration inscrit sur le registre de l'état civil; sauf les cas prévus par l'article 46, 194.

La possession ne peut dispenser de représenter l'acte de célébration du mariage devant l'officier de l'état civil, 195.

Lorsqu'il y a possession d'état, et que l'acte de célébration du mariage devant l'officier de l'état civil est représenté, les

époux sont non recevables à demander la nullité de cet acte, 196.

Cas où la légitimité des enfans ne peut être contestée sous le seul prétexte du défaut de représentation de l'acte de célébration, 197.

De quel jour et comment sont assurés les effets civils du mariage dont la célébration légale est prouvée par une procédure criminelle, 198.

Si les époux sont décédés, l'action criminelle peut être intentée par tous ceux qui ont intérêt de faire déclarer le mariage valable, et par le commissaire du Gouvernement, 199.

Si l'officier public est décédé, l'action doit être dirigée au civil contre ses héritiers par le commissaire du Gouvernement, 200.

Le mariage qui a été déclaré nul produit les effets civils à l'égard des époux et des enfans, s'il a été contracté de bonne foi, 201-202.

Obligations qui naissent du mariage, 203 et suivans. Voir *Alimens.*

Droits et devoirs respectifs des époux, 212 et suivans. Voir *Autorisation*, *Mari.*

Comment le mariage se dissout, 227.

La femme ne peut contracter un nouveau mariage qu'après dix mois révolus depuis la dissolution du mariage précédent, 228.

Des effets du divorce relativement au mariage, 295-296-297-298. Voir *Divorce.*

Filiation des enfans nés dans le mariage, 312 et suivans. Voir *Filiation.*

Le mariage est prohibé entre l'adoptant, l'adopté et ses descendans, 348. Voir *Adoption.*

Autorité du père sur ses enfans durant le mariage, 373. Voir *Puissance paternelle.*

Le mineur est émancipé de plein droit par le mariage, 476.

Donations aux époux par contrat de mariage, et entre époux par contrat de mariage ou pendant le mariage. Voir *Contrat de mariage*, *Donations.*

Conventions matrimoniales rédigées avant la célébration du mariage. Voir *Contrat de mariage.*

Des charges du mariage, 1530-1537. Voir *Communauté.*

MATÉRIAUX sont meubles jusqu'à ce qu'ils soient employés, 532. Voir *Constructions*, *Devis et Marchés*.

Cas où l'usufruitier a le droit de jouir des matériaux provenant de la destruction des bâtimens compris en son usufruit, 624.

MATERNITÉ peut être recherchée, 341.

Ne peut jamais l'être par l'enfant adultérin et incestueux, 342. Voir *Enfans naturels*.

MAUVAISE FOI. L'héritier qui a omis par mauvaise foi de comprendre dans l'inventaire des effets de la succession, est déchu du bénéfice d'inventaire, 810.

Effet de la mauvaise foi relativement à la restitution des choses indûment reçues, 1378-1379. Voir *Bonne Foi*, *Foi*.

MÉCONTENTEMENT. Voir *Puissance paternelle*, *Tutelle*.

MÉDAILLES. Voir *Meubles*.

MÉDECINS ne peuvent rien recevoir de leurs malades par dispositions entre-vifs ou testamentaires, si ce n'est à titre de récompense, 909.

Leur action pour le paiement de leurs honoraires se prescrit par un an, 2272. Voir *Docteurs*.

MÉDICAMENS. Voir *Apothicaires*.

MÉNAGE. Comment la femme séparée de biens doit contribuer aux frais du ménage, 1448.

MER. Les droits sur les effets jetés à la mer, sur les objets que la mer rejette, sur les plantes et herbages qui croissent sur les rivages de la mer, sont réglés par des lois particulières, 717.

Forme et effets des testamens faits pendant un voyage de mer, 988 et suivans. Voir *Testamens*.

Lais et relais de la mer. Voir *Lais*, *Relais*.

MÈRE. A défaut du père, la mère peut former opposition au mariage de son enfant, 173.

La mère doit des alimens à ses enfans, 207.

La mère remariée ne peut avoir la jouissance des biens d'un enfant de son premier mari, 386.

Le père peut nommer un conseil à la mère survivante et tutrice, 391.

A défaut du père, la mère peut faire émanciper son enfant mineur, 477. Voir *Père*, *Tutelle*.

MESURE. Cas où la vente se fait à la mesure, 1585-1617. Voir *Vente*.

MÉTAYER. Voir *Baux*, *Cheptel*, *Fermier*.

MÉTIERS. Voir *Arts et Métiers*.

MEUBLES. Le tuteur est tenu de faire vendre les meubles de son mineur, 452. Voir *Tutelle*.

Les père et mère qui ont la jouissance légale des biens du mineur ont le choix de les vendre ou de les garder pour les rendre en nature, 453.

Les grains coupés et les fruits détachés sont meubles, 520.

Les arbres ne sont meubles qu'au fur et à mesure que les arbres sont abattus, 521.

Les animaux donnés à cheptel à d'autres qu'au fermier ou métayer, sont meubles, 522.

Les biens sont meubles par leur nature ou par la détermination de la loi, 527.

Sont meubles par leur nature les corps qui peuvent se transporter d'un lieu à un autre, 528.

Sont meubles par la détermination de la loi les obligations et actions qui ont pour objet des sommes exigibles ou des effets mobiliers, les actions ou intérêts dans les compagnies de finance, de commerce ou d'industrie, les rentes perpétuelles ou viagères sur l'état ou sur des particuliers, 529.

Les bateaux, bacs, navires, moulins et bains sur bateaux, et toutes usines non fixées par des piliers et ne faisant pas partie de la maison, sont meubles, 531.

Les matériaux sont meubles jusqu'à ce qu'ils soient employés par l'ouvrier dans une construction, 532.

Ce que comprend le mot *meuble* employé seul dans les dispositions de la loi ou de l'homme, 533.

Ce que comprennent les mots *Meubles-meublans*, *Biens meubles*, *Mobilier*, ou *Effets mobiliers*, 534-535.

La vente ou le don d'une maison meublée ne comprend que les meubles meublans, 535.

Objets mobiliers que comprend la vente ou le don d'une maison avec tout ce qui s'y trouve, 536.

L'usufruit peut être établi sur toute espèce de biens meubles, 581.

Droits de l'usufruitier relativement aux meubles. Voir *Usufruit.*

Mode de l'estimation des meubles dans un partage de succession, 525.

Du partage des meubles. Voir *Partage.*

Du rapport du mobilier. Voir *Rapport.*

L'action pour dettes se prescrit, relativement aux meubles, par le laps de trois ans, 880.

Donations d'objets mobiliers. Voir *Donations.*

Meubles que le grevé de restitution est tenu de faire vendre, 1062.

Cas où il peut conserver les meubles en nature, à la charge de les rendre, 1063. Voir *Donations entre-vifs et testamentaires.*

Mode de restitution des meubles indûment reçus, 1379.

Des meubles de la communauté. Voir *Communauté.*

De la restitution de la dot en meubles non estimés par le contrat de mariage, 1564.

Quelle est la durée présumée du bail de meubles, 1757.

Les priviléges peuvent être sur les meubles, 2099. Voir *Hypothèques.*

Les meubles n'ont pas de suite par hypothèques, 2119.

MEURTRIER. Le meurtrier d'un défunt est indigne de lui succéder, 727.

MIEL. Voir *Ruches.*

MILITAIRES. Voir *Armée.*

MINES. Règles que doit observer le propriétaire qui veut fouiller sa propriété pour exploiter une mine, 552.

Jouissance des mines par l'usufruitier. — Il n'a aucun droit à celles qui ne sont pas encore ouvertes, 598.

Produits des mines qui tombent en communauté entre époux, 1403.

MINEURS. Le mineur est l'individu de l'un ou de l'autre sexe qui n'a pas encore l'âge de 21 ans accomplis. Voir *Adoption, Autorisation, Baux, Capacité, Contrainte par corps, Contrat de mariage, Contrats, Domicile, Donations, Emancipation, Exécuteur testamentaire, Expropriation, Hypothèques, Incapacité, Inventaire, Mariage, Obligations, Partage, Prescription, Puissance paternelle, Rachat, Restitution, Successions, Tutelle.*

MINISTÈRE PUBLIC. Voir *Commissaires du Gouvernement.*

MINISTRES DU CULTE ne peuvent recevoir de la personne qu'ils ont assistée dans la dernière maladie. — Exception à l'égard des dispositions rémunératoires et des dispositions universelles dans le cas de parenté, 909.

MINISTRE DE LA GUERRE. Dépôt aux archives de son ministère des registres de l'état civil concernant les militaires hors du territoire de la République, 91.

MINISTRE DE LA MARINE. Le double original des testamens faits sur mer lui est adressé, 991.

MINORITÉ Voir *Mineur.*

MINUTES. Il doit rester minute des actes de donation, 931.

Ce qu'il faut pour que la transcription d'un acte sur les registres publics puisse servir de commencement de preuve par écrit, 1336.

Les officiers publics sont contraignables par corps pour la représentation de leurs minutes, 2060.

MISSIONS DU GOUVERNEMENT. Elles dispensent de la tutelle, 428.

MITOYENNETÉ. A quoi on reconnaît la non mitoyenneté d'un mur, 654. Voir *Fossés, Mur.*

MIXTE. Nature et effets de la condition mixte, 1171.

MOBILIER. Ce que comprend le mot mobilier. Voir *Accession, Communauté, Dot, Meubles, Société.*

MŒURS. On ne peut déroger par des conventions particulières aux lois qui intéressent les mœurs, 6.

Les dispositions entre-vifs et testamentaires contraires aux bonnes mœurs sont réputées non écrites, 900.

La cause des contrats est illicite quand elle est contraire aux bonnes mœurs, 1133.

Nullité des actes contraires aux bonnes mœurs, 1172-1387.

MOINS-PRENANT. Voir *Rapport.*

MONNAIE. Le débiteur doit rendre la somme numérique prêtée, en monnaie ayant cours au moment du paiement, 1895.

MORT CIVILE. Condamnations qui emportent la mort civile, 22–23.

Cas où les peines afflictives n'emportent pas la mort civile, 24.
Pertes qu'entraîne la mort civile, 25-33-227.
De quel jour la mort civile est encourue, lorsque les condamnations sont contradictoires, 26.
— Lorsqu'elles sont par contumace, 27.
La mort civile de l'usufruitier éteint l'usufruit, 617.
De quel moment la succession est ouverte par la mort civile, 719.
La mort civile donne ouverture au préciput conventionnel, 1517.
La mort civile de l'un des associés dissout la société, 1865.
En cas de mort civile du déposant, la chose déposée ne peut être rendue qu'à son héritier, 1939.
La rente viagère ne s'éteint pas par la mort civile du propriétaire, 1982.
Le mandat cesse par la mort civile du mandant ou du mandataire, 2003. Voir *Condamnations.*

MORT VIOLENTE. Voir *Etat civil.*

MOULINS fixés sur piliers et faisant partie du bâtiment sont immeubles, 519.
Les moulins sur bateaux et non encore fixés sur des piliers sont meubles, 531.

MUET. Voir *Sourd-muet.*

MUNICIPALITÉS. Voir *Communes, Offic. municipaux.*

MURS. Les murs des places de guerre et des forteresses font partie du domaine public, 540.
Gros murs dont les réparations sont à la charge du propriétaire du fond sujet à l'usufruit. — Exception, 605-606.
Tout mur est présumé mitoyen, s'il n'y a titre ou marque du contraire, 653.
A quoi reconnaît-on la non mitoyenneté? 654.
La réparation et la reconstruction du mur mitoyen sont à la charge de tous ceux qui y ont droit, 655.
Tout copropriétaire peut se dispenser d'y contribuer en renonçant à son droit. — Exception, 656.
Droit du copropriétaire relativement aux bâtisses qu'il peut faire contre le mur mitoyen, aux poutres et solives qu'il peut y faire placer, 657.
— Relativement à l'exhaussement et aux enfoncemens ou tous autres ouvrages qu'il voudroit faire faire, 658-659-662.

Comment le voisin qui n'a pas contribué à l'exhaussement peut en acquérir la non mitoyenneté, 660.

Comment tout propriétaire joignant un mur a la faculté de le rendre mitoyen en tout ou en partie, 661.

Dans les villes et faubourgs, chacun peut contraindre son voisin à contribuer aux constructions et réparations des clôtures qui les séparent. — De quelle hauteur doivent être ces clôtures, 663.

Mode de réparations et reconstructions aux maisons dont les différens étages appartiennent à divers propriétaires, 664.

Distance et ouvrages intermédiaires pour certaines constructions près d'un mur, 674.

Murs dans lesquels on peut ou non pratiquer des fenêtres ou ouvertures, 675-676. Voir *Distances*, *Fenêtres*.

MYSTIQUE. Voir *Testament*.

N.

NAISSANCE. A défaut de registres de l'état civil, manière de constater la naissance, 46.

La naissance doit être déclarée dans les trois jours de l'accouchement, 55.

Par qui la naissance doit être déclarée. — Rédaction de l'acte en présence de deux témoins, 56.

Enonciations que doit contenir l'acte de naissance, 57.

Ce que doit faire une personne qui trouve un enfant nouveau né. — Procès-verbal à dresser à ce sujet par l'officier de l'état civil, 58.

Forme de l'acte de naissance d'un enfant né pendant un voyage de mer. — Par qui il doit être rédigé, 59-60.

Envoi d'une expédition de l'acte de naissance à l'officier de l'état civil du domicile du père de l'enfant, 61.

L'acte de reconnaissance d'un enfant doit être inscrit sur les registres à sa date, et il doit en être fait mention en marge de l'acte de naissance, s'il en existe un, 62.

Les déclarations de naissance à l'armée, hors de France, doivent être faites dans les dix jours de l'accouchement, 92.

Envoi d'une expédition de l'acte de naissance à l'officier de l'état civil du dernier domicile du père de l'enfant, 93. Voir *Etat civil*.

NANTISSEMENT. Définition du nantissement, 2071.

Le nantissement d'une chose mobilière s'appelle *gage*, celui d'une chose immobilière s'appelle *antichrèse*, 2072. Voir *Antichrèse*, *Gage*.

NATION. Voir *Déshérence*, *Domaine public*.

La nation a une hypothèque légale sur les biens des receveurs et administrateurs comptables, 2121.

Elle est soumise à la prescription et peut l'opposer, 2227.

NATURALISATION en pays étranger fait perdre la qualité de Français, 17.

NAVIRES sont meubles, 531.

NEVEU ET NIÈCE. Le mariage est prohibé entre l'oncle et la nièce, la tante et le neveu, 163.

L'oncle et le neveu sont au troisième degré, 738.

Représentation des neveux et nièces dans les successions auxquelles ils sont appelés, 742.

NICHE. Voir *Statues*.

NOCES. Les frais de noces ne sont point sujets à rapport, 852.

NOMS. Les actes de l'état civil doivent énoncer les noms de tous les individus qui y sont dénommés, 34-57-58-63-71-73-76-79-81.

Un des principaux faits qui établissent la possession d'état est que l'individu porte le nom du pére auquel il prétend appartenir, 321.

Si un enfant a été inscrit sous de faux noms, la preuve de la filiation peut se faire par témoins, 323.

L'adopté ajoute à son nom celui de l'adoptant, 347.

NOTAIRES. Leurs fonctions relativement :

— Aux inventaires, comptes, partages et liquidations des absens qu'ils représentent, 113.

— Au divorce par consentement mutuel, 281-283.

— A la déclaration par laquelle un père nomme un conseil à la mère survivante et tutrice, 392.

— A la vente des immeubles d'un mineur, 397.

— Au partage qui intéresse un mineur, 466.

— A l'affiche dans leurs études des jugemens d'interdiction et de nomination d'un conseil, 501.

— A la vente des immeubles par licitation, 827-828-837.

— Aux donations entre-vifs, 931-932. Voir *Donations*.

— Aux testamens, 971-975-1007. Voir *Testamens.*
— A la révocation des testamens, 1035.
— Aux actes d'emprunt et de quittance de paiement, 1250.
— Aux conventions matrimoniales, 1394-1397.
— Au rétablissement de la communauté entre époux séparés, 1451.

Les notaires ne peuvent devenir cessionnaires des procès de la compétence du tribunal dans lequel ils exercent leurs fonctions, 1597.

Ils sont contraignables par corps pour la restitution des titres et deniers à eux confiés, 2060.

Actes dans lesquels il leur est défendu de stipuler la contrainte par corps, 2063.

NOTORIÉTÉ. Voir *Actes.*

NOURRITURE. Les frais de nourriture ne sont pas sujets à rapport, 852.

Pendant trois mois et quarante jours accordés à la veuve pour faire inventaire et délibérer, elle peut prendre sa nourriture et celle de ses domestiques sur la communauté, 1465. Voir *Alimens.*

NOVATION. Différentes manières d'opérer la novation, 1271.

Elle ne peut s'opérer qu'entre personnes capables de contracter, 1272.

Elle ne se présume point, 1273.

La novation par la substitution d'un nouveau débiteur peut s'opérer sans le concours du premier débiteur, 1274.

Cas où elle peut avoir lieu par la délégation, 1275.

Elle ne s'opère pas par la simple indication, 1277.

Priviléges et Hypothèques de l'ancienne créance. Cas où ils passent à la nouvelle, 1278.

Cas où ils ne peuvent point passer sur les biens du nouveau débiteur, 1279.

Cas où ils ne peuvent être réservés que sur les biens de celui qui contracte la nouvelle dette, 1280.

La novation libère-t-elle les débiteurs solidaires et les cautions? 1281.

NULLITÉ. Cas où les actes d'opposition au mariage sont nuls, 176.

Par qui peut être opposée la nullité des actes passés par la

femme non autorisée, 225. Voir *Autorisation*, *Communauté*.
Les obligations contractées par le mari à la charge de la communauté, et les aliénations par lui faites des immeubles qui en dépendent, sont nulles, 271.
Cas où tout traité passé entre le tuteur et le mineur devenu majeur, est nul, 472.
Cas où les actes passés par un interdit sont nuls, 502. Voir *Interdit*.
Stipulations qui annullent les donations, 943-944-945-965. Voir *Donations*.
Nullité des testamens non revêtus des formalités auxquelles ils sont assujettis, 1001.
— Des legs de choses appartenant à autrui, 1021.
— Des dispositions testamentaires au profit d'un incapable, 1039-1043. Voir *Testamens*.
— Des partages faits en contravention de la loi, 1078.
— Du défaut ou de l'invalidité du consentement dans les conventions, 1109-1110-1111.
— Des conditions impossibles ou contraires aux bonnes mœurs, 1172.
— Des obligations contractées sous une condition potestative de la part de celui qui s'oblige, 1174.
— Des obligations avec clauses pénales, 1227.
— Des obligations fondées sur la violence, l'erreur ou le dol. Voir *Contrats*, *Obligations*.
— Du rétablissement de la communauté entre époux sous des conditions différentes de celles qui la régloient antérieurement, 1451.
— De l'autorisation générale donnée à la femme, 1538.
— Des actes où l'on a stipulé la contrainte par corps contre le vœu de la loi, 2063.

O.

OBÉISSANCE est due par la femme au mari, 213.

OBLIGATIONS.

Nota. Au mot *Contrats*, nous avons analysé les chapitres qui traitent des conditions essentielles pour la validité des conventions, du consentement, de la capacité des parties contractantes, de l'objet et de la matière des contrats, de la cause, de l'obligation de donner, de l'obligation de faire ou de ne pas faire, des dommages et intérêts résultant de l'inexécution de l'obligation, de l'interprétation des conventions, des effets des conventions à l'égard des tiers. Nous allons analyser ici la suite du titre des contrats et obligations conventionnelles en général.

Définition de l'obligation conditionnelle, 1168.
— De la condition *casuelle*, 1170.
— De la condition *potestative*, 1171.
— De la condition *mixte*, 1172.
Nullité de la convention qui contient une condition d'une chose impossible, contraire aux bonnes mœurs, ou prohibée par la loi, 1173.
La condition de ne pas faire une chose impossible ne rend pas nulle l'obligation, 1173.
Nullité de toute obligation contractée sous une condition potestative de la part de celui qui s'oblige, 1174.
Toute condition doit être accomplie de la manière que les parties ont vraisemblablement voulu et entendu qu'elle le fût, 1175.
Cas où une obligation est contractée sous la condition qu'un événement arrivera dans un tems fixe, 1176.
Cas où une obligation est contractée sous la condition qu'un événement n'arrivera pas dans un tems fixé, 1177.
La condition est réputée accomplie lorsque c'est le débiteur, obligé sous cette condition, qui en a empêché l'accomplissement, 1178.
La condition accomplie a un effet rétroactif au jour auquel l'engagement a été contracté, 1179.
Le créancier peut, avant que la condition soit accomplie, exercer tous les actes conservatoires de son droit, 1180.
Définition de l'obligation contractée sous une condition suspensive. — De quel jour a-t-elle son effet, 1181.
Effet de l'obligation contractée sous une condition suspensive, 1182.
Définition et effet de la condition résolutoire, 1183.
La condition résolutoire est toujours sous-entendue dans les contrats synallagmatiques, pour le cas où l'une des deux parties ne satisfera point à son engagement. — La résolution doit être demandée en justice, 1184.
Définition de l'obligation à terme, 1185.
Ce qui n'est dû qu'à terme, ne peut être exigé avant l'échéance du terme, 1186.
Le terme est toujours présumé stipulé en faveur du débiteur. — Exception, 1187.
Cas où le débiteur ne peut plus réclamer le bénéfice du terme, 1188.
Le débiteur d'une obligation alternative est libéré par la déli-

vrance de l'une des deux choses comprises dans l'obligation, 1189.

Le choix appartient au débiteur, s'il n'a pas été expressément accordé au créancier, 1190.

Le débiteur ne peut pas forcer le créancier à recevoir une partie de l'une des deux choses promises, et une partie de l'autre, 1191.

L'obligation est pure et simple, quoique contractée d'une manière alternative, si l'une des deux choses promises ne pouvait être le sujet de l'obligation, 1192.

Cas où l'obligation alternative devient pure et simple, 1193.

Aux risques de qui sont les choses promises d'une manière alternative, 1193-1194-1195-1196.

De la solidarité entre les créanciers et de la part des débiteurs. Voir *Solidarité.*

Définition des obligations divisibles et indivisibles, 1217-1218.

La solidarité stipulée ne donne point à l'obligation le caractère d'indivisibilité, 1219.

La divisibilité n'a lieu q[illegible] égard des héritiers du créancier ou du débiteur, 1220.

Cas d'exception à l'égard des héritiers du débiteur, 1221.

Le débiteur ne peut point forcer le créancier à recevoir en partie le paiement d'une dette même divisible, 1224.

Chacun de ceux qui ont contracté conjointement une dette indivisible, en est tenu pour le total, encore que l'obligation n'ait pas été contractée solidairement, 1222.

Il en est de même à l'égard des héritiers de celui qui a contracté une pareille obligation, 1223.

Chaque héritier du créancier peut exiger en totalité l'exécution de l'obligation indivisible. — Il ne peut seul faire la remise de la totalité de la dette, ni recevoir seul le prix au lieu de la chose, 1224.

L'héritier du débiteur assigné pour la totalité de l'obligation peut demander un délai pour mettre en cause ses cohéritiers. — Exception, 1225.

Définition de la clause pénale dans une obligation, 1226.

La nullité de l'obligation principale entraîne celle de la clause pénale. — La nullité de celle-ci n'entraîne point celle de l'obligation principale, 1227.

Le créancier, au lieu de demander la peine stipulée, peut poursuivre l'exécution de l'obligation principale, 1228.

Le

Le créancier ne peut demander en même tems le principal et la peine, à moins qu'elle n'ait été stipulée pour le simple retard, 1229.

La peine n'est encourue que lorsque celui qui s'est obligé soit à livrer, soit à prendre, soit à faire, est en demeure, 1230.

La peine peut être modifiée par le juge lorsque l'obligation principale a été exécutée en partie, 1231.

Cas où l'obligation primitive contractée avec une clause pénale est d'une chose indivisible, 1232.

Cas où l'obligation primitive contractée sous une peine est divisible, 1233.

Les obligations s'éteignent par le paiement. Voir *Cession de biens*, *Consignation*, *Offres de paiement*, *Paiement*, *Subrogation*.

— Par la novation. Voir *Novation*.

— Par la remise de la dette. Voir *Remise*.

— Par la compensation. Voir *Compensation*.

— Par la confusion. Voir *Confusion*.

— Par la perte de la chose due. Voir *Perte*.

— Par la nullité ou la rescision. Voir *Nullité*, *Rescision*.

De la preuve des obligations et de celle du paiement, 1315. Voir *Actes*, *Aveu*, *Copies de titres*, *Présomptions*, *Preuve testimoniale*, *Registres*, *Tailles*, *Titre authentique*.

Obligations qui naissent des engagemens sans conventions. Voir *Quasi-Contrats*.

Obligations qui résultent des délits et quasi-délits. Voir *Délits*.

OBSCUR. Voir *Ambigu*.

OFFICIER DE L'ÉTAT CIVIL. Voir *Décès*, *Etat civil*, *Mariage*, *Naissance*.

OFFICIERS MINISTÉRIELS. Si dans un acte d'opposition au mariage, ils ne remplissent pas les formalités prescrites par la loi, ils encourent la peine d'interdiction, 176.

Ils font les offres réelles, 1258.

OFFICIERS MUNICIPAUX peuvent recevoir les testamens dans les lieux avec lesquels toute communication est interceptée, 985. Voir *Communes*.

OFFICIERS DE POLICE constatent les indices de mort

violente, en dressent procès-verbal et l'envoient à l'officier de l'état civil, 81-82. Voir *Décès*.

OFFICIERS PUBLICS. Foi due aux copies des titres délivrées par les officiers publics, 1335.

Ne peuvent se rendre adjudicataires des biens nationaux dont la vente se fait par leur ministère, 1596.

Sont contraignables par corps pour la représentation de leurs minutes, 2060.

OFFICIERS DE SANTÉ. Ceux des armées peuvent recevoir les testamens des militaires, 982-983.

Ils sont créanciers privilégiés, 2101. Voir *Docteurs*, *Médecins*.

OFFRES RÉELLES. Quand elles sont suivies de consignation, libèrent le débiteur, 1257.

Comment elles doivent être faites pour être valables, 1258.

Ce que doit faire le débiteur, si la chose due a un corps certain qui doit être livré au lieu où il se trouve, 1264. Voir *Consignation*.

OLOGRAPHE. Voir *Testament*.

ONCLE ET TANTE. L'oncle et le neveu sont au troisième degré, 738. Voir *Mariage*.

ONÉREUX (Contrat). Sa définition, 1106. Voir *Contrats*.

OPPOSITION. Le paiement fait au préjudice d'une opposition n'est pas valable à l'égard de l'opposant, 1242.

Le dépôt ne peut être remis au déposant, s'il existe une opposition entre les mains du dépositaire, 1944.

OPPOSITION AU MARIAGE. Voir *Mariage*.

OPPOSITION A LA LEVÉE DES SCELLÉS. Voir *Scellés*.

ORDRE entre les créanciers est réglé par les lois sur la procédure, 2218.

ORDRE PUBLIC. La cause du contrat est illicite quand elle est contraire à l'ordre public, 1133. Voir *Lois*.

ORIGINAUX DES TITRES. Cas où ils doivent être représentés, 1334.

ORNEMENS. Cas où les ornemens d'appartemens sont immeubles, 525.

Cas où l'usufruitier peut les faire enlever, 599.

OUTILS. Voir *Instrumens, Ustensiles.*

OUVERTURES ne peuvent être pratiquées dans le mur mitoyen sans le consentement du voisin, 675.

OUVRAGES. Voir *Constructions, Devis et Marchés.*

OUVRIERS. Les ouvriers majeurs qui travaillent chez autrui y ont leur domicile, 109.

Cas où ils ont un privilége sur les immeubles auxquels ils ont travaillé, 2103. Voir *Devis et Marchés, Gens de travail.*

P.

PACAGE. Le droit de pacage est du nombre des servitudes discontinues, 688.

PAIEMENT. Tout paiement suppose une dette. Ce qui a été payé sans être dû est sujet à répétition. — Exception, 1235.

Par qui le paiement peut être fait, 1236.

Cas où il ne peut être fait par un tiers contre le gré du créancier, 1237.

Cas où il est valable quoique fait par celui qui n'était ni propriétaire de la chose, ni capable de l'aliéner, 1238.

Le paiement doit être fait au créancier, 1239.

Le paiement fait de bonne foi à celui qui est en possession de la créance est valable, encore que le possesseur en soit par la suite évincé, 1240.

Le paiement fait au créancier n'est point valable, s'il étoit incapable de le recevoir, à moins qu'il ne soit prouvé que la chose payée a tourné à son profit, 1241.

Le paiement fait au préjudice d'une saisie ou d'une opposition n'est pas valable à l'égard des créanciers saisissans ou opposans, 1242.

Le créancier ne peut être contraint de recevoir une autre chose que celle qui lui est due, 1243.

Le débiteur ne peut point forcer le créancier à recevoir en partie le paiement d'une dette même divisible, 1244.

Où le paiement doit être fait, 1247.

Les frais du paiement sont à la charge du débiteur, 1248.

Le débiteur de plusieurs dettes a le droit de déclarer, lorsqu'il paie, quelle dette il entend acquitter, 1253.

Il ne peut imputer sur le capital par préférence aux arrérages ou intérêts, 1254.

Cas où le créancier a fait l'imputation par sa quittance, 1255.

Cas où la quittance ne porte aucune imputation, 1256.

Paiement avec subrogation. Voir *Subrogation.*

PAILLES. Cas où elles sont censées immeubles par destination, 524.

Le fermier sortant doit laisser à son successeur les pailles de l'année, 1778.

PAPETERIES. Cas où les ustensiles nécessaires à leur exploitation sont immeubles par destination, 524.

PAPIERS DOMESTIQUES. Cas où ils peuvent servir à prouver les naissances, mariages et décès, 46.

Quand peuvent-ils servir de commencement de preuve par écrit en matière de filiation, 324.

Foi que font les papiers domestiques contre celui qui les écrit, 1331.

Cas où ils peuvent tenir lieu de l'inventaire que le mari est tenu de faire faire des successions échues aux époux en communauté, 1415.

PARAPHERNAUX. Sous le régime dotal, les biens de la femme non constitués en dot sont paraphernaux, 1574.

Si tous les biens de la femme sont paraphernaux, elle contribue aux charges du mariage jusqu'à concurrence du tiers de ses revenus, s'il n'y a pas dans le contrat de convention à ce sujet, 1575.

La femme a l'administration et la jouissance de ses biens paraphernaux, mais elle ne peut les aliéner, ni paraître en justice en raison desdits biens, sans y être autorisée, 1576.

Obligations du mari qui administre avec procuration les biens paraphernaux de sa femme, 1577.

Cas où le mari en a joui sans mandat, mais sans opposition de la part de sa femme, 1578.

Cas où il en a joui malgré l'opposition constatée de la femme, 1579.

Le mari qui jouit des biens paraphernaux est tenu de toutes les obligations de l'usufruitier, 1580. Voir *Dot.*

PARCOURS. Le propriétaire qui veut se clorre perd son droit au parcours et vaine pâture, en proportion du terrein qu'il y soustrait, 648.

PARENS. Le concours des deux plus proches parens paternels est nécessaire à la mère qui veut faire détenir son enfant, 381.

Les parens forment le conseil de famille convoqué pour nommer un tuteur à un mineur, et délibérer sur ses intérêts, 406.

Voir *Divorce*, *Emancipation*, *Interdiction*, *Mariage*, *Témoins*, *Tutelle*.

PARI. La loi n'accorde aucune action pour le paiement d'un pari, 1965.

Exception, 1966.

Le perdant ne peut répéter ce qu'il a volontairement payé, s'il n'y a eu dol, 1967.

PARTAGE. Délai après lequel on peut demander le partage des biens de l'absent, 129.

Formalités nécessaires pour que le partage obtienne à l'égard du mineur tout l'effet qu'il aurait entre majeurs, 466.

Le partage s'opère par souche dans tous les cas où la représentation a lieu, 743.

Le partage peut toujours être provoqué, nonobstant prohibitions et conventions contraires, 815.

Le partage peut être demandé, même quand l'un des cohéritiers aurait joui séparément de partie des biens de la succession, s'il n'y a prescription, 816.

L'action en partage, à l'égard des cohéritiers mineurs ou interdits, peut être exercée par leurs tuteurs. — A l'égard des cohéritiers absens, l'action appartient aux parens envoyés en possession, 817.

Cas où le mari peut, sans le concours de sa femme, provoquer le partage des objets à elle échus qui tombent dans la communauté, 818.

Les cohéritiers de la femme ne peuvent provoquer le partage définitif qu'en mettant en cause le mari et la femme, *Même article*.

Si tous les héritiers sont présens et majeurs, le partage peut être fait par tel acte que les parties jugent convenable. — Cas où tous les héritiers ne sont pas présens, et où il y a parmi eux des mineurs ou des interdits, 819.

Devant quel tribunal se poursuivent les actions relatives au partage, à la garantie des lots, à la rescision et aux licitations, 822.

Cas où le tribunal commet un des juges pour les opérations du partage, 823.

L'estimation des immeubles est faite par experts. Forme de leur procès-verbal, 824.

L'estimation des meubles, s'il n'y a pas eu de prisée faite dans un inventaire, doit être faite par gens à ce connaissant, à juste prix et sans crue, 825.

Chacun des cohéritiers peut demander sa part en nature des meubles et immeubles de la succession, 826.

Si les immeubles ne peuvent pas se partager commodément, il doit être procédé à la vente par licitation devant le tribunal. Elle peut se faire pardevant notaire, si toutes les parties sont majeures, 827.

Après que les meubles et immeubles ont été vendus, le juge renvoie les parties devant un notaire, pour procéder devant lui à la formation de la masse générale, à la composition des lots, et aux fournissemens à faire à chacun des copartageans, 828.

Chaque cohéritier fait rapport à la masse des dons qui lui ont été faits, et des sommes dont il est débiteur, 829.

Si le rapport n'est pas fait en nature, les cohéritiers à qui il est dû, prélèvent une portion égale sur la masse de la succession. Mode des prélèvemens, 830.

Après ces prélévemens, il est procédé, sur ce qui reste dans la masse, à la composition des lots, 831.

Formation et composition des lots. 832.

L'inégalité des lots en nature se compense par un retour, soit en rente, soit en argent, 833.

Par qui les lots sont faits. Tirage au sort, 834.

Avant le tirage des lots, chaque copartageant est admis à proposer ses réclamations, 835.

Les règles établies pour la division des masses à partager, sont également observées dans la subdivision à faire entre les souches copartageantes, 836.

Ce que doit faire le notaire si, dans les opérations renvoyées devant lui, il s'élève des contestations, 837.

Comment doit être fait le partage, si tous les héritiers ne sont pas présens, ou s'il y a parmi eux des interdits, ou des mineurs, même émancipés, 838.

S'il y a lieu à licitation, dans le cas du précédent article, comment elle doit être faite. 839.

Cas où les partages sont définitifs ou seulement provisionnels, 840.
Toute personne qui aurait acquis un droit à la succession, peut être écartée du partage, soit par tous les cohéritiers, soit par un seul, en lui remboursant le prix de la cession, 841.
Comment la remise des titres doit être faite à chacun des copartageans, 842.
Chaque cohéritier est censé avoir succédé seul à tous les effets compris en son lot, et n'avoir jamais eu la propriété des autres effets de la succession, 883. Voir *Lots.*
Comment les cohéritiers contribuent aux dettes et charges de la succession. Voir *Dettes.*
De la rescision en matière de partage. Voir *Rescision.*
Les père et mère et autres ascendans peuvent faire entre leurs enfans et descendans le partage de leurs biens, 1075.
Les partages peuvent être faits par actes entre-vifs ou testamentaires; ceux par actes entre-vifs ne peuvent avoir pour objets que les biens présens, 1076.
Les autres biens non compris dans ce partage se partagent conformément à la loi, 1077.
Si le partage n'est pas fait entre tous les enfans et descendans, il est nul, 1078.
Causes pour lesquelles le partage fait par un ascendant peut être attaqué, 1079.
L'enfant qui l'attaque est tenu de faire les avances des frais, 1080.
Partage de la communauté entre époux, 1468 et suivans. Voir *Ameublissement*, *Communauté.*
Mode de partage des fruits des immeubles dotaux, à la dissolution du mariage, 1571.
Les règles à observer à l'égard du partage de société, sont les mêmes que celles concernant le partage des successions, 1872. Voir au surplus *Licitation.*

PASSAGE. L'usufruitier jouit du droit de passage, 597.
Cas où l'on peut avoir un droit de passage sur le fonds voisin, à la charge d'une indemnité, 682.
De quel côté le passage doit être pris, 683-684.
L'action en indemnité est prescriptible, et le passage doit être continué, quoique l'action ne soit plus recevable, 685.
La servitude de puiser de l'eau à la fontaine d'autrui emporte le droit de passage, 696.

Cas où tous les copropriétaires d'un fonds divisé et sujet à une servitude de passage, sont obligés de l'exercer par le même endroit, 700.

PASSIF. Voir *Communauté, Dettes.*

PATERNITÉ ne peut être recherchée. — Modification à cette règle, 340. Voir *Adultérins, Enfans naturels, Filiation, Incestueux.*

PATURE. Voir *Parcours.*

PAUVRES. Les dispositions faites à leur profit n'ont d'effet qu'autant qu'elles sont autorisées par le Gouvernement, 910.

Mode de leur acceptation, 937.

PAVÉS. Leur réparation est à la charge du locataire, 1754.— Exception, 1755.

PAYS ÉTRANGERS. Cas où les jugemens rendus en pays étrangers emportent hypothèque, 2123. Voir *Etat civil, Lois, Mariage, Testamens.*

PÊCHE. La faculté de pêcher est réglée par des lois particulières, 715.

PEINES contre les Français qui portent les armes contre la patrie, 21.

Contre les auteurs d'altération ou de faux dans les actes de l'état civil, 52.

Contre celui qui manque d'exécuter une transaction, 2047. Voir *Condamnations.*

PENDULES font partie des meubles meublans, 534.

PENSION. Voir *Maîtres.*

PENSIONS. Voir *Arrérages, Divorce.*

PÉPINIÈRE. Les arbres qu'on peut en tirer sans la dégrader, font partie de l'usufruit, à la charge du remplacement, 590.

PÈRES sont responsables du dommage causé par leurs enfans mineurs, 1384. Voir *Adoption, Alimens, Communauté, Contrat de mariage, Décès, Divorce, Donation, Dot, Emancipation, Etat civil, Filiation, Mariage, Mère, Naissance, Partage, Succession, Tutelle, Usufruit.*

PERPÉTUELLE DEMEURE. Voir *Immeubles.*

PERTE. L'usufruit s'éteint par la perte totale de la chose sur laquelle l'usufruit est établi, 617.

Dommages intérêts auxquels les pertes donnent lieu, 1149-1151-1153.

Sur qui tombe la perte des choses promises sous une alternative, 1194-1195-1196.

Comment les débiteurs solidaires sont tenus de la perte de la chose due, 1205.

L'obligation s'éteint par la perte de la chose qui en est l'objet, si la chose a péri ou a été perdue sans la faute du débiteur. — Ce dernier est obligé de prouver le cas fortuit qu'il allègue, 1302.

S'il y a quelques droits ou actions en indemnité par rapport à la chose perdue, le débiteur est tenu de les céder à son créancier, 1303.

Responsabilité relativement à la perte d'une chose indûment reçue, 1379.

Circonstance où la perte de la dot tombe uniquement sur la femme, 1573.

Sur qui tombe la perte de la chose vendue et non livrée, 1624.

— Celle de la chose louée, 1732.

— Lorsque l'ouvrier s'est chargé de fournir la matière, 1788.

— Lorsque l'ouvrier fournit seulement son travail, 1789.

La stipulation qui affranchit un ou plusieurs associés de toute contribution aux pertes, est nulle, 1855.

Perte en matière de baux. Voir *Baux*.

— De cheptel. Voir *Cheptel*.

— De gage. Voir *Gage*.

— De mandat. Voir *Mandat*.

— De prêt. Voir *Prêt*.

PESTE. Comment peuvent se faire les testamens dans les lieux où toute communication est interceptée par la peste, 985-986.

PHARMACIENS ne peuvent profiter que des dispositions remunératoires, 909.

PIÈCES. La transaction faite sur pièces qui depuis ont été reconnues fausses, est entièrement nulle, 2055.

PIERRERIES. Voir *Meubles*.

PIGEONS. Cas où ils sont immeubles, 524.

Ils appartiennent au propriétaire du colombier où ils passent, s'ils n'y ont pas été attirés par fraude et artifice, 564.

PLACES DE GUERRE. Les portes, murs, fossés et remparts des places de guerre font partie du domaine public, 540.

Cas où les terrains, les fortifications, les remparts des places qui ne sont pas places de guerre, appartiennent à la nation, 541.

PLAINTES. La plainte en faux principal suspend l'exécution de l'acte argué de faux, 1319.

PLANCHERS. A la charge de qui sont les planchers d'une maison à plusieurs étages et appartenant à diverses personnes, 664.

PLANCHES DE CLOISON. Les réparations locatives sont celles à faire aux planches de cloison. — Exception, 1754.

PLANTATIONS que le propriétaire a le droit de faire sur son fonds, 552.

Droit du propriétaire relativement aux plantations existantes sur sa chose, 553.

Le propriétaire du sol qui a fait des plantations avec des matériaux qui ne lui appartenaient pas, doit en payer la valeur. — Le propriétaire des matériaux n'a pas le droit de les enlever, 554.

Cas où les plantations ont été faites par un tiers et avec ses matériaux, 555.

PLATRE. Les objets mobiliers scellés à plâtre sont censés avoir été attachés au fond à perpétuelle demeure, 525.

PLUIES. Voir *Eaux*.

POIDS. Effet de la vente faite au poids, 1585.

POISSONS. Les poissons des étangs sont immeubles, 524.

Les poissons qui passent dans un autre étang appartiennent au propriétaire de cet étang, s'ils n'y ont pas été attirés par fraude et artifice, 564.

POLICE. Voir *Lois*.

POLICE CORRECTIONNELLE. Le code civil ne déroge point aux lois qui ordonnent la contrainte par corps en matière de police correctionnelle, 2070.

PORCELAINES qui font ou ne font pas partie des meubles meublans, 534.

PORTES. Sont réparations locatives celles à faire aux portes. — Exception, 1754. Voir *Forteresses*, *Places de Guerre*.

PORTS font partie du domaine public, 538.

POSSESSEUR. Le possesseur provisoire des biens d'un absent ne peut ni les aliéner ni les hypothéquer, 128.

POSSESSEUR DE BONNE FOI. Voir *Bonne Foi*.

POSSESSION. La possession d'une chose peut être l'objet d'un contrat, 1127.

La possession appuyée d'actes recognitifs peut dispenser de la représentation du titre primordial, 1337.

Définition de la possession, 2228. Voir *Envoi en possession*, *Prescription*, *Servitudes*.

POSSESSION D'ÉTAT. Voir *Etat*, *Mariage*.

POSTHUME. La survenance d'un enfant posthume révoque les donations, 960-966.

POTESTATIVE. Effets de la condition potestative, 1170.

POURSUITES. Voir *Actions*, *Contrainte par corps*, *Expropriations*, *Hypothèques*.

POUTRES. Le rétablissement des poutres fait partie des grosses réparations à la charge du propriétaire du fonds sujet à l'usufruit, 606.

Comment le propriétaire d'un mur mitoyen peut y faire placer des poutres, 657.

POUVOIRS. Voir *Mandant*, *Mandataire*.

PRÉ. Le bail d'un pré fait sans écrit est censé fait pour un an, 1774.

PRÉCIPUT. Les dons et legs ne sont point sujets à rapport, s'ils ont été faits par préciput, 843-919.

La femme qui renonce à la communauté n'a pas droit au préciput, à moins qu'il n'y ait dans le contrat de mariage clause expresse à ce sujet. — Sur quels biens s'exerce le préciput, 1515.

Le préciput n'est point sujet aux formalités des donations, 1516.

La mort naturelle ou civile donne ouverture au préciput, 1517.

Comment se conservent les droits au préciput au profit de

l'époux qui a obtenu le divorce ou la séparation de corps, 1518.

Les créanciers de la communauté ont toujours le droit de faire vendre les effets compris dans le préciput, 1519.

PRÉFÉRENCE. Voir *Priviléges.*

PRÉFETS sont dispensés de la tutelle, 427.

PRÉLÈVEMENS. En matière de partage de succession, les prélèvemens se font autant que possible en objets de même nature, qualité et bonté que les objets non rapportés, 830.

Cas où les époux doivent prélever sur les biens de la communauté le prix de leurs biens vendus, 1433.

Autres prélèvemens à faire lors du partage de la communauté, 1470.

Les prélèvemens de la femme s'exercent avant ceux du mari, 1471.

Après que tous les prélèvemens des deux époux ont été exécutés sur la masse, le surplus se partage, 1474. Voir *Apports, Reprises.*

PRENEUR DE BAIL. Voir *Baux.*

PRÉPOSÉS. Voir *Commettans, Mandataires.*

PRESCRIPTION. La prescription de la peine ne fait point recouvrer les droits civils, 32.

Délais pour la prescription;

— Des actions en pétition d'hérédité et autres droits qui compètent à l'absent ou à ses représentans, 137.

— De l'action en réclamation d'état de l'enfant, 330.

— De l'action du mineur contre son tuteur, 475.

— De l'usufruit, 617.

— Du droit d'user d'une servitude, 706-707-708.

La propriété s'acquiert par la prescription, 712.

La faculté d'accepter ou de répudier une succession se prescrit par le laps de tems requis pour la prescription la plus longue des droits immobiliers, 789.

Le recours des créanciers non opposans en matière de succession bénéficiaire, se prescrit par trois ans à l'égard des légataires, 809.

Le donataire ne peut opposer la prescription pour faire valoir la donation révoquée par la survenance d'enfant, qu'après une possession de trente années, 966.

L'interruption de la prescription, à l'égard d'un des créanciers, profite aux autres, 1199.

Les poursuites faites contre l'un des débiteurs solidaires, interrompent la prescription à l'égard de tous, 1206.

De la prescription relativement aux immeubles dotaux aliénés, 1560-1561-1562.

Les priviléges et hypothèques s'éteignent par la prescription, 2180.

Définition de la prescription, 2219.

On ne peut d'avance renoncer à la prescription : on peut renoncer à la prescription acquise, 2220.

La renonciation à la prescription est expresse ou tacite : la renonciation tacite résulte d'un fait qui suppose l'abandon du droit acquis, 2221.

Celui qui ne peut aliéner, ne peut renoncer à la prescription acquise, 2222.

Les juges ne peuvent pas suppléer d'office le moyen résultant de la prescription, 2223.

Elle peut être opposée en tout état de cause, même devant le tribunal d'appel. — Exception, 2224.

Les créanciers, ou tout autre personne ayant intérêt à ce que la prescription soit acquise, peuvent l'opposer, 2225.

On ne peut prescrire le domaine des choses qui ne sont point dans le commerce, 2226.

La nation, les établissemens publics et les communes sont soumis aux mêmes prescriptions que les particuliers, et peuvent également les opposer, 2227.

Définition de la possession, 2228.

Pour pouvoir prescrire, il faut une possession continue et non interrompue, paisible, publique, non équivoque, et à titre de propriétaire, 2229.

On est toujours présumé posséder pour soi, si le contraire n'est prouvé, 2230.

Quand on a commencé à posséder pour autrui, on est toujours présumé posséder au même titre, s'il n'y a preuve du contraire, 2231.

Les actes de pure faculté et ceux de simple tolérance ne peuvent fonder ni possession ni prescription, 2232.

Les actes de violence ne peuvent fonder non plus une possession capable d'opérer la prescription, 2233.

Le possesseur actuel qui prouve avoir possédé anciennement,

est présumé avoir possédé dans le tems intermédiaire, sauf la preuve contraire, 2234.
Pour completter la prescription, on peut joindre à sa possession celle de son auteur, 2235.
Ceux qui possèdent pour autrui ni leurs héritiers ne prescrivent jamais, par quelque laps de tems que ce soit, 2236
Ceux à qui les fermiers, dépositaires et autres détenteurs précaires ont transmis la chose par un titre translatif de propriété, peuvent la prescrire, 2239.
En quel sens on ne peut pas prescrire contre son titre, 2240
En quel sens on peut prescrire contre son titre, 2241
La prescription peut être interrompue ou naturellement ou civilement, 2242.
Cas où il y a interruption naturelle, 2243.
Acte qui forme l'interruption civile, 2244 2245.
La citation en justice donnée, même devant un juge incompétent, interrompt la prescription, 2246.
Cas où l'interruption est regardée comme non avenue, 2247
La prescription est interrompue par la reconnaissance que le débiteur ou le possesseur fait du droit de celui contre lequel il prescrivait, 2248.
Comment s'interrompt la prescription contre plusieurs débiteurs solidaires et contre leurs héritiers, 2249.
L'interpellation faite au débiteur principal, ou sa reconnaissance, interrompt la prescription contre la caution, 2250
La prescription court contre toutes personnes, 2251.
Elle ne court pas contre les mineurs et les interdits. — Exception, 2252.
Elle ne court point Entre époux, 2253.
Elle court contre la femme mariée, même séparée, 2254. — Exception, 2255.
Cas où la prescription est pareillement suspendue pendant le mariage, 2256.
Quand la prescription court-elle à l'égard d'une créance qui dépend d'une condition, à l'égard d'une action en garantie, à l'égard d'une créance à jour fixe. 2257.
La prescription ne court pas contre l'héritier bénéficiaire, à l'égard des créances qu'il a contre la succession; elle court contre une succession vacante, quoique non pourvue de curateur, 2258.
Elle court encore pendant les trois mois pour faire inventaire, et les quarante jours pour délibérer, 2259.

La prescription se compte par jours et non par heures. A quelle époque elle est acquise, 2260.
Dans les prescriptions, comment les jours complémentaires sont-ils comptés ? 2261.
Toutes les actions, tant réelles que personnelles, sont prescrites par trente ans, 2262.
Quand le débiteur d'une rente peut être contraint à fournir à ses frais un titre nouvel à son créancier, 2263.
Cas où celui qui acquiert de bonne foi et par juste titre un immeuble, en prescrit la propriété par dix ans ou par vingt ans, 2265.
Cas où le véritable propriétaire a eu son domicile en différens tems, dans le ressort et hors du ressort du tribunal de la situation des immeubles, 2266.
Le titre nul par défaut de forme, ne peut servir de base à la prescription de dix et vingt ans, 2267.
La bonne foi est toujours présumée, et c'est à celui qui allègue la mauvaise foi à la prouver, 2268.
Il suffit que la bonne foi ait existé au moment de l'acquisition, 2269.
Après dix ans, l'architecte et les entrepreneurs sont déchargés de la garantie des gros ouvrages qu'ils ont faits ou dirigés, 2270.
Actions qui se prescrivent par six mois, 2271.
Actions qui se prescrivent par un an, 2272.
L'action des avoués se prescrit par deux ans et par cinq ans, 2273.
La prescription, dans les cas des articles 2271, 2272, a lieu quoiqu'il y ait eu continuation de fournitures, livraisons, services et travaux. Elle ne cesse de courir que lorsqu'il y a eu compte arrêté, cédule ou obligation, ou citation en justice non périmée, 2274.
Dans quel cas et à qui peut être déféré le serment pour cause de prescription, 2275.
Délais après lesquels les juges, avoués et huissiers sont déchargés des pièces, 2276.
Tout ce qui est payable par année, ou à des termes périodiques plus courts, se prescrit par cinq ans, 2277.
Les prescriptions courent contre les mineurs et les interdits, sauf leur recours contre leurs tuteurs, 2278.
En fait de meubles, la possession vaut titre, néanmoins celui

qui a perdu ou auquel il a été volé une chose, peut la revendiquer pendant trois ans, 2279.

Cas où le propriétaire originaire ne peut se la faire rendre qu'en remboursant au possesseur le prix qu'elle lui a coûté, 2280.

Comment doivent être réglées les prescriptions commencées à l'époque de la publication du présent titre, 2281.

PRÉSENS DE NOCES ne sont pas sujets à rapport, 852.

PRÉSIDENS DES TRIBUNAUX. Voir *Tribunaux*.

PRÉSOMPTIONS. Cas où elles servent à admettre la preuve de filiation, 323.

De la présomption de survie, 720.

Définition de la présomption, 1349.

Actes et faits auxquels est attachée la présomption légale, 1350.

Choses nécessaires pour que l'autorité de la chose jugée ait lieu, 1351.

La présomption légale dispense de toute preuve celui au profit de qui elle existe. — Nulle preuve n'est admise contre elle, 1352.

Dans quel cas le magistrat doit admettre les présomptions non établies par la loi, 1353.

PRESSOIRS. Quand sont-ils immeubles? 524.

PRESTATIONS. Les prestations en grains ou en denrées peuvent se compenser avec des sommes liquides et exigibles, 1291.

PRÊT. Ses différentes espèces, 1874.

PRÊT A USAGE. Sa définition, 1875.

Ce prêt est essentiellement gratuit, 1876.

Le prêteur demeure propriétaire de la chose prêtée, 1877.

Tout ce qui est dans le commerce, et qui ne se consomme pas par l'usage, peut être l'objet de ce prêt, 1878.

Les engagemens qui se forment par le commodat, passent aux héritiers de celui qui prête, et aux héritiers de celui qui emprunte. — Exception, 1879.

Obligation de l'emprunteur, 1880.

Cas où il est tenu de la perte arrivée, même par cas fortu, 1881-1882-1883.

Cas où il n'est pas tenu de la détérioration, 1884.

L'emprunteur ne peut pas retenir la chose par compensation de ce que le prêteur lui doit, 1885.

Si, pour user de la chose, l'emprunteur a fait quelque dépense, il ne peut pas la répéter, 1886.

Si plusieurs ont conjointement emprunté la même chose, ils en sont solidairement responsables envers le prêteur, 1887.

Quand la chose prêtée peut être retirée, 1888–1889.

Dépenses que le prêteur est tenu de rembourser à l'emprunteur, 1890.

Cas où le prêteur est responsable des défauts de la chose prêtée, 1891.

PRÊT DE CONSOMMATION. Définition, 1892.

Par l'effet de ce prêt, l'emprunteur devient le propriétaire de la chose prêtée, et c'est pour lui qu'elle périt, 1893.

Choses qu'on ne peut pas donner à titre de prêt de consommation, comme les animaux, etc., 1894.

Mode de restitution d'un prêt en argent, 1895.

Mode de restitution d'un prêt fait en lingots ou en denrées, 1896-1897.

Dans le prêt de consommation, le prêteur est tenu de la responsabilité établie par l'article 1891 pour le prêt à usage, 1898.

Le prêteur ne peut pas redemander les choses prêtées, avant le terme convenu, 1899.

Cas où le juge peut accorder à l'emprunteur un délai pour la restitution, 1900-1901.

L'emprunteur est tenu de rendre les choses prêtées, en même quantité et qualité, et au terme convenu, 1902.

S'il est dans l'impossibilité d'y satisfaire, comment est-il tenu d'en payer la valeur? 1903.

Si l'emprunteur ne rend pas les choses prêtées, il en doit l'intérêt du jour de la demande en justice, 1904.

PRÊT A INTÉRÊT. Définition, 1905.

L'emprunteur qui a payé des intérêts qui n'étaient pas stipulés, ne peut ni les répéter ni les imputer sur le capital, 1906.

L'intérêt est légal ou conventionnel. L'intérêt légal est fixé par la loi. L'intérêt conventionnel peut excéder celui de la loi toutes les fois que la loi ne le prohibe pas, 1907.

La quittance du capital donnée sans réserve des intérêts, en fait présumer le paiement, 1908.

Dans quel cas le prêt prend le nom de *constitution de rente* ? 1909.

Cette rente peut être constituée en perpétuel ou en viager, 1910.

La rente constituée en perpétuel est essentiellement rachetable. On peut cependant convenir que le rachat ne sera pas fait avant un délai qui ne pourra excéder dix ans, 1911.

Cas où le débiteur d'une rente constituée en perpétuel peut être contraint au rachat, 1912.

Le capital de la rente constituée en perpétuel devient exigible en cas de faillite ou de déconfiture du débiteur, 1913.

Les règles concernant les rentes viagères sont établies au titre *des Contrats aléatoires*, 1914.

PRÊT A GROSSE AVENTURE est un contrat aléatoire, 1964.

PRÊTEUR PRIVILÉGIÉ. Voir *Hypothèques*, *Priviléges.*

PRÊTEUR A USAGE. Voir *Prêt à usage.*

PRÊTRES. Voir *Ministres du culte.*

PREUVE. Cas où la preuve par témoins est admise à l'égard des mariages, naissances et décès, 46.

Ce qui constitue la preuve de l'intention de changer de domicile, 104.

Comment se prouve la filiation des enfans légitimes, 319.

Quand la preuve de filiation peut se faire par témoins, 323-324, 341.

Preuve nécessaire pour établir la novation, 1273.

— La remise de la dette de la part du créancier, 1282.

— L'existence des cas fortuits, 1302.

Preuve à fournir de l'obligation de la part du demandeur. — De la libération de la part de l'obligé, 1315.

Les énonciations étrangères à la disposition d'un acte ne peuvent servir que d'un commencement de preuve, 1320.

Preuve résultante des registres des marchands, 1329.

— Des livres des marchands, 1330.

— Des registres et papiers domestiques, 1331.

— Des écritures mises par le créancier au dos, ou en marge ou à la suite du titre, 1332.

— Des copies et expéditions des titres, 1335 1336.

La preuve testimoniale n'est point admise pour objets excédant 150 francs, ni contre et outre le contenu aux actes, 1341 1834.

Cette règle reçoit son application lorsque la demande d'intérêts réunis au capital excède 150 francs, 1342.

— Lorsque le demandeur, après avoir formé une demande excédant 150 francs, restreint à cette somme sa demande primitive, 1343.

— Lorsque ce qui est demandé est le restant d'une créance excédant 150 francs, 1344.

— Lorsque plusieurs demandes réunies ensemble excèdent 150 francs, 1345.

Exceptions, 1345 - 1347 - 1348.

Définition du commencement de preuve par écrit, 1347.

Preuve résultante du serment, 1365.

Preuves qui peuvent suppléer : — L'inventaire des successions échues aux époux, 1415 - 1504.

— L'inventaire après la mort civile ou naturelle des époux, 1442.

La preuve par témoins n'est point admise pour établir le bail, 1715.

La preuve testimoniale pour le dépôt volontaire n'est point reçue au dessus de 150 francs, 1923.

Elle est admise, s'il s'agit d'un dépôt nécessaire, même au dessus de 150 francs, 1950. Voir *Actes*.

PRIMOGÉNITURE. Les enfans succèdent sans distinction de primogéniture, 745.

PRISONS. Mode d'y constater les décès, 84.

La femme ne peut s'obliger ni engager les biens de la communauté même pour tirer son mari de prison, qu'après y avoir été autorisée par justice, 1427.

L'immeuble dotal peut être aliéné, même sous le régime dotal, pour tirer de prison le mari ou la femme, 1558.

PRIVILÉGES. Le créancier qui consent que le débiteur retire sa consignation déclarée valable, ne peut plus exercer ses priviléges, 1263.

Les priviléges d'une créance éteints par la novation passent-ils à la nouvelle créance ou sur les biens du nouveau débiteur ? 1278-1279-1280.

La femme et ses héritiers n'ont point de privilége pour la ré-

pétition de la dot sur les créanciers antérieurs à elle en hypothèques, 1572.
Comment s'établit le privilége sur les meubles corporels ou incorporels donnés en gage, 2074-2075-2076.
Définition du privilége, 2095.
Entre les créanciers privilégiés, la préférence se règle par les différentes qualités des priviléges, 2096.
Les créanciers privilégiés qui sont dans le même rang, sont payés par concurrence, 2097.
Dispositions relatives aux priviléges, à raison des droits du trésor public, 2098.
Les priviléges peuvent être sur les meubles ou sur les immeubles, 2099.
Les priviléges sont ou généraux, ou particuliers sur certains meubles, 2100.
Désignation des différentes créances privilégiées sur la généralité des meubles, et dans quel ordre elles s'exercent, 2101.
Des créances privilégiées sur certains meubles, et dans quel ordre elles s'exercent, 2102.
Des créances privilégiées sur les immeubles, et dans quel ordre elles s'exercent, 2103.
Des priviléges qui s'étendent sur les meubles et les immeubles, 2104.
Ordre de paiement lorsqu'à défaut de mobilier les privilégiés se présentent pour être payés sur le prix d'un immeuble en concurrence avec les créanciers privilégiés sur l'immeuble, 2105.
Comment se conservent les priviléges, 2106.
Créances exceptées de la formalité de l'inscription, 2107
Comment le vendeur conserve son privilége sur l'immeuble par lui vendu. -- Obligations du conservateur quant aux créances résultant du contrat de vente, tant en faveur du vendeur qu'en faveur du prêteur, 2108.
Comment le cohéritier ou copartageant conserve son privilége sur les biens de chaque lot ou sur le bien licité, pour les soultes et retour de lots, ou pour le prix de la licitation, 2109.
Comment les architectes, entrepreneurs, maçons et autres ouvriers, et ceux qui ont, pour les payer et rembourser, prêté les deniers dont l'emploi a été constaté, conservent leurs priviléges, 2110.
Comment les créanciers et légataires qui demandent la sépara-

tion du patrimoine du défunt, conservent à l'égard des créanciers des héritiers ou représentans du défunt, leur privilége sur les immeubles de la succession, 2111.

Les cessionnaires de ces diverses créances privilégiées exercent tous, les mêmes droits que les cédans, en leur lieu et place, 2112.

Toutes créances privilégiées soumises à la formalité de l'inscription, à l'égard desquelles les conditions conservatrices du privilége n'ont pas été accomplies, ne cessent pas d'être hypothécaires. — De quel jour alors l'hypothèque a-t-elle date à l'égard des tiers, 2113. Voir *Hypothèques.*

PRIX de la vente doit être déterminé, 1591.

Peut être laissé à l'arbitrage d'un tiers, 1592.

Le prix d'effets mobiliers non payés, s'ils sont encore en la possession du débiteur, emporte privilége, 2102.

PRIX FAIT. Définition, 1711.

Responsabilité de l'architecte et des entrepreneurs, si l'édifice construit à prix fait, périt par le vice de construction, 1792.

PROCÉDURE CIVILE. Le code de la procédure civile règle les formalités pour la levée des scellés, la confection des inventaires et partages, 821-837.

PROCÈS. Fonctionnaires qui ne peuvent en acheter, 1597.

PROCÈS-VERBAUX. Ce que doivent contenir ceux de consignation et de dépôt, 1259.

Procès-verbaux des experts. Voir *Experts.*

PROCURATION. Effet de la procuration des absens, 121-122.

La procuration pour accepter une donation doit être passée devant notaire, 933. Voir *Mandat.*

PRODIGUES. On peut donner aux prodigues un conseil judiciaire. -- Actes qui peuvent leur être défendus, 513.

PROFESSION. Celles des parties et des témoins doivent être énoncées dans les différens actes de l'état civil, 57-63-71-73.

PROFITS. Voir *Cheptel.*

PROHIBITION DE MARIAGE. Entre les ascendans et descendans, frères et sœurs, oncles et nièces, tantes et neveux et alliés au même degré, 161-162-163.

Le gouverneur peut, dans certains cas, lever ces prohibitions, 164.

PROMESSE SOUS SEING-PRIVÉ. Forme et effet des promesses sous seing privé, 1326.

PROMESSE DE VENTE. Quand la promesse de vente vaut-elle vente? 1589.

Comment peut-on se départir de la promesse de vendre faite avec des arrhes, 1590.

PROMULGATION DES LOIS. Voir *Lois*.

PROPRIÉTAIRE. Voir *Constructions*, *Dommages*, *Fleuves*, *Plantations*, *Possessions*, *Proprieté*, *Trésor*, *Usufruit*, *Voisinage*.

PROPRIÉTÉ. Est le droit de jouir et disposer des choses sous les modifications établies par la loi, 544.

Cas où l'on peut être contraint de la céder, 545.

Elle s'étend à tous les accessoires de la chose sur laquelle elle frappe, 546.

Règles du droit de propriété d'une chose formée par l'union de plusieurs, 566 et suivants.

Modifications différentes de la propriété, 578.

Comment la propriété s'acquiert, 711-712-717.

Effet de la présomption légale relativement à la propriété, 1350. Voir *Bornage*, *Clôture*, *Servitudes*.

PROROGATION DE DÉLAI. Voir *Délai*, *Terme*.

PROTECTION. Est due par le mari à sa femme, 213.

PROTUTEUR. Le protuteur est nécessaire lorsque le mineur domicilié en France, possède des biens dans les colonies et réciproquement. — Le tuteur et le protuteur sont indépendans, 417.

PROVISOIRE. La poursuite en expropriation peut avoir lieu en vertu d'un jugement provisoire, 2215. Voir *Jugemens*.

PUBLICATIONS. Voir *Bénéfice d'inventaire*, *Dimanche*, *Mariage*, *Mineur*.

PUBLICITÉ. Relativement à la séparation de biens, 1445. — A l'acte de rétablissement de communauté entre époux séparés, 1451. Voir *Hypothèques*.

PUISAGE. Le droit de puisage est du nombre des servitudes discontinues, 688.

PUISSANCE MARITALE. Les époux ne peuvent, même par contrat de mariage, déroger aux droits résultant de la puissance maritale, 1388.

PUISSANCE PATERNELLE. L'enfant, à tout âge, doit honneur et respect à ses père et mère, 371.

Il reste sous leur autorité jusqu'à sa majorité ou son émancipation, 372.

Le père seul exerce cette autorité durant le mariage, 373.

L'enfant ne peut quitter la maison paternelle sans la permission de son père. — Exception, 374.

Le père qui a des sujets de mécontentement très-graves sur la conduite d'un enfant, a les moyens de correction suivans, 375.

Si l'enfant est âgé de moins de seize ans, le père peut le faire détenir pendant un tems qui ne peut excéder un mois, 376.

Depuis l'âge de seize ans commencés jusqu'à la majorité ou l'émancipation, le père peut seulement requérir la détention de son enfant pendant six mois au plus, 377.

Il ne doit y avoir dans l'un et l'autre cas, aucune écriture ni formalité judiciaire, 378.

Le père est seulement tenu de souscrire une soumission de payer tous les frais, et de fournir les alimens convenables. *Idem.*

Le père est toujours maître d'abréger la durée de la détention, 379.

Cas où le père est remarié, 380.

La mère survivante et non remariée ne peut faire détenir un enfant qu'avec le concours des deux plus proches parens paternels, et par voie de réquisition, 381.

Lorsque l'enfant a des biens personnels, ou lorsqu'il exerce un état, sa détention ne peut, même au dessous de seize ans, avoir lieu que par voie de réquisition. — Le président du tribunal d'appel, sur les observations de l'enfant détenu, peut révoquer ou modifier l'ordre délivré par le président du tribunal de première instance, 382.

Les articles 376, 377, 378 et 379 sont communs aux pères et mères des enfans naturels légalement reconnus, 383.

Tems durant lequel le père ou le survivant des père et mère, ont la jouissance des biens de leurs enfans, 384.

Charges de cette jouissance, 385.

Cette jouissance n'a pas lieu au profit de celui des père et mère contre lequel le divorce aurait été prononcé; et elle cesse à l'égard de la mère dans le cas d'un second mariage, 386.

Biens auxquels elle ne peut s'étendre, 387.

On ne peut déroger par le contrat de mariage aux droits résultant de la puissance paternelle, 1388.

PUITS. Distance à laisser ou ouvrage à faire, lorsqu'on creuse un puits près d'un mur, 674.

Le curement d'un puits est à la charge du bailleur, 1756.

PUPILLE. Voir *Mineur*, *Tuteur*.

Q.

QUALITÉ. De quelle qualité doit être la chose qui n'a été déterminée que par son espèce, 1246.

QUALITÉ DE FRANCAIS. Comment elle s'acquiert, se perd et se recouvre. Voir *Droits civils*.

QUALITÉ D'HÉRITIER. Voir *Bénéfice d'inventaire*, *Héritier*, *Successions*.

QUARTIER-MAITRE. Cas où il remplit à l'armée les fonctions d'officier de l'état civil, 89.

QUASI-CONTRATS. Les obligations qui naissent des quasi-contrats peuvent se prouver par témoins, à quelques sommes quelles puissent monter, 1348.

Leur définition, 1371.

Engagemens que contracte celui qui, sans mandat, gère volontairement l'affaire d'autrui, 1372-1373-1374. Voir *Mandat*.

Obligations de celui dont l'affaire a été ainsi administrée, 1375.

Celui qui reçoit par erreur ou sciemment ce qui ne lui est pas dû, s'oblige à le restituer à celui de qui il l'a indûment reçu, 1376.

S'il y a eu mauvaise foi, il est tenu de restituer tant le capital que les intérêts ou les fruits, 1378.

Obligations de celui à qui la chose est restituée, 1381.

QUASI-DÉLITS. Voir *Délits.*

QUESTIONS D'ÉTAT sont de la compétence exclusive des tribunaux civils, 326.

QUITTANCES. Effet des quittances données sans réserve de la solidarité, 1211 et suivans.

Les frais de quittance sont à la charge du débiteur, 1248.

La quittance donnée au débiteur qui a emprunté une somme à l'effet de payer sa dette, sous la condition de subrogation en faveur du prêteur, doit être passée devant notaire, 1250.

Manière d'imputer le paiement dans les quittances, 1255-1256.

Ecritures au dos, en marge, ou à la suite des quittances qui peuvent opérer la libération du débiteur, 1332.

Cas où la femme peut toucher ses revenus sur ses simples quittances, 1534.

La quittance du capital sans réserve des intérêts en opère la libération, 2908. Voir *Décharge, Libération, Paiemens.*

QUOTITÉ DISPONIBLE. Voir *Donations.*

R.

RACINES. Les récoltes pendantes par les racines sont immeubles, 520. Voir *Arbres.*

RACHAT. Définition, 1659.

La faculté de rachat ne peut être stipulée pour un terme excédant cinq années, 1660.

Le terme fixé est de rigueur, et ne peut être prolongé par le juge, 1661.

Faute par le vendeur d'avoir exercé son action de réméré dans le terme prescrit, l'acquéreur demeure propriétaire irrévocable, 1662.

Le délai court contre toutes personnes, même contre le mineur, 1663.

Le vendeur à pacte de rachat peut exercer son action contre le second acquéreur, 1664.

L'acquéreur peut prescrire et exercer tous les droits du vendeur, 1665.

Il peut opposer le bénéfice de la discussion aux créanciers de son vendeur, 1666.

Cas où l'acquéreur à pacte de réméré d'une partie indivise d'un héritage, peut forcer le vendeur à retirer le tout, 1667.

Si plusieurs ont vendu conjointement et par un seul contrat un héritage commun entre eux, chacun ne peut exercer l'action en réméré que pour la part qu'il y avait, 1668.

Il en est de même, si celui qui a vendu seul un héritage a laissé plusieurs héritiers, 1669.

Dans le cas des deux articles précédens, l'acquéreur peut exiger que tous les covendeurs ou tous les cohéritiers soient mis en cause, 1670.

Cas où plusieurs vendeurs peuvent exercer séparément l'action en réméré, sans être obligés de retirer le tout, 1671.

Comment l'action en réméré peut être exercée contre chacun des héritiers de l'acquéreur, 1672.

Quelles sont les obligations du vendeur qui use du pacte de rachat, 1673.

L'acquéreur à pacte de rachat ne peut user de la faculté d'expulser le preneur, 1751.

Cas où le débiteur d'une rente constituée en perpétuel peut être contraint au rachat, 1912. Voir *Remboursement*, *Rentes*.

RADES font partie du domaine public, 538.

RADIATION. Voir *Hypothèques*.

RAPPORT que sont tenus de faire les enfans naturels, 760.

— Que chaque cohéritier, même bénéficiaire, est tenu de faire à la masse, 829-843.

Si le rapport n'est pas fait en nature, prélèvement à faire par les autres héritiers, 830.

Dans quel cas et jusqu'à quelle concurrence l'héritier peut retenir les dons et legs qui lui ont été faits, 844.

Dons et legs que peut retenir l'héritier qui renonce à la succession, 845.

Le donataire qui n'était pas héritier présomptif lors de la donation, mais qui se trouve successible au jour de l'ouverture de la succession, doit également le rapport, à moins que le donateur ne l'en ait dispensé, 846.

Les dons et legs faits au fils de celui qui se trouve successible

à l'époque de l'ouverture de la succession, sont toujours réputés faits avec dispense du rapport, 847.

Le fils venant de son chef, n'est pas tenu de rapporter le don fait à son père ; mais si le fils ne vient que par représentation, il doit le rapport, 848.

Les dons et legs faits au conjoint d'un époux successible, sont réputés faits avec dispense du rapport. Cas où les dons et legs sont faits conjointement à deux époux, dont l'un seulement est successible, 849.

Le rapport ne se fait qu'à la succession du donateur, 850.

Le rapport est dû de ce qui a été employé pour l'établissement d'un des cohéritiers, ou pour le paiement de ses dettes, 851.

Les frais de nourriture, d'entretien, d'éducation, d'apprentissage, les frais ordinaires d'équipement, ceux de noces et présens d'usage, ne doivent pas être rapportés, 852.

Il en est de-même des profits que l'héritier a pu retirer des conventions passées avec le défunt, 853.

Il n'est pas dû de rapport pour les associations faites sans fraude entre le défunt et l'un de ses héritiers, 854.

L'immeuble qui a péri par cas fortuit et sans la faute du donataire, n'est pas sujet à rapport, 855.

Les fruits et les intérêts des choses sujettes à rapport, ne sont dus qu'à compter du jour de l'ouverture de la succession, 856,

Le rapport n'est dû que par le cohéritier à son cohéritier ; il n'est pas dû aux légataires ni aux créanciers de la succession, 857.

Le rapport se fait en nature ou en moins prenant, 858.

Cas où il ne peut être exigé en nature, à l'égard des immeubles, 859.

Le rapport n'a lieu qu'en moins prenant, quand le donataire a aliéné l'immeuble avant l'ouverture de la succession, 860.

Dans tous les cas, il doit être tenu compte au donataire, de ses impenses, 861-862.

Le donataire doit tenir compte des dégradations et détériorations qui ont diminué la valeur de l'immeuble, 863.

Dans le cas où l'immeuble a été aliéné par le donataire, comment doivent être imputées les améliorations ou dégradations faites par l'acquéreur, 864.

Dans le rapport en nature, les biens se réunissent à la masse

frans de toutes charges créées par le donataire.—Les créanciers ayant hypothèque peuvent intervenir au partage, 865.

Lorsque le don d'un immeuble fait avec dispense de rapport, excède la portion disponible, comment se fait le rapport de l'excédant, 866.

Le cohéritier qui fait le rapport d'un immeuble peut en retenir la possession jusqu'au remboursement de ses impenses et améliorations, 867.

Comment et sur quel pied se fait le rapport du mobilier et de l'argent, 868-869.

La valeur des biens aliénés en rente viagère ou avec réserve d'usufruit au profit d'un des successibles, est sujette à rapport, 918.

Rapports que les époux ou leurs héritiers doivent faire lors du partage de la communauté, 1468-1469.

Effet de l'insolvabilité du mari relativement au rapport de la dot constituée à sa femme, 1573.

RATIFICATION. Le défaut de ratification d'un engagement donne lieu à une indemnité contre celui qui a promis de faire ratifier, 1120.

La ratification du créancier valide le paiement fait à celui qui aurait reçu sans pouvoir, 1239.

Effet de la ratification du mineur en majorité, 1311.

Quand l'acte de ratification d'un premier acte valide-t-il celui-ci ? 1338-1340.

RATURES Dans les actes de l'état civil doivent être approuvées et signées de la même manière que le corps de l'acte, 42.

RÉCÉLE. Les héritiers qui recèlent des effets d'une succession sont déchus de la faculté d'y renoncer, 792.

Ils sont également déchus du bénéfice d'inventaire, 801.

La veuve qui recèle quelque effet de la communauté est déclarée commune, nonobstant sa renonciation, 1460.

Celui des deux époux qui recèle quelques effets de la communauté est privé de sa part dans lesdits effets, 1477.

RECEVEUR DE CONSIGNATION est contraignable par corps pour la restitution des deniers consignés entre ses mains, 2060.

RECHERCHE. La recherche de la paternité est interdite, 340.

Celle de la maternité est admise, 341.

RECLAMATION D'ETAT. L'action est imprescriptible à l'égard de l'enfant, 328.

RECLUSION. Voir *Adultère*, *Emprisonnement*, *Mineur*, *Puissance paternelle.*

RECOGNITIFS. Voir *Actes.*

RECOLTES. Celles pendantes par les racines sont immeubles par leur nature. — Si une partie est coupée, cette partie seule est meuble, 520.

Les fraisd e récolte sont créances privilégiées, 2102.

RECOMPENSE. Cas où il est dû récompense au légataire d'un effet mobilier qui lui est donné par le mari en communauté, 1423.

— A la femme, pour les amendes encourues par le mari, et acquittées sur la communauté, 1424.

Récompense due à la femme qnand elle n'a point accepté le remploi que son mari a fait pour elle, 1435.

Rapport des récompenses dans le partage de la communauté entre époux, 1468. Voir *Améliorations*, *Communauté*, *Indemnité*, *Reprises.*

RECONCILIATION des époux éteint l'action en divorce, 272.

Comment se prouve cette reconciliation, 274.

RECONDUCTION (Tacite). Voir *Baux.*

RECONNAISSANCE. Cas où plusieurs reconnaissances dispensent de représenter le titre primordial, 1337.

La reconnaissance du débiteur ou du possesseur interrompt la prescription, 2248-2249-2250.

RECONNAISSANCE D'ENFANT. L'acte de reconnaissance doit être incrit sur les registres de l'état civil, 62 Voir *Enfans naturels.*

RECONSTRUCTIONS. En matière d'usufruit, ni le propriétaire ni l'usufruitier ne sont tenus de rebâtir ce qui est tombé de vetusté, ou ce qui a été détruit par cas fortuit, 607. Voir *Constructions*, *Etages*, *Murs.*

RECOURS des créanciers se prescrit par trois ans à compter du jour de l'apurement du compte rendu par l'héritier bénéficiaire et du paiement du reliquat, 809.

Recours du cohéritier ou successeur à titre universel, qui

par l'effet de l'hypothèque, a payé au-delà de sa part de la dette commune contre les autres cohéritiers ou successeurs à titre universel, 875.

— Des mineurs, des interdits, des femmes mariées contre leurs tuteurs ou maris, en cas de défaut d'acceptation ou de transcription des donations faites auxdits mineurs interdits, et femmes mariées, 942.

— Contre le grevé et le tuteur à l'exécution, pour défaut de transcription des dispositions par actes entre-vifs ou testamentaires, 1070.

— Du débiteur d'une dette solidaire qu'il a payée en entier contre ses codébiteurs, 1214-1215-1216.

Effet du recours à l'égard des obligations divisibles et indivisibles, 1221-1225.

Recours auquel donne lieu le paiement fait au préjudice d'une saisie ou opposition, 1242.

Recours auquel donne lieu la délégation, 1276.

Cas où celui qui a payé ce qui était dû par un autre, n'a de recours que contre le véritable débiteur, 1377.

Recours du mari contre sa femme au sujet de la garantie qu'il a donnée à la vente faite par la femme, d'un immeuble personnel à cette dernière, 1432.

Recours que les époux ont l'un contre l'autre, toutes les fois qu'ils ont payé des dettes de la communauté au-delà de la portion dont ils étaient tenus, 1484-1485-1489-1490.

Recours qu'a la femme contre son mari quand elle renonce à la communauté, 1494-1495.

Recours réservé à l'époux privé de son préciput, 1519.

Recours de la caution contre le débiteur principal, 2028.

— De la caution de plusieurs débiteurs solidaires contre chacun d'eux, 2030.

Cas où la caution qui a payé n'a point de recours contre le débiteur, mais seulement une action en répétition contre le créancier, 2031.

Recours de la caution contre ses co-fidéjusseurs, 2033.

RECREPIMENT du bas des murailles est à la charge du locataire. — Exception, 1754-1755.

RECTIFICATION des actes de l'état civil ne peut être opposée aux interressés qui n'ont point été parties au jugement, 101. Voir *Etat civil.*

REDHIBITOIRES (Vices). Voir *Garantie.*

RÉDUCTIBLES. Les obligations contractées par le mineur émancipé, sont réductibles en cas d'excès, 484.

Cas où le cautionnement est réductible, 2013.

RÉDUCTION des *donations* et *legs.* Voir *Donations*, *Legs.*

RÉGIE NATIONALE. Le prix des meubles ou immeubles vendus d'une succession vacante, doit être versé dans la caisse du receveur de la régie, 813. Voir *Domaines.*

RÉGIME DOTAL. Voir *Dot.*

REGISTRES. Ceux du père et de la mère peuvent fournir de preuve par écrit de la filiation, 324.

Contre qui les registres des marchands font preuve, 1329-1330.

Les voituriers et les entrepreneurs de roulages doivent tenir des registres des objets qui leur sont confiés, 1785.

Formalités relatives aux registres des conservateurs des hypothèques, 2201.

REGISTRE DE L'ÉTAT CIVIL. Voir *Décès*, *État civil*, *Mariages*, *Naissances.*

REINTÉGRANDE. La contrainte par corps a lieu à l'égard de celui contre qui il a été rendu un jugement de réintégrande, 2060.

RELAIS. Les relais profitent au propriétaire riverain, à la charge de laisser le marche-pied. — Exception à l'égard des relais de la mer, 557.

RELAIS DE LA MER. Font partie du domaine public, 538.

REMBOURSEMENT. Voir *Rentes*, *Rachat.*

RÉMÉRÉ. Voir *Rachat.*

REMISE faite par l'un des créanciers solidaires, ne libère le débiteur que pour la part de ce créancier, 1198.

L'un des héritiers du créancier par obligation indivisibles, ne peut seul faire la remise de la totalité de la dette, 1224.

Quand la remise du titre original ou de la grosse du titre, fait elle présumer la remise de la dette? 1282-1283-1284.

REMISE DES CLEFS. Voir *Clefs.*

REMISE DES TITRES. Voir *Titres.*

REMPARTS des places de guerre et des forteresses, font partie du domaine public, 540, 541.

REMPLACEMENT d'arbres auxquels est tenu l'usufruitier. Voir *Coupes de bois.*

REMPLOI. Cas où le mari est ou non garant du défaut d'emploi ou de remploi du prix de l'immeuble aliéné par sa femme séparée, 1450.

Prélèvement, lors du partrge de la communauté, du prix des immeubles aliénés dont il n'a point été fait remploi, et des biens acquis en remploi, 1470.

Les remplois dus aux époux emportent intérêt du jour de la dissolution de la communauté, 1473.

La femme renonçant à la communauté a le droit de reprendre l'immeuble qui a été acquis en remploi, et le prix de ceux aliénés dont le remploi n'a pas été fait, 1493.

La vente peut avoir lieu entre époux, quand la vente du mari à la femme a pour objet un remploi, 1595. Voir *Communauté.*

RENONCIATION *à la Communauté.* Voir *Communauté.*

RENONCIATION *à une Succession.* Voir *Bénéfice d'inventaire*, *Succession.*

RENTES sont meubles par la détermination de la loi, 529.

Sont rachetables. — Le créancier a la faculté de stipuler que le rachat n'aura lieu qu'après un certain terme, 530-1911.

Cas où le débiteur d'une rente perpétuelle peut être contraint au rachat, 1912-1913. Voir *Arrérages*, *Contrats.*

RENTE VIAGÈRE. Cas où la rente viagère donnée excède la portion disponible, 917.

Ce qui est aliéné à charge de rente viagère à l'un des successibles en ligne directe, s'impute sur la portion disponible, et l'excédent est sujet à rapport, 918.

Comment la rente viagère peut être constituée à titre onéreux, 1968.

Elle peut être aussi constituée, à titre purement gratuit, par donation entre-vifs ou par testament, 1969.

Cas où la rente viagère est réductible; cas où elle est nulle, 1970.

La rente viagère peut être constituée, soit sur la tête de celui qui en fournit le prix, soit sur la tête d'un tiers qui n'a aucun droit d'en jouir, 1971.

Elle peut être constituée sur une ou plusieurs têtes, 1972.

Elle peut être constituée au profit d'un tiers, quoique le prix en soit fourni par une autre personne, et, dans ce cas, elle n'est point assujettie aux formes requises pour les donations, 1973.

Tout contrat de rente viagère créée sur la tête d'une personne qui était morte au jour du contrat, ou atteinte d'une maladie dont elle est décédée dans les 20 jours du contrat, ne produit aucun effet, 1974-1975.

La rente viagère peut être constituée au taux qu'il plaît aux parties contractantes de fixer, 1976.

Circonstance où le constitué peut demander la résiliation du contrat, 1977.

Droits qu'a le créancier dans le cas de non paiement des arrérages de la rente, 1978.

Le constituant ne peut racheter la rente viagère, 1979.

Cas où le terme non encore écoulé est acquis du jour où le paiement en a dû être fait, 1980.

La rente viagère ne peut être stipulée insaisissable que lorsqu'elle a été constituée à titre gratuit, 1981.

Elle ne s'éteint pas par la mort civile du propriétaire, 1982.

Le propriétaire est tenu de justifier de son existence, 1983.

RENVOIS. Les actes de l'état civil doivent être approuvés et signés, 42.

RÉPARATIONS. L'usufruitier n'est tenu qu'aux réparations d'entretien, 605.

Les grosses réparations sont à la charge du propriétaire. — Cas où l'usufruitier en est tenu, *Même article*.

Désignation des grosses réparations, 606.

Circonstance où l'usager est assujetti aux réparations d'entretien, 635.

Les réparations usufructuaires des immeubles qui n'entrent point en communauté, sont dettes de la communauté, 1409.

Les réparations utiles doivent être remboursées à l'acquéreur évincé, 1634.

Les réparations locatives sont du nombre des créances privilégiées, 2102. Voir *Baux*, *Etages*, *Murs*.

RÉPÉTITION. Tout ce qui a été payé sans être dû est sujet à répétition. — La répétition n'est pas admise à l'égard des

obligations naturelles qui ont été volontairement acquittées, 1235.

Lorsqu'une personne qui, par erreur, se croyait débitrice, a acquitté une dette, elle a le droit de répétition contre le créancier, 1377. Voir *Restitution.*

REPRÉSENTATION. Définition de la représentation, 739.

Elle a lieu à l'infini dans la ligne descendante, 740.

Elle n'a pas lieu en faveur des ascendans, 741.

En ligne collatérale, elle est admise seulement en faveur des enfans et des descendans de frères ou sœurs du défunt, 742.

Dans tous les cas où la représentation est admise, le partage s'opère par souche. — Subdivision de la même souche en plusieurs branches, 743.

On ne représente pas les personnes vivantes, mais seulement celles qui sont mortes naturellement ou civilement. — On peut représenter celui à la succession duquel on a renoncé, 744.

On ne peut représenter un héritier qui a renoncé, 787.

Ce que doit rapporter le fils qui ne vient que par représentation, 848.

REPRISES. Sur quels biens les reprises des époux doivent s'exercer, 1472. Voir *Communauté*, *Remploi.*

RÉPUBLIQUE. Voir *Déshérence*, *Domaine public*, *Nation.*

REPUDIATION DE SUCCESSION. Voir *Succession.*

RESCISION. Causes pour lesquelles les partages peuvent être rescindés, 887.

Actes contre lesquels l'action en rescision est ou n'est pas admise, 888-889.

Comment le défendeur à la demande en rescision, peut en arrêter le cours et empêcher un nouveau partage, 891.

Cas où le cohéritier n'est plus recevable à intenter l'action en rescision pour dol ou violence, 892.

Forme de l'action en rescision pour défaut ou invalidité du consentement donné aux contrats, 1117.

Dans tous les cas où l'action en nullité ou en rescision d'une convention, n'est pas limitée par une loi particulière, cette action dure dix ans, 1304.

De quelle époque cette action commence-t-elle à courir, 1304.

Cas où une transaction peut être rescindée, 2053-2054.

Rescision de la vente pour cause de lésion. Voir *Lésion.*

RÉSERVES. Effet des quittances données sans réserve de la solidarité, 1211-1212.

Effet des réserves faites par le créancier auquel le débiteur a fait une délégation, 1275-1276.

Effet de la réserve faite par le créancier qui fait remise de la dette à l'un des coobligés, 1285.

RÉSIDENCE. Voir *Domicile.*

RÉSILIATION *de Bail.* Voir *Baux*, *Cheptel.*

— *De contrat de rente viagère.* Voir *Rente viagère.*

— *De vente.* Cas où l'acquéreur peut faire résilier la vente, 1636-1638.

RÉSOLUTION. Voir *Baux*, *Cheptel*, *Obligations*, *Rente viagère*, *Résiliation.*

RESPECT est dû à tout âge, par l'enfant à ses père et mère, 371.

RESPONSABILITÉ du preneur à bail, relativement aux personnes de sa maison et des sous-locataires, 1735. Voir *Baux*, *Caution*, *Délits*, *Détériorations*, *Devis et Marchés*, *Etat civil*, *Hypothèques*, *Tuteur*, *Usufruitier.*

RESTITUTION. Les mineurs, les interdits, les femmes mariées, ne sont point restitués contre le défaut d'acceptation ou de transcription des donations, sauf leurs recours contre leurs tuteurs ou maris, 942.

La révocation de la donation force le donataire à la restitution des objets par lui aliénés, 958.

La compensation n'a pas lieu s'il s'agit de la demande en restitution d'un dépôt, 1293.

Le mineur n'est pas restituable pour cause de lésion, lorsqu'elle ne résulte que d'un événement casuel et imprévu, 1306.

La simple déclaration de majorité faite par le mineur ne fait point obstacle à sa restitution, 1307.

Le mineur commerçant, banquier ou artisan, n'est point restituable contre les engagemens qu'il a pris à raison de son commerce ou de son art, 1308.

Cas où il n'est point restituable contre les conventions portées en son contrat de mariage, 1309.
Il n'est point restituable contre les obligations résultant de son délit ou quasi-délit, 1310.
Il n'est plus recevable à revenir contre l'engagement qu'il avait souscrit en minorité, lorsqu'il l'a ratifié en majorité, 1311.

Lorsque les mineurs, les interdits ou les femmes mariées, sont admis en ces qualités à se faire restituer contre leurs engagemens, le remboursement de ce qui a été payé pendant la minorité, l'interdiction ou le mariage, ne peut en être exigé. — Exception, 1312.

Les majeurs ne sont restitués pour cause de lésion que dans les cas et sous les conditions exprimées spécialement dans le Code civil, 1313.

Celui qui reçoit par erreur ou sciemment ce qui ne lui est pas dû, s'oblige à le restituer à celui de qui il l'a indûment reçu, 1376.

S'il y a eu mauvaise foi de la part de celui qui a reçu, il est tenu de restituer tant le capital que les intérêts ou les fruits, du jour du paiement, 1378.
Comment s'opère la restitution, si la chose indûment reçue est un immeuble ou un meuble corporel, 1379.
Si celui qui a reçu de bonne foi a vendu la chose, il ne doit restituer que le prix de la vente, 1380.
Celui auquel la chose est restituée doit tenir compte de toutes les dépenses qui ont été faites pour la conservation de la chose, 1381.
Cas où celui qui a fait le dépôt, a l'action en restitution, 1926. Voir *Dépôt.*
La contrainte par corps a lieu pour la restitution des fruits qui ont été perçus pendant l'indue possession, 2060.
Restitution des biens des absens. Voir *Absens.*
— De la dot. Voir *Dot.*
— Des fruits. Voir *Fruits.*.
— Du gage. Voir *Gage.*
— D'une chose prêtée. Voir *Prêt.*
— D'une chose volée. Voir *Vol.*
— En matière de vente. Voir *Vente.*

RETOUR. Cas où le droit de retour a lieu en faveur de l'adoptant ou de ses descendans, 351.

Cas où il n'a lieu qu'au profit de l'adoptant seul, 352.
Comment les choses données aux descendans par leurs ascendans morts sans postérité, retournent aux ascendans donateurs, 747.
L'inégalité des lots en nature se compense par un retour, soit en rente, soit en argent, 833. Voir *Soulte*.
Le donateur peut stipuler le droit de retour des objets donnés, 951.
Effet de ce droit, 952.
RETRANCHEMENT. Cas où les enfans d'un précédent mariage ont l'action en retranchement, 1496.
RÉTROACTIF. Voir *Effet rétroactif*.
REVENDICATION. Le possesseur de mauvaise foi est tenu de rendre les produits avec la chose, au propriétaire qui la revendique, 549.
L'action en revendication peut être exercée par les héritiers contre les tiers détenteurs des immeubles faisant partie des donations et aliénés par les donataires, 930.
Cas où celui qui a fait le dépôt a l'action en revendication, 1926.
Délai pendant lequel celui qui a vendu des effets mobiliers sans terme, peut les revendiquer dans la main de l'acheteur, 2102.
La revendication de la chose perdue ou volée peut avoir lieu pendant trois ans, 2279.
Cas où la chose perdue ou volée a été vendue dans une foire, marché ou vente publique, 2280.
REVENTE. Cas où le vendeur peut empêcher la revente, 2102.
De la revente sur enchères. Voir *Hypothèques*.
REVENUS des biens du mineur, 455. Voir *Tuteur*.
— Du mineur émancipé, 481.
— De l'interdit, 510.
— Des biens abandonnés par un débiteur à ses créanciers, 1269.
— Qui entrent dans la communauté entre époux, 1401.
— Que la femme peut toucher, 1534-1536-1549.
— Des biens de l'absent. Voir *Absent*.
— De l'usufruitier. Voir *Usufruit*.

RÉVOCATION. Voir *Donations*, *Dot*, *Mandat*, *Obligations*, *Société*.

RISQUES résultant du retard de l'obligation de livrer, 1138.
— De la condition suspensive dans une obligation, 1182.
— Des obligations alternatives, 1193-1194.
— De la consignation des offres réelles, 1257.
— De la vente faite au poids, au compte ou à la mesure, 1585.
— Du cheptel donné au fermier, 1822.
— Des choses mises en société, 1851.

RIVAGES de la mer font partie du domaine public, 538.

RIVERAIN. Voir *Chemins*, *Fleuves*, *Marche-pied*, *Rivières*.

RIVIÈRES navigables ou flottables sont considérées comme faisant partie du domaine public, 538.
Propriétaires voisins auxquels appartiennent les îles, îlots et attérissemens qui se forment dans les rivières non navigables et non flottables, 561. Voir *Fleuves*.

ROULAGE. Voir *Voituriers*.

ROUTES. Celles à la charge de la nation sont considérées comme des dépendances du domaine public, 538.

RUCHES A MIEL sont immeubles par destination quand elles ont été placées par le propriétaire pour l'exploitation du fonds, 524.

RUES. Celles à la charge de la nation sont considérées comme des dépendances du domaine public, 538.

S.

SAGES-FEMMES. A défaut du père, font la déclaration de naissance, 56.

SAILLIES qui peuvent ou ne peuvent pas avoir lieu sur l'héritage voisin, 678-680.

SAIN D'ESPRIT. Il faut être sain d'esprit pour pouvoir donner par donation entre-vifs ou testamentaire, 901.

SAISIE. Forme de saisie de bateaux, navires, bacs, et autres usines non fixées, 531.

Le propriétaire qui paie au préjudice d'une saisie, s'expose à payer de nouveau, 1242.

Cas où la saisie empêche la compensation, 1298.

Le propriétaire fait saisir le cheptel donné par un tiers à son fermier, si le cheptel ne lui a pas été notifié, 1813.

Cas où elle interrompt la prescription, 2244.

SAISIE-ARRÊT. Voir *Opposition.*

SAISINE. La saisine a lieu de plein droit en faveur des héritiers légitimes, 724. Voir *Exécuteur testamentaire.*

SALAIRES. Voir *Devis et Marchés, Domestiques, Gages.*

Priviléges des salaires des gens de service, 2101.

SCELLÉS. La femme commune en biens demanderesse ou défenderesse en divorce, peut réquerir l'apposition des scellés sur les effets mobiliers de la communauté. — Ils ne peuvent être levés qu'en faisant un inventaire avec prisée, 270.

Dans les dix jours de sa nomination, le tuteur doit réquerir la levée des scellés, 451.

Le conjoint survivant et l'administration des domaines qui prétendent droit à une succession, sont tenus de faire apposer les scellés, 769.

Les frais de scellés sont à la charge de la succession, 810.

En matière de partage de succession, l'apposition des scellés n'est pas nécessaire si tous les héritiers sont présens et majeurs; elle est nécessaire si parmi les héritiers il y a des absens, des mineurs ou des interdits, 819-1031.

Les créanciers d'une succession peuvent réquerir l'apposition des scellés, 820.

Ils peuvent former opposition à la levée des scellés, 821.

Un acte sous seing-privé acquiert date contre les tiers, du jour où il est rappelé dans un procès-verbal de scellé, 1328.

SECOND MARIAGE. Voir *Mari, Mariage.*

SECONDES NOCES. Voir *Mariage.*

SECOURS. Les époux se doivent mutuellement secours, 212.

Les secours fournis à un individu dans sa minorité ou pendant six ans, autorisent à l'adopter, 345.

SEING-PRIVÉ. Voir *Acte.*

SEL. Voir *Magasin*.

SEMENCES. Les semences données au fermier partiaire sont immeubles par destination, 524.

Cas où le propriétaire ne doit pas compte des semences quand l'usufruit finit, 585.

Les fermiers et les colons partiaires sont contraignables par corps à la représentation, à la fin du bail, des semences qui leur ont été confiées, 2062.

Les sommes dues pour les semences, doivent être payées sur le prix de la récolte, par préférence au propriétaire, 2102.

SÉNAT CONSERVATEUR. Les membres du Sénat sont exempts de tutelle, 427.

SÉPARATION DE BIENS. La séparation de biens dissout la communauté, 1441.

Quand et comment elle peut avoir lieu, 1443.

Toute séparation volontaire est nulle. *Même article*.

Elle est nulle si elle n'est suivie d'exécution, 1444.

Formalités relatives à sa publicité. — Le jugement qui la prononce remonte, quant à ses effets, au jour de la demande, 1445.

Les créanciers personnels de la femme ne peuvent, sans son consentement, la provoquer, 1446.

Les créanciers du mari peuvent contester ou se pourvoir contre la séparation de biens prononcée et même exécutée en fraude de leurs droits, 1447.

Comment la femme qui a obtenu la séparation de biens doit contribuer aux frais du ménage et d'éducation des enfans communs, 1448.

Droits que donne à la femme la séparation de biens, 1449.

Le mari n'est point garant du défaut d'emploi ou de remploi du prix de l'immeuble que la femme séparée, a aliéné, sous l'autorisation de la justice. — Exception 1450.

La femme séparée de biens par son contrat de mariage, a l'administration de ses biens, 1536.

Comment les époux séparés de biens par leur contrat de mariage, doivent contribuer aux charges du mariage, 1537.

Elle ne peut les aliéner sans le consentement de son mari ou l'autorisation de la justice, 1538.

Obligations du mari à qui la femme séparée, a laissé la jouissance de ses biens, 1539.

Si la dot est mise en péril, la femme peut poursuivre la séparation de biens, 1563.

SÉPARATION DE CORPS peut être provoquée par le commissaire du gouvernement, lorsque le mariage est attaqué de nullité, 190.
Peut-être démandée dans les cas où il y a lieu à la demande en divorce pour cause déterminée, 306.
Manière d'intenter cette demande. — Elle ne peut avoir lieu par le consentement mutuel des époux, 307.
La séparation de corps prononcée pour adultère de la femme, donne lieu à sa réclusion, pendant deux ans au plus, 308.
Le mari est le maître d'arrêter l'effet de cette condamnation, en consentant de reprendre sa femme, 309.
Cas où, lorsque la séparation de corps a duré trois ans, elle peut être convertie en divorce, 310.
La séparation de corps emporte toujours la séparation de biens, 311.
La séparation de corps dissout la communauté, 1441.
Effet de la séparation de corps, relativement au préciput, 1518.

SEPTUAGÉNAIRES peuvent refuser d'être tuteurs, 433.
Ne peuvent être contraints par corps que dans le cas de stellionat, 2066.

SÉQUESTRE. Le séquestre est ou conventionnel ou judiciaire, 1955.
Définition du séquestre conventionnel, 1956.
Il peut n'être pas gratuit, 1957.
A quelles règles il est soumis quand il n'est pas gratuit, 1958.
Le séquestre peut avoir pour objet des effets mobiliers et des immeubles, 1959.
Comment le dépositaire chargé du séquestre peut en être déchargé, 1960.
De quelles choses la justice peut ordonner le séquestre, 1961.
Obligations réciproques entre le saisissant et le gardien judiciaire, 1962.
Comment et à qui le séquestre judiciaire est donné; obligations de celui à qui la chose est confiée, 1963.
Tout séquestre est contraignable pas corps pour la représentation des choses qui lui sont déposées, 2060.

SERMENT. Le serment décisoire peut être déféré sur quelque espèce de contestation que ce soit, 1358.
Il ne peut être déféré que sur un fait personnel à la partie à laquelle on le défère, 1359.

Il peut être déféré en tout état de cause, 1360.

Celui auquel le serment est déféré, qui le refuse ou ne consent pas à le référer à son adversaire, ou l'adversaire à qui il a été référé et qui le refuse, doit succomber dans sa demande ou dans son exception, 1361.

Le serment ne peut être référé quand le fait qui en est l'objet n'est point celui des deux parties, mais est purement personnel à celui auquel le serment avait été déféré, 1362.

Lorsque le serment déféré ou référé a été fait, l'adversaire n'est point recevable à en prouver la fausseté, 1363.

La partie qui a déféré ou référé le serment, ne peut plus se rétracter lorsque l'adversaire a déclaré qu'il est prêt à faire ce serment, 1364.

A qui le serment fait peut-il nuire ou profiter? 1365.

Causes pour lesquelles le juge peut déférer d'office le serment, 1366.

Cas où il ne le peut pas, 1367.

Le serment déféré d'office ne peut être référé, 1368.

Ce que doit faire le juge qui défère le serment au demandeur sur la valeur de la chose, 1369.

Le serment peut être déféré à celui qui nie le bail, 1715.

Il peut l'être à ceux qui opposent la prescription de six mois et d'un an, 2275.

SERRURES. Leurs réparations sont à la charge du locataire. — Exception, 1754.

SERRURIERS qui font directement des marchés à prix fait, sont assimilés aux entrepreneurs, 1799.

SERVICE MILITAIRE chez l'étranger, sans autorisation du Gouvernement, fait perdre la qualité de Français, 21.

SERVICES. On ne peut engager ses services qu'à tems, ou pour une entreprise déterminée, 1780.

SERVICES FONCIERS sont immeubles, 526. Voir *Servitudes.*

SERVITUDES sont immeubles, 526.

L'usufruitier jouit des droits de servitude, 597.

Nature des diverses servitudes, 637-638-639.

Les servitudes naturelles sont celles qui dérivent de la situation naturelle des lieux, 640 et suivans. Voir *Bornage*, *Clôture*, *Eaux*, *Source.*

Les servitudes établies par la loi ont pour objet l'utilité publique ou communale, ou l'utilité des particuliers, 649.

Celles établies pour l'utilité publique ou communale ont pour objet le marche-pied le long des rivières navigables ou flottables, la construction ou réparation des chemins, et autres ouvrages publics ou communaux, 650.

La loi assujettit les propriétaires à différentes obligations l'un à l'égard de l'autre, indépendamment de toute convention, 651.

Partie de ces obligations est réglée par les lois sur la police rurale. Les autres, réglées par le Code civil, sont relatives au *mur* et au *fossé* mitoyens, au cas où il y a lieu à contre-mur, aux *vues* sur la propriété du voisin, à l'égout des *toits*, au droit de *passage*, 652. Voir *ces mots*.

Il est permis aux propriétaires d'établir sur leurs propriétés, ou en faveur de leurs propriétés, telles servitudes que bon leur semble, pourvu qu'elles n'aient rien de personnel ni de contraire à l'ordre public, 686.

Les servitudes sont établies ou pour l'usage des bâtimens, ou pour celui des fonds de terre. Celles de la première espèce s'appellent *urbaines*. Celles de la seconde espèce se nomment *rurales*, 687.

Les servitudes sont ou continues ou discontinues. Définition des servitudes continues. Définition des servitudes discontinues, 688.

Les servitudes sont apparentes ou non apparentes. Définition des servitudes apparentes. Définition des servitudes non apparentes, 689.

Les servitudes continues et apparentes s'acquièrent par titre, ou par la possession de trente ans, 690.

Les servitudes continues non apparentes, et les servitudes discontinues, apparentes ou non apparentes, ne peuvent s'établir que par titres, 691.

La destination du père de famille vaut titre à l'égard des servitudes continues et apparentes, 692.

Cas où il y a destination du père de famille, 693.

Cas où la servitude continue envers ou sur l'un des deux héritages, quoiqu'on en ait disposé sans faire mention de ce droit, 694.

Le titre constitutif de la servitude ne peut être remplacé que par un titre récognitif de la servitude, 695.

Quand on établit une servitude, on est censé accorder tout ce qui est nécessaire pour en user, 696.

Celui auquel est due une servitude, a droit de faire tous les

ouvrages nécessaires pour en user et pour la conserver, 697.
Ces ouvrages sont à ses frais. — Exception, 698.
Le débiteur chargé de ses frais peut s'en affranchir en abandonnant le fonds assujetti, au propriétaire du fonds auquel la servitude est due, 699.
Cas où l'héritage pour lequel la servitude a été établie vient à être divisé, 700.
Le propriétaire du fonds débiteur de la servitude ne peut rien faire qui tende à en diminuer l'usage ou à le rendre plus incommode. — Cas où il peut en offrir un autre en échange, 701.
Celui qui a un droit de servitude, ne peut rien faire qui aggrave la condition de celui qui doit la servitude, 702.
Les servitudes cessent lorsque les choses se trouvent en tel état qu'on ne peut plus en user, 703.
Comment elles revivent, 704.
Toute servitude est éteinte lorsque le fonds à qui elle est due, et celui qui la doit, sont réunis dans la même main, 705.
La servitude est éteinte par le non usage pendant trente ans, 706.
De quel jour commencent à courir les trente ans, 707.
Le mode de la servitude peut se prescrire comme la servitude même, et de la même manière, 708.
Si l'héritage en faveur duquel la servitude est établie, appartient à plusieurs par indivis, la jouissance de l'un empêche la prescription à l'égard de tous, 709.
Si parmi les copropriétaires il s'en trouve un contre lequel la prescription n'ait pu courir, comme un mineur, il aura conservé le droit de tous les autres, 710.
Cas où les servitudes non apparentes et non déclarées peuvent faire résilier la vente, 1638.
Les servitudes que le tiers détenteur avait sur l'immeuble avant sa possession, renaissent après le délaissement ou après l'adjudication faite sur lui, 2177.
SÉVICES donnent lieu au divorce, 231. Voir *Divorce*.
— A la révocation des donations et dispositions testamentaires, 955-1046.
SEXE. Le sexe de l'enfant doit être indiqué dans l'acte de naissance, 57-58.

Le sexe détermine la présomption de survie d'individus qui périssent dans le même événement, 720-722.

Les enfans ou leurs descendans succèdent sans distinction de sexe, 745.

Pour déterminer le cas de violence dans un engagement, on doit avoir égard au sexe des personnes, 1112.

SIÉGES font partie des meubles meublans, 534.

SIGNIFICATIONS peuvent être faites au domicile élu, 111.

Cas où la signification du transport doit être faite au débiteur, 1690.

SOCIÉTÉ. Actions et intérêts des compagnies de finance et de commerce qui sont réputées meubles à l'égard de chaque associé durant la société, 529.

Définition, 1832.

Toute société doit avoir un objet licite, et être contractée pour l'intérêt commun des parties. — Chaque associé doit y apporter ou de l'argent, ou d'autres biens, ou son industrie, 1833.

Toutes sociétés doivent être rédigées par écrit, lorsque leur objet est d'une valeur de plus de cent cinquante francs, 1834.

La preuve testimoniale n'est point admise contre et outre le contenu en l'acte de société, ni sur ce qui serait allégué avoir été dit avant, lors ou depuis cet acte, *même article.*

Les sociétés sont universelles ou particulières, 1835.

On distingue deux sortes de sociétés universelles, 1836.

Définition de la société de tous biens présens, 1837.

Ce que renferme la société universelle de gains, 1838.

La simple convention de société universelle, faite sans autre explication, n'emporte que la société universelle de gains, 1839.

Entre quelles personnes une société universelle peut avoir lieu? 1840.

Définition de la société particulière, 1841-1842.

Epoque à laquelle la société commence, 1843.

Cas où la société est censée contractée pour toute la vie des associés, 1844.

Garantie de chaque associé envers la société, relativement à ce qu'il a apporté ou promis d'apporter, 1845.

De quel iour l'associé doit l'intérêt des sommes qu'il n'a point apportées dans la société, ou qu'il a tirées de la caisse sociale, 1846.

Compte que doivent à la société les associés qui se sont soumis à apporter leur industrie, 1847.

Comment se fait l'imputation de la somme que reçoit un associé, de son débiteur qui se trouve également devoir à la société, 1848.

Cas où un associé est tenu de rapporter à la masse commune ce qu'il a reçu, encore qu'il eût spécialement donné quittance *pour sa part*, 1849.

Chaque associé est tenu envers la société, des dommages qu'il lui a causés par sa faute, 1850.

Cas où les choses dont la jouissance seulement a été mise dans la société, sont aux risques de l'associé propriétaire.— Cas où elles sont aux risques de la société, 1851.

Pour quels objets un associé a action contre la société, 1852.

Lorsque l'acte de société ne détermine point la part de chaque associé dans les bénéfices ou pertes, la part de chacun est en proportion de sa mise dans le fonds de la société, 1853.

Cas où le réglement des parts peut être attaqué. — Délai après lequel nulle réclamation à ce sujet n'est admise, 1854.

La convention qui donnerait à l'un des associés la totalité des bénéfices, est nulle. — *Idem* de la stipulation qui affranchirait de toute contribution aux pertes, 1855.

L'associé chargé de l'administration, peut faire tous les actes qui dépendent de son administration, pourvu que ce soit sans fraude. — Cas où ce pouvoir peut être révoqué, 1856.

Cas où plusieurs associés sont chargés d'administrer, 1857.

Cas où l'un des administrateurs ne peut rien faire sans l'autre, 1858.

Règles que l'on doit suivre à défaut de stipulations spéciales sur le mode d'administration, 1859.

L'associé qui n'est point administrateur, ne peut aliéner ni engager les choses même mobilières qui dépendent de la société, 1860.

Chaque associé peut, sans le consentement de ses associés, s'associer une tierce personne relativement à la part qu'il a dans la société : il ne peut pas, sans ce consentement, l'associer à la société, 1861.

Dans les sociétés autres que celles de commerce, les associés ne sont pas tenus solidairement des dettes sociales, 1862.

Obligations dont les associés sont tenus envers le créancier avec lequel ils ont contracté, 1863.

La stipulation que l'obligation est contractée pour le compte de la société, ne lie que l'associé contractant et non les autres. — Exception, 1864.

Différentes manières dont la société finit, 1865.

Comment se prouve la prorogation d'une société à tems limité, 1866.

Circonstances qui occasionnent la dissolution de la société, 1867.

Effet de la clause portant qu'en cas de mort de l'un des associés, la société continuera avec son héritier, ou seulement entre les associés survivans, 1868.

Quand et comment a lieu la dissolution de la société par la volonté de l'une des parties, 1869.

Cas où la renonciation n'est pas de bonne foi ; cas où elle est faite à contre-tems, 1870.

La dissolution des sociétés à terme ne peut être demandée par l'un des associés avant le terme convenu. — Exception, 1871.

Les règles concernant le partage des successions s'appliquent aux partages entre associés, 1872.

Les dispositions ci-dessus ne s'appliquent aux sociétés de commerce que dans les points qui n'ont rien de contraire aux lois et usages du commerce, 1873.

SOCIÉTÉ D'ACQUÊTS. Voir *Acquêts*, *Communauté*.

SŒURS. Voir *Frères et Sœurs*.

SOL. La propriété du sol emporte celle du dessus et du dessous.

Cas où l'usufruitier n'a pas le droit de jouir du sol d'un bâtiment détruit par accident, 624.

SOLDATS. Voir *Armée*.

SOLES. Le bail, sans écrit, de terres labourables, lorsquelles se divisent par soles ou saisons, est censé fait pour autant d'années qu'il y a de soles, 1774.

SOLIDAIRES. Voir *Solidarité*.

SOLIDARITÉ *entre créanciers*. Définition, 1197.

Le débiteur a le choix de payer à l'un ou à l'autre des créanciers solidaires. — La remise qui n'est faite que par l'un des créanciers solidaires, ne libère le débiteur que pour la part de ce créancier, 1198.

Tout acte qui interrompt la prescription à l'égard de l'un des créanciers solidaires, profite aux autres créanciers, 1199.

SOLIDARITÉ *de la part des débiteurs*. Quand a-t-elle lieu ? 1200.

L'obligation peut être solidaire, quoique l'un des débiteurs soit obligé différemment de l'autre au paiement de la même chose, 1201.

La solidarité ne se présume point, il faut qu'elle soit expressément stipulée. — Exception, 1202.

Le débiteur solidaire ne peut opposer le bénéfice de division, 1203.

Tous les débiteurs solidaires peuvent être poursuivis en même tems par le créancier, 1204.

Comment ils sont tenus de la perte de la chose due, 1205.

Les poursuites faites contre l'un des débiteurs solidaires interrompent la prescription à l'égard de tous, 1206.

La demande d'intérêts formée contre l'un des débiteurs solidaires, fait courir les intérêts à l'égard de tous, 1207.

Exceptions que le codébiteur solidaire peut et ne peut pas opposer, 1208.

Portion pour laquelle s'éteint la créance solidaire par la confusion, 1209.

Le créancier qui consent à la division de la dette à l'égard de l'un des codébiteurs, conserve son action solidaire contre les autres, 1210.

Cas où le créancier est ou n'est pas censé avoir remis la solidarité, 1211-1212.

Les débiteurs solidaires ne sont tenus de la dette entre eux, que chacun pour leur part et portion, 1213.

Le codébiteur d'une dette solidaire qui l'a payée en entier, ne peut répéter contre les autres que la part de chacun d'eux. — Comment se repartit la portion de celui qui est insolvable, 1214-1215.

Cas où le débiteur solidaire est tenu de toute la dette vis-à-vis des autres codébiteurs, 1216.

La solidarité stipulée ne donne point à l'obligation le caractère d'indivisibilité, 1219.

Chacun des obligés à une dette indivisible est tenu pour le tout

tout, quoique l'obligation n'ait pas été contractée solidairement, 1222.

Effet de la novation à l'égard des débiteurs solidaires, 1280.

La remise du titre original ou de la grosse du titre à l'un des débiteurs solidaires, a le même effet au profit de ses codébiteurs, 1284.

Le débiteur solidaire ne peut opposer la compensation de ce que le créancier doit à son codébiteur, 1294.

La confusion qui s'opère dans la personne des créanciers, ne profite à ses codébiteurs solidaires, que pour la portion dont il était débiteur, 1301.

Du serment décisoire à l'égard des créanciers et codébiteurs solidaires, 1365.

Effet de l'obligation solidaire de la femme pour une dette de communauté, 1487. Voir *Communauté.*

Dans les sociétés autres que celles de commerce, les associés ne sont pas tenus solidairement des dettes sociales, 1862. Voir *Société.*

Ceux qui empruntent conjointement la même chose, en sont solidairement responsables envers le prêteur, 1887.

Cas où la solidarité a lieu entre plusieurs mandataires établis par le même acte, 1995. Voir *Mandataire.*

La caution qui s'est obligée solidairement avec le débiteur principal, ne peut opposer le bénéfice de discussion, 2021. Voir *Cautionnement.*

SOLIVES. Comment le copropriétaire d'un mur mitoyen peut y faire placer des solives, 657.

SOLVABILITÉ. Voir *Caution*, *Transport.*

SOMMATION. Cas où le débiteur doit être mis en demeure par une sommation, 1139.

Cas où le créancier doit être sommé de retirer la consignation déposée, 1259.

Sommation qui doit précéder la consignation et le dépôt, 1264.

La sommation est-elle nécessaire pour opérer la résolution de la vente à laquelle s'est soumis l'acquéreur, dans le cas où il ne paierait pas dans le terme convenu, 1656--1657.

SOMMATIONS RESPECTUEUSES. Voir *Actes respectueux.*

SOUCHE. Dans tous les cas où la représentation est admise, le partage s'opère par souche, 743.

Les enfans ou leurs descendans succèdent par souche, 745.
Les règles établies pour la division des masses à partager, doivent être observées dans la subdivision à faire entre les souches copartageantes, 836.

SOULTE. Récompense due à l'époux lorsque l'échange de l'immeuble qui lui appartenait, a donné lieu à une soulte, 1407.
Règles applicables aux soultes du partage des biens de communauté entre époux, 1476. Voir *Retour*.

SOURCE. Voir *Eaux*.

SOURD-MUET qui sait écrire, peut accepter les dons et legs qui lui sont faits ; s'il ne sait pas écrire, l'acceptation doit être faite par un curateur nommé à cet effet, 936.

SOUS-LOCATAIRE. Voir *Baux*.

SOUS-LOCATION est permise au preneur, si elle ne lui est interdite, 1717.
Exception à l'égard des fermiers partiaires, 1763.

SOUS-SIGNATURE PRIVÉE. Voir *Actes*.

SPOLIATION. La compensation n'a pas lieu quand il s'agit de la restitution d'une chose dont le propriétaire a été injustement dépouillé, 1293.

STATUES placées dans une niche, sont immeubles par destination, 525.

STELLIONAT. Cas où la contrainte par corps pour cause de stellionat, peut avoir lieu contre les femmes mariées, 2066. Voir *Contrainte par corps*.

SUBROGATION. Le légataire particulier qui a acquitté la dette dont l'immeuble légué était grévé, est subrogé aux droits du créancier, 874.
Cas où le tiers qui acquitte l'obligation n'est pas subrogé aux droits du créancier, 1237.
La subrogation est conventionnelle et légale, 1249.
Quand est-elle conventionnelle ? — Formalités à cet égard, 1250.
Cas où la subrogation a lieu de plein droit, 1251.
Elle a lieu tant contre les cautions que contre les débiteurs; elle ne peut nuire au créancier, lorsqu'il n'a été payé qu'en partie, 1252.
Lorsque la subrogation, par le fait du créancier, ne peut plus

s'opérer en faveur de la caution, celle-ci est déchargée, 2037. Voir *Cautionnement*.

SUBROGÉ-TUTEUR. Le curateur au ventre devient le subrogé tuteur de l'enfant, aussitôt sa naissance, 393.

Dans toute tutelle, il y a un subrogé-tuteur. — Ses fonctions, 420.

Comment doit-il être nommé ? 421-422.

Dans quelle ligne il est pris, 423.

Ce que doit faire le subrogé-tuteur, lorsque la tutelle devient vacante ou qu'elle est abandonnée par absence, 424.

Les fonctions du subrogé-tuteur cessent à la même époque que la tutelle, 425.

Il est dispensé, incapable, exclus et destitué pour les mêmes causes que le tuteur, 426.

Il est nommé un subrogé-tuteur à l'interdit, 505.

A quoi s'expose le subrogé-tuteur qui n'a point obligé le survivant des époux à faire inventaire, 1442.

— Qui ne fait pas inscrire les hypothèques dont les biens du tuteur sont grévés au profit du mineur, 2137.

SUBSTITUTIONS sont prohibées. — Toute disposition à la charge de conserver et de rendre à un tiers, est nulle, 896.

Exceptions, 897.

La disposition par laquelle un tiers est appelé à recueillir le don, l'hérédité, le legs, dans le cas où le donataire, l'héritier, le légataire ne le recueilleraient pas, n'est pas regardée comme une substitution, 898.

SUBSTITUTS. Voir *Commissaires du Gouvernement*.

SUCCESSIONS. Celle du condamné à des peines emportant mort civile, s'ouvre au profit de ses héritiers. — Il ne peut plus recueillir aucune succession ni transmettre à ce titre les biens qu'il a acquis par la suite, 25.

Le lieu où la succession s'ouvre est déterminé par le domicile, 110.

La succession de l'absent s'ouvre du jour du décès prouvé, 130.

A qui est dévolue la succession à laquelle l'absent est appelé, 136-138.

Comment l'adopté succède à l'adoptant, 350.

Dans quel cas l'adoptant succède à l'adopté mort sans postérité, 351-352.

Le tuteur ne peut accepter ni répudier une succession échue au mineur, sans une autorisation du conseil de famille. — L'acceptation ne peut avoir lieu que sous bénéfice d'inventaire, 461.

Cas où la succession répudiée au nom du mineur peut être reprise, 462.

Les successions abandonnées appartiennent à la nation, 539.

Les successions s'ouvrent par la mort naturelle et par la mort civile, 718.

De quel moment la succession est ouverte par la mort civile, 719.

Comment doit-on déterminer la présomption de survie à l'égard des personnes appelées à la succession l'une de l'autre, lorsqu'elles ont péri dans un même événement, 720-721-722.

La loi règle l'ordre de succéder entre les héritiers légitimes: à leur défaut, les biens passent aux enfans naturels, ensuite à l'époux survivant; et s'il n'y en a pas, à la République, 723.

Les héritiers légitimes en sont saisis de plein droit : les enfans naturels, l'époux survivant et la République, doivent se faire envoyer en possession par justice, 724.

Qualités requises pour succéder ; désignation des incapables, 725.

Comment succèdent les étrangers, 726.

Causes qui rendent indignes de succéder, 727.

L'héritier exclu de la succession pour cause d'indignité, est tenu de rendre tous les fruits et les revenus dont il a eu la jouissance depuis l'ouverture de la succession, 729.

Les enfans de l'indigne, venant à la succession de leur chef, et sans le secours de la représentation, ne sont pas exclus pour la faute de leur père, 730.

De quelle manière les successions sont déférées, 731.

La loi ne considère ni la nature ni l'origine des biens pour en régler la succession, 732.

Comment se divise toute succession échue à des ascendans ou à des collatéraux. — Il ne se fait aucune dévolution d'une ligne à l'autre, que lorsqu'il ne se trouve aucun ascendant ni collatéral de l'une des deux lignes, 733-734.

La proximité de parenté s'établit par le nombre de générations; chaque génération s'appelle un *degré*, 735. Voir *Degrés*.

Comment succèdent les descendans. — On ne fait pas de distinction de sexe ni de primogéniture, ni de double lien, 745.

Comment se divise la succession entre les ascendans, si le défunt n'a laissé ni postérité, ni frère, ni sœur, ni descendans d'eux, 746.

Les ascendans succèdent, à l'exclusion de tous autres, aux choses ou au prix des choses par eux données à leurs enfans ou descendans décédés sans postérité, 747.

Cas où les père et mère succèdent concuremment avec les frères ou sœurs, neveux ou nièces d'une personne morte sans postérité, 748-749-751.

Comment et entre qui se divisent les successions collatérales, 750-752-753.

Cas où le père ou la mère survivant, a l'usufruit du tiers des biens auxquels il ne succède pas en propriété, 754.

Les parens au-delà du douzième degré ne succèdent pas. — A défaut de parens au degré successible dans une ligne, les parens de l'autre ligne succèdent pour le tout, 755.

A qui et comment se défèrent les successions des enfans naturels, 765-766.

Lorsque le défunt ne laisse ni parens au degré successible, ni enfans naturels, les biens de la succession appartiennent au conjoint non divorcé qui lui survit, 767.

A défaut de conjoint survivant, la succession est acquise à la République, 768.

Formalités à remplir par le conjoint survivant et l'administration des domaines qui prétendent droit à la succession, et les enfans naturels appelés à défaut de parens, 769-770-771-772-773.

Une succession peut être acceptée purement et simplement, ou sous bénéfice d'inventaire, 774.

Nul n'est tenu d'accepter une succession qui lui est échue, 775.

Mode d'acceptation des successions échues aux femmes mariées, aux mineurs et aux interdits, 776.

L'effet de l'acceptation remonte au jour de l'ouverture de la succession, 777.

L'acceptation peut être expresse ou tacite. — Quand est-elle expresse ? — Quand est-elle tacite ? 778.

Les actes purement conservatoires, de surveillance et d'administration provisoire, ne sont pas des actes d'addition

d'hérédité, si l'on n'y a pas pris le titre ou la qualité d'héritier, 779.

Désignation de divers actes qui emportent acceptation de la succession, 780.

Lorsque celui à qui une succession est échue, est décédé sans l'avoir répudiée ou sans l'avoir acceptée, ses héritiers peuvent l'accepter ou la répudier de son chef, 781.

Si ces héritiers ne sont pas d'accord, elle doit être acceptée sous bénéfice d'inventaire, 782.

Cas où le majeur peut attaquer l'acceptation expresse ou tacite qu'il a faite d'une succession, 783.

La renonciation à une succession ne se présume pas : elle ne peut plus être faite qu'au greffe du tribunal de première instance dans l'arrondissement duquel la succession s'est ouverte, 784.

L'héritier qui renonce, est censé n'avoir jamais été héritier, 785.

La part du renonçant accroît à ses cohéritiers; s'il est seul, elle est dévolue au degré subséquent, 786.

On ne vient jamais par représentation d'un héritier qui a renoncé : si le renonçant est seul héritier de son degré, ou si tous ses cohéritiers renoncent, les enfans viennent de leur chef et succèdent par tête, 787.

Les créanciers de celui qui renonce au préjudice de leurs droits, peuvent se faire autoriser en justice à accepter la succession du chef de leur débiteur, en son lieu et place, 788.

La faculté d'accepter ou de répudier une succession, se prescrit par le laps de tems requis pour la prescription la plus longue des droits immobiliers, 789.

Dans quels cas et sous quelles conditions les héritiers qui ont renoncé, ont la faculté d'accepter encore la succession, 790.

On ne peut, même par contrat de mariage, renoncer à la succession d'un homme vivant, ni aliéner les droits éventuels qu'on peut avoir à cette succession, 791-1130.

Peines encourues par l'héritier qui divertit ou recèle des effets d'une succession, 792.

Les époux ne peuvent faire, dans le contrat de mariage, aucune convention dont l'objet serait de changer l'ordre légal des successions, 1389.

Objets provenans des successions qui entrent ou non dans l'actif de la communauté entre époux, 1401-1402-1404.
Cas où les dettes mobilières dont se trouvent chargées les successions qui échoient aux futurs durant leur mariage, sont à la charge de la communauté, avec ou sans récompense, 1409-1411 et suivans. Voir *Communauté*.
On ne peut vendre la succession d'une personne vivante, 1600.
L'inscription faite depuis l'ouverture d'une succession est nulle, 2146.
De la représentation. Voir *Représentation*.
Du bénéfice d'inventaire, de ses effets, et des obligations de l'héritier bénéficiaire. Voir *Bénéfice d'inventaire*.

SUCCESSION VACANTE. Cas où une succession est réputée vacante, 811.
Nomination d'un curateur par le tribunal, sur la demande des personnes intéressées ou du commissaire du Gouvernement, 812.
Fonctions de ce curateur, 813.
Les dispositions relatives aux formes de l'inventaire, au mode d'administration, aux comptes à rendre par l'héritier bénéficiaire, sont communes aux curateurs à successions vacantes, 814. Voir *Bénéfice d'inventaire*.
La prescription court contre une succession vacante, quoique non pourvue de curateur, 2258.

SUPPLÉANS. Voir *Juges*.

SUPPRESSION D'ÉTAT. L'action criminelle contre un délit de suppression détat ne peut commencer qu'après le jugement définitif sur la question d'état, 327.

SURETÉ. Les lois de sûreté obligent tous ceux qui habitent le territoire, 3.

SURSIS. Cas où les juges peuvent surseoir à l'exécution des poursuites contre le débiteur, 1244.

SURVENANCE D'ENFANT révoque de plein droit la donation entre-vifs, 960-961. Voir *Donations*.

SURVIE. Comment doit-on déterminer la présomption de survie à l'égard des personnes qui périssent dans un même événement, 720-721-722.
Toute donation entre-vifs des biens présens faite entre époux par contrat de mariage, n'est point censée faite sous la con-

dition de survie, si cette condition n'est formellement exprimée, 1092.

La dissolution de communauté opérée par le divorce ou la séparation de corps et de biens, ne donne pas ouverture aux droits de survie de la femme, 1452.

SUSCRIPTION. Voir *Testament.*

SUSPENSION. Cas où les tribunaux peuvent, suivant les circonstances, ordonner la suspension de l'exécution d'un acte authentique, 1319.

SYNALLAGMATIQUE (Contrat). Définition, 1102.

Cas où la condition résolutoire est toujours sous-entendue dans les contrats synallagmatiques, 1184.

Les actes sous seing-privé qui contiennent des conventions synallagmatiques doivent être faits en autant d'originaux qu'il y a de parties ayant un intérêt distinct, 1325.

T.

TABLEAUX. Cas où ils sont immeubles par destination, 525.

Les tableaux font partie des meubles meublans, mais non les collections de tableaux qui peuvent être dans les galeries ou pièces particulières, 534.

L'usufruitier peut enlever les tableaux par lui placés, à la charge de rétablir les lieux dans leur premier état, 599.

TABLES font partie des meubles meublans, 534.

TABLETTES DE CHEMINÉE. Leurs réparations sont à la charge du locataire. — Exception, 1754.

TACITE RÉCONDUCTION. Voir *Baux.*

TAILLES. Les tailles corrélatives à leurs échantillons font foi entre les personnes qui sont dans l'usage de constater ainsi les fournitures en détail, 1333.

TANTE. Voir *Oncle et Tante.*

TAPISSERIES font partie des meubles meublans, 534.

TARGETTES. Leurs réparations sont à la charge du locataire. — Exception, 1754.

TAUX. La rente viagère peut être constituée au taux qu'il plaît aux parties de fixer, 1976. Voir *Prêt à intérêt.*

TÉMOINS. Ceux qui sont morts civilement ne peuvent être témoins, 25.

Témoins requis pour les actes de l'état civil, 37-56-57-75-76-78-79-96. Voir *Décès*, *Etat-civil*, *Mariage*, *Naissance.*

— Pour les actes de société prescrits pour suppléer les actes de naissance, 71.

— Pour le divorce, 242-243-249-250-251-252-253-256. Voir *Divorce.*

— Pour la preuve de filiation, 323-341. Voir *Filiation.*

— Pour l'interdiction, 493. Voir *Interdiction.*

— Pour le testament par acte public, 971-980-988. Voir *Testament.*

Cas où la preuve de l'existence d'un acte par témoins peut être admise, 1336. Voir au surplus *Preuve.*

TERME. Cas où par l'échéance du terme le débiteur est constitué en demeure, 1139.

En quoi le terme diffère de la condition, 1185.

Le terme de grâce n'est point un obstacle à la compensation, 1292.

Le bail cesse de plein droit à l'expiration du terme fixé, lorsqu'il a été fait par écrit, 1737.

Le prêteur ne peut redemander les choses prêtées avant le terme convenu, 1899.

Cas où le juge peut fixer à l'emprunteur un terme de paiement suivant les circonstances, 1901.

Délai après lequel la caution peut exercer son action en indemnité contre le débiteur, lorsque l'obligation n'a pas de terme fixe d'échéance, 2032.

Obligations à terme. Voir *Obligations.* Voir au surplus *Délais.*

TESTAMENS. Les personnes mortes civilement ne peuvent tester, 25.

Par qui l'ouverture du testament d'un absent peut être requise, 123.

La femme peut tester sans l'autorisation de son mari, 226.

Définition du testament, 895.

On peut donner par testament l'usufruit à l'un et la nue propriété à l'autre, 899.

Dans toute disposition testamentaire, les conditions impossibles, contraires aux lois ou aux mœurs, sont réputées non écrites, 900.

Lorsque la valeur des donations entre-vifs excède ou égale la quotité disponible, toutes les dispositions testamentaires sont caduques, 925.

De la capacité de recevoir et de disposer par testament. Voir *Capacité.*

De la portion des biens disponible par acte entre-vifs ou par testament. Voir *Donations.*

De la réduction des donations et des legs. Voir *Donations.*

Sous quel titre on peut disposer par testament, 967.

Un testament ne peut être fait dans le même acte par deux ou plusieurs personnes, 968.

Un testament peut être olographe, ou fait par acte public ou dans la forme mystique, 969.

Formes du testament olographe, 970.

Formes du testament par acte public, 971-972-973-974.

Désignation des personnes qui ne peuvent être prises pour témoins du testament par acte public, 975.

Formalités requises pour le testament mystique et l'acte de suscription, 976.

Cas où le testateur par testament mystique ne sait pas signer, ou n'a pu le faire lorsqu'il a fait écrire ses dispositions, 977.

Ceux qui ne savent ou ne peuvent lire, ne peuvent faire de dispositions dans la forme du testament mystique, 978.

Cas où le testateur qui ne peut parler, mais qui peut écrire, peut faire un testament mystique, 979.

Les témoins appelés pour être présens aux testamens, doivent être mâles, majeurs, républicoles, jouissant des droits civils, 980.

Formes des testamens des militaires et des individus employés dans les armées, 981-982-983-998.

Ces testamens sont nuls six mois après que le testateur est revenu dans un lieu où il a la liberté d'employer les formes ordinaires, 984.

Formalités relatives aux testamens faits dans un lieu avec lequel toutes communications sont interrompues par la peste ou autre maladie contagieuse, 985-986.

Cas où les testamens mentionnés aux deux précédens articles, deviennent nuls, 987.

Formes des testamens faits sur mer dans le cours d'un voyage, par les gens de l'équipage et les simples passagers, 988-989-990-991-992-993-995.

Formes qu'on doit observer pour les testamens faits dans le

cours d'un voyage de mer, mais lorsque le navire a abordé une terre, soit étrangère, soit de la domination française, où il y a un officier public français, 994.

Le testament fait sur mer n'est valable qu'autant que le testateur meurt en mer, ou dans les trois mois après qu'il est descendu à terre, et dans un lieu où il aurait pu le refaire dans les formes ordinaires, 996.

Le testament fait sur mer ne peut contenir aucune disposition au profit des officiers du vaisseau, s'ils ne sont parens du testateur, 997.

Comment un Français qui se trouve en pays étranger, peut faire ses dispositions testamentaires, 999.

Formalités prescrites pour que les testamens faits en pays étranger, puissent être exécutés sur les biens situés en France, 1000.

Les formalités auxquelles les divers testamens sont assujettis, doivent être observées à peine de nullité, 1001.

Les dispositions testamentaires sont ou universelles, ou à titre universel, ou à titre particulier, 1002. Voir *Legs.*

Le testateur peut nommer un ou plusieurs exécuteurs testamentaires, 1025. Voir *Exécuteur testamentaire.*

Par quels actes les testamens peuvent être révoqués, 1035.

Quelles dispositions annullent les testamens qui ne révoquent pas d'une manière expresse les précédens, 1036.

La révocation faite dans un testament postérieur a tout son effet, quoique ce nouvel acte reste sans exécution par l'incapacité de l'héritier institué ou du légataire, ou par leur refus de recueillir, 1037.

Toute aliénation que fait le testateur de la chose léguée, emporte la révocation du legs, encore que l'aliénation postérieure soit nulle, et que l'objet soit rentré dans la main du testateur, 1038.

Toute disposition testamentaire est caduque, si celui en faveur de qui elle est faite, n'a pas survécu au testateur, 1039.

Ou s'il meurt avant l'accomplissement de la condition suspensive, 1040.

La condition qui ne fait que suspendre l'exécution de la disposition, n'empêche pas l'héritier institué, ou le légataire, d'avoir un droit acquis et transmissible à ses héritiers, 1041.

Cas où la perte de la chose léguée rend le legs caduc, 1042.

La disposition testamentaire est caduque, lorsque l'héritier institué ou le légataire la répudie, ou se trouve incapable de la recueillir, 1043.

Il y a lieu à accroissement au profit des légataires, dans le cas où le legs est fait à plusieurs conjointement. — Cas où le legs est réputé fait conjointement, 1044-1045.

Causes pour lesquelles on peut demander la révocation des dispositions testamentaires, 1046.

Si cette demande est fondée sur une injure grave faite à la mémoire du testateur, elle doit être intentée dans l'année, à compter du jour du délit, 1047.

Des dispositions permises en faveur des petits enfans du donateur ou testateur, ou des enfans de ses frères et sœurs, à charge de restitution. Voir *Donations entre-vifs*.

Des partages faits par père et mère ou autres ascendans entre leurs descendans par actes entre-vifs ou testamentaires. Voir *Partage*.

TIERS. Cas où l'on peut se porter fort et stipuler pour un tiers, 1120-1121.

Effet des conventions a l'égard des tiers, 1165-1166-1167.

Comment une obligation peut être acquittée par un tiers? 1236.

L'obligation de faire ne peut être acquittée par un tiers contre le gré du créancier, 1237.

Règles et effets du paiement avec subrogation à l'égard des tiers, 1249. Voir *Subrogation*.

La compensation n'a pas lieu au préjudice des droits acquis à un tiers, 1298-1299.

Les contre-lettres n'ont point d'effet contre les tiers, 1321.

De quel jour les actes sous seing privé ont date contre des tiers, 1328.

Les engagemens du mandataire dont le pouvoir a cessé, sont exécutés à l'égard des tiers qui sont de bonne foi, 2005-2009.

TIERS DÉTENTEUR. Droits à exercer par le donateur, dans le cas de révocation de la donation, contre les tiers détenteurs, 954.

A quoi s'expose le tiers détenteur, lorsqu'il ne remplit pas les formalités prescrites pour purger les hypothèques, 2167-2168-2169. Voir *Hypothèques*.

TIERS PRIVILÉGIÉS. De quelle époque date l'hypothèque à l'égard des tiers privilégiés, 2113.

TIMBRE. Les états de situation de la gestion d'un tuteur peuvent être rédigés sur papier non timbré, 470.

Les registres des conservateurs des hypothèques doivent être en papier timbré, 2201.

TITRES relatifs à la possession d'état, 319 et suivans. Voir *Filiation.*

— Aux servitudes, 690 et suivans. Voir *Servitudes.*

Les titres exécutoires contre le défunt, sont pareillement exécutoires contre l'héritier personnellement huit jours après la signification, 877.

Effet de la remise des titres, quant au paiement de la dette, 1282 et suivans. Voir *Remise.*

Du titre authentique, 1317 et suivans. Voir *Actes.*

Foi due aux titres et aux copies des titres, 1334-1335-1336.

La remise des titres de propriété de la chose vendue en opère la délivrance, 1605.

La vente forcée des immeubles ne peut avoir lieu qu'en vertu d'un titre authentique, 2213.

On ne peut pas prescrire contre son titre, 2240. Voir *Prescription.*

TITRE NOUVEL. Après 28 ans de la date du dernier titre, le débiteur d'une rente peut être contraint à fournir à ses frais un titre nouvel à son créancier, 2263.

TITRE NUL. Il y a lieu à l'action en rescision contre une transaction, lorsqu'elle a été faite en exécution d'un titre nul, 2054.

TITRE PRIMORDIAL. Cas où les actes récognitifs ne dispensent pas de la représentation du titre primordial. — Cas où le créancier peut être dispensé de cette représentation, 1337.

TITRE RÉCOGNITIF de la servitude, peut remplacer le titre constitutif, 695.

TOITS. A la charge de qui sont les réparations à faire aux toits d'une maison appartenant à divers propriétaires, 664.

Manière d'établir l'égoût des toits, 681.

TOLÉRANCE. Les actes de simple tolérance ne peuvent fonder ni possession ni prescription, 2232.

TONNES. Cas où elles sont immeubles par destination, 524.

TONTE. Voir *Cheptel.*

TOURBIÈRES. Cas où l'usufruitier ne peut en jouir, 598.

TRADITION. Voir *Délivrance*, *Dépôt*, *Donation.*

TRAITEURS. Leur action, à raison de la nourriture qu'ils fournissent, se prescrit par six mois, 2271.

TRANSACTIONS que peuvent faire les époux qui divorcent par consentement mutuel, 279.

— Le tuteur, au nom de son mineur, après une autorisation du conseil de famille, homologuée par le tribunal civil, 467.

On ne peut faire rescinder, pour cause de lésion, la transaction faite sur partage, 888.

Définition du contrat de transaction. — Il doit être rédigé par écrit, 2044.

Capacité requise pour transiger. — Formalités à observer par les tuteurs, les communes et les établissemens publics, en matière de transaction, 2045.

On peut transiger sur l'intérêt civil qui résulte d'un délit. — La transaction n'empêche pas la poursuite du ministère public, 2046.

On peut ajouter à une transaction la stipulation d'une peine contre celui qui manquera de l'exécuter, 2047.

Les transactions se renferment dans leur objet. Ce qu'on entend par la renonciation qui y est faite à tous droits, actions et prétentions, 2048.

Les transactions ne règlent que les différends qui s'y trouvent compris, 2049.

Cas où celui qui avait transigé sur un droit qu'il avait de son chef, acquiert ensuite un droit semblable du chef d'une autre personne, 2050.

La transaction faite par l'un des intéressés ne lie point les autres intéressés, et ne peut être opposée par eux, 2051.

Les transactions ont, entre les parties, l'autorité de la chose jugée en dernier ressort. — Elles ne peuvent être attaquées pour cause d'erreur de droit, ni pour cause de lésion, 2052.

Une transaction peut être rescindée, lorsqu'il y a erreur dans la personne, ou sur l'objet de la contestation, et dans tous les cas où il y a dol ou violence, 2053.

Il y a lieu à l'action en rescision contre une transaction, lorsqu'elle a été faite en exécution d'un titre nul, à moins que les parties n'aient expressément traité sur la nullité, 2054.

La transaction faite sur pièces qui depuis ont été reconnues fausses, est entièrement nulle, 2055.

Cas où la transaction sur un procès terminé par un jugement passé en force de chose jugée, est nulle. — Cas où elle est valable, 2056.

Lorsque les parties ont transigé généralement sur toutes les affaires qu'elles pouvaient avoir ensemble, les titres qui leur étaient alors inconnus, et qui auraient été postérieurement découverts, ne sont point une cause de rescision. — Exception. --Cas où la transaction serait nulle, 2057.

L'erreur de calcul dans une transaction doit être réparée, 2058.

TRANSCRIPTIONS. Voir *Donations*, *Hypothèques*.

TRANSPORT. Dans le transport d'une créance, d'un droit ou d'une action sur un tiers, la délivrance s'opère entre le cédant et le cessionnaire par la remise du titre, 1689.

Le cessionnaire n'est saisi à l'égard des tiers que par la signification du transport faite au débiteur, ou par l'acceptation du transport faite par le débiteur dans un acte authentique, 1690.

Si, avant la signification du transport au débiteur. celui-ci avait payé le cédant, il est valablement libéré, 1691.

La vente ou cession d'une créance comprend les accessoires de la créance, tels que caution, privilége et hypothèque, 1692.

De quelle garantie est tenu celui qui vend une créance ou autre droit incorporel, 1693-1694-1695. Voir *Garantie*.

Celui qui vend une hérédité sans en spécifier en détail les objets, n'est tenu de garantir que sa qualité d'héritier, 1696.

Obligations du vendeur à l'égard de l'acquéreur, 1697.

Obligations de l'acquéreur à l'égard du vendeur, 1698.

Comment celui contre lequel on a cédé un droit litigieux, peut s'en faire tenir quitte par le cessionnaire, 1699.

La chose est censée litigieuse dès qu'il y a procès et contestation sur le fond du droit, 1700.

Cas où cette disposition cesse, 1701.

Le cessionnaire d'un titre exécutoire ne peut poursuivre l'expropriation qu'après avoir fait signifier le transport au débiteur, 2214.

TRÉSOR. L'usufruitier n'a aucun droit au trésor découvert pendant la durée de l'usufruit, 598.
Définition du trésor. — A qui appartient-il ? 716.

TRIBUNAL DE CASSATION. Il connait des jugemens en matière de divorce, 263.
Les juges, le commissaire et les substituts sont dispensés de la tutelle, 427.

TRIBUNAUX D'APPEL. Leurs attributions relativement;
— Aux jugemens relatifs aux actes de l'état civil, 54-99.
— Au divorce, au mariage, 178-263-293.
— à l'adoption, 357-358.
— A la détention du fils de famille requise par ses parens, 382.
— A la destitution de la tutelle, 448.
— A l'interrogatoire de l'interdit, 500.

TRIBUNAUX DE PREMIÈRE INSTANCE. Leurs attributions relativement;
— A la nomination d'un curateur spécial au condamné mort civilement, 25.
— Aux registres de l'état civil, 41-45-50 et suivans.
— Aux actes de notoriété, 72.
— A la rectification des actes de l'état civil, 99.
— Aux biens des absens, 112 et suivans.
— Aux oppositions à un mariage, 174-177.
— Aux demandes relatives aux pensions alimentaires dues par les enfans à leurs père et mère, et réciproquement, 210-211.
— A l'autorisation à la femme, au refus du mari, pour ester en jugement, et contracter, 218-219-221-222.
— A divorce, 234 et suivans.
— Aux réclamations d'état, 326.
— A l'adoption, 354 et suivans.
— A l'arrestation d'un mineur sur la demande des père et mère ou d'un tuteur, 376.
— A la tutelle, 440-448-458.
— A la nomination des experts pour l'estimation des biens dans les partages où il y a des mineurs, 466.

Aux

— Aux transactions faites au nom d'un mineur émancipé, 483-484.
— A l'interdiction, 492 et suivans.
— A la nomination d'un conseil au prodigue, 513.
— A l'envoi en possession d'une succession échue au conjoint survivant ou à la République, 770.
— Aux délais demandés par l'héritier bénéficiaire, 798-800.
— A la nomination d'un curateur à une succession vacante, 812.
— Aux actions en partage, aux licitations, 822.
— A l'ouverture des testamens olographes ou mystiques., 1007. Voir *Greffiers*, *Juges*.

TRIBUNS sont dispensés de la tutelle, 427.

TROUBLE. Voir *Baux*.

TROUPEAU. Responsabilité de l'usufruitier, relativement à la perte de tout ou partie du troupeau sujet à l'usufruit, 616.

TUTELLE, TUTEUR. L'individu mort civilement ne peut être tuteur, ni concourir aux opérations relatives à la tutelle, 25.

Cas où il est nommé un tuteur provisoire aux enfans, six mois après la disparition du père, 142.

Cas où l'enfant naturel non reconnu ne peut se marier qu'avec le consentement d'un tuteur *ad hoc*, 159.

Formalités à observer par le tuteur qui veut former opposition au mariage de son pupille, 175.

Le désaveu d'un enfant de la part d'un mari n'est valable qu'autant qu'il a dirigé son action contre un tuteur *ad hoc* donné à l'enfant, 318.

La tutelle des enfans mineurs et non émancipés appartient de plein droit au survivant des père et mère, 390.

Le père peut nommer à la mère survivante et tutrice un conseil spécial, 391.

Par quels actes cette nomination de conseil peut être faite, 392.

Quand il a été nommé un curateur au ventre, à la naissance de l'enfant, la mère en devient tutrice, et le curateur est de plein droit le subrogé tuteur, 393.

La mère n'est point tenue d'accepter la tutelle. Ses devoirs en ce cas, 394.

Que doit faire la mère tutrice qui veut se remarier ? 395.

Lorsque le conseil de famille conserve la tutelle à la mère qui se remarie, il lui donne pour cotuteur le second mari, 396.

Le droit de choisir un tuteur parent, ou même étranger, n'appartient qu'au dernier mourant des père et mère, 397.

Ce droit ne peut être exercé que dans les formes prescrites par l'article 392, 398.

La mère remariée, et non maintenue dans la tutelle des enfans de son premier mariage, ne peut leur choisir un tuteur, 399.

Lorsque la mère remariée, et maintenue dans la tutelle, a fait choix d'un tuteur aux enfans de son premier mariage, ce choix n'est valable qu'autant qu'il est confirmé par le conseil de famille, 400.

Le tuteur élu par le père ou la mère, n'est pas tenu d'accepter la tutelle, 401.

Dans quel cas et comment la tutelle passe aux ascendans, 402-403-404.

Cas où la tutelle est déférée par le conseil de famille, 405.

A la diligence de qui ce conseil peut-il être convoqué? 406.

Composition du conseil de famille, 406-407.

Ce que le juge de paix doit faire lorsque les parens ou alliés de l'une ou de l'autre ligne se trouvent en nombre insuffisant sur les lieux, ou dans la distance de deux myriamètres, 409.

Le juge de paix peut, lors même qu'il y a sur les lieux un nombre suffisant de parens ou alliés, permettre de citer, à quelque distance qu'ils soient domiciliés, des parens ou alliés plus proches en degrés, ou de mêmes degrés que les parens ou alliés présens, 410.

Le délai pour comparaître est réglé par le juge de paix à jour fixe, 411.

Les parens, alliés ou amis, ainsi convoqués, sont tenus de se rendre en personne, ou de se faire représenter par un mandataire spécial, 412.

Ceux qui, sans excuse légitime, ne comparaissent point, encourent une amende qui ne peut excéder cinquante francs. Elle est prononcée sans appel par le juge de paix, 413.

Cas où le juge de paix peut ajourner l'assemblée ou la proroger, 414.

Cette assemblée se tient de plein droit chez le juge de paix. La présence des trois-quarts au moins de ses membres convoqués, est nécessaire pour qu'elle délibère, 415.

Le conseil de famille est présidé par le juge de paix, qui y a voix délibérative, et prépondérante en cas de partage, 416.

Cas où le mineur, domicilié en France, possède des biens dans les colonies, ou réciproquement, 417.

Le tuteur agit et administre, en cette qualité, du jour de sa nomination, si elle a lieu en sa présence; sinon du jour qu'elle lui a été notifiée, 418.

La tutelle est une charge personnelle qui ne passe point aux héritiers du tuteur. — Obligations de ces derniers, 419.

Quelles sont les personnes dispensées de la tutelle, 427-428-429.

Les individus qui ont accepté la tutelle postérieurement aux fonctions, services ou missions qui en dispensent, ne sont plus admis à s'en faire décharger pour cette cause, 430.

Ceux, au contraire, à qui lesdites fonctions ont été conférées postérieurement à l'acceptation d'une tutelle, peuvent se faire remplacer, 431.

Cas où tout citoyen non parent ni allié peut être forcé d'accepter la tutelle, 432.

Tout individu âgé de soixante-cinq ans accomplis, peut refuser d'être tuteur. Celui qui a été nommé avant cet âge, peut, à soixante-dix ans, se faire décharger de la tutelle, 433.

Tout individu atteint d'une infirmité grave et dûment justifiée, est dispensé de la tutelle. — Il peut même s'en faire décharger, si cette infirmité est survenue depuis sa nomination 434.

Deux tutelles sont, pour toutes personnes, une juste dispense d'en accepter une troisième. — Celui qui, époux ou père, est déjà chargé d'une tutelle, ne pourra être tenu d'en accepter une seconde, excepté celle de ses enfans, 435.

Ceux qui ont cinq enfans légitimes, sont dispensés de toute tutelle autre que celle desdits enfans, 436.

La survenance d'enfans pendant la tutelle ne peut autoriser à l'abdiquer, 437.

Si le tuteur nommé est présent à la délibération, il doit sur-le-champ, et sous peine d'être déclaré non recevable dans

toute réclamation ultérieure, proposer ses excuses, sur lesquelles le conseil de famille délibère, 438.

Si le tuteur nommé n'a pas assisté à la délibération qui lui a déféré la tutelle, il peut faire convoquer le conseil de famille, pour délibérer sur ses excuses, 439.

Si ces excuses sont rejetées, il peut se pourvoir devant les tribunaux pour les faire admettre; mais il est, pendant le litige, tenu d'administrer provisoirement, 440.

Par qui les frais d'instance doivent-ils être payés ? 441.

Individus qui ne peuvent être tuteurs ni membres des conseils de famille, 442.

Individus qui doivent être exclus ou destitués de la tutelle, 443-444.

Tout individu exclu ou destitué d'une tutelle, ne peut être membre d'un conseil de famille, 445.

Quand il y a lieu à une destitution de tuteur, elle est prononcée par le conseil de famille, convoqué à la diligence du subrogé tuteur, ou d'office par le juge de paix, 446.

La délibération du conseil de famille qui prononce l'exclusion ou la destitution du tuteur, doit être motivée, et ne peut être prise qu'après avoir entendu ou appelé le tuteur, 447.

Si le tuteur adhère à la délibération, il en est fait mention, et le nouveau tuteur entre aussitôt en fonctions. S'il réclame, la cause doit être portée devant le tribunal de première instance, qui prononce sauf l'appel, comme affaire urgente, 448-449.

Le tuteur représente le mineur dans tous les actes civils. Il administre les biens en bon père de famille, répond des dommages-intérêts qui pourraient résulter d'une mauvaise gestion. — Il ne peut ni acheter les biens du mineur, ni les prendre à ferme, à moins que le conseil de famille n'ait autorisé le subrogé tuteur à lui en passer bail, ni accepter la cession d'aucun droit ou créance contre son pupille, 450.

Dans les dix jours de sa nomination, il doit requérir la levée des scellés, s'ils ont été apposés, faire faire inventaire. — S'il lui est dû quelque chose par le mineur, il doit le déclarer dans l'inventaire, à peine de déchéance, 451.

Dans le mois qui suit la clôture de l'inventaire, il doit faire vendre aux enchères, après affiches, tous les meubles autres que ceux que le conseil de famille l'aurait autorisé à conserver en nature, 452.

Les père et mère, tant qu'ils ont la jouissance légale des biens du mineur, sont dispensés de vendre les meubles, s'ils préfèrent de les garder pour les remettre en nature. — Leurs obligations en ce cas, 453.

Le conseil de famille régle par aperçu, la somme à laquelle peut s'élever la dépense annuelle du mineur, ainsi que celle d'administration de ses biens; il autorise le tuteur à s'aider d'un ou plusieurs administrateurs particuliers, salariés, 454.

Ce conseil détermine la somme à laquelle commence, pour le tuteur, l'obligation d'employer l'excédant des revenus: cet emploi doit être fait dans le délai de six mois, passé lequel le tuteur doit les intérêts à défaut d'emploi, 455-456.

Le tuteur ne peut emprunter pour le mineur, ni aliéner ou hypothéquer ses biens immeubles, sans y être autorisé par un conseil de famille. — Circonstances où cette autorisation peut être accordée, 457.

Les délibérations du conseil de famille relatives à cet objet, ne sont exécutées qu'après que le tuteur en a obtenu l'homologation devant le tribunal civil de première instance, 458.

La vente doit se faire publiquement, aux enchères, et à la suite de trois affiches, 459.

Les formalités exigées pour l'aliénation des biens du mineur, ne s'appliquent point au cas où un jugement aurait ordonné la licitation sur la provocation d'un copropriétaire par indivis. — Forme de cette licitation, 460.

Le tuteur ne peut accepter ni répudier une succession échue au mineur, sans une autorisation du conseil de famille. L'acceptation n'a lieu que sous bénéfice d'inventaire, 461.

Cas où la succession répudiée au nom du mineur, peut être reprise, 462.

La donation faite au mineur ne peut être acceptée par le tuteur, qu'avec l'autorisation du conseil de famille, 463.

Il ne peut, sans la même autorisation, introduire en justice une demande relative aux droits immobiliers du mineur, ni acquiescer à une demande relative aux mêmes droits, 464.

La même autorisation lui est nécessaire pour provoquer un partage. — Elle ne lui est pas nécessaire pour répondre à une demande en partage dirigée contre le mineur, 465.

Formalités nécessaires pour que le partage obtienne à l'égard des mineurs tout l'effet qu'il aurait entre majeurs, 466.
Formalités nécessaires pour que le tuteur puisse transiger au nom du mineur, 467, 2045.
Plaintes à porter au conseil de famille par le tuteur qui a des sujets de mécontentement graves sur la conduite du mineur, 468.
Tout tuteur est comptable de sa gestion lorsqu'elle finit, 469.
Il est tenu de remettre durant la tutelle, au subrogé tuteur des états de situation, 470.
Le compte de tutelle est rendu aux dépens du mineur, lors de sa majorité ou de son émancipation. — Dépenses à allouer au tuteur, 471.
Conditions nécessaires pour que le tuteur puisse traiter avec le mineur devenu majeur, 472-2045.
Si le compte donne lieu à des contestations, elles doivent être jugées comme les autres contestations en matièrs civile, 473.
De quel jour courent les intérêts dus par le tuteur au mineur, ou par le mineur au tuteur, 474.
L'action du mineur contre son tuteur relativement aux frais de la tutelle, se prescrit par dix ans, à compter de la majorité, 475.
Il doit être donné un tuteur et un subrogé tuteur à linterdit, 505.
Le mari est de droit le tuteur de sa femme interdite, 506.
La femme peut être nommée tutrice de son mari interdit, 507.
Nul n'est tenu de conserver la tutelle d'un interdit au-delà de dix ans. — Exception à l'égard des époux, des ascendans et descendans, 508.
L'action en partage, à l'égard des cohéritiers mineurs ou interdits, peut être exercée par leurs tuteurs autorisés par un conseil de famille, 817.
Le mineur ne peut, même par testament, disposer au profit de son tuteur. — Exception à l'égard des ascendans des mineurs qui sont leurs tuteurs, 907.
Le tuteur accepte la donation faite au mineur, 935.
Il doit la faire transcrire aux hypothèques sous sa responsabilité, 939-940-942.
Le testateur qui dispose à charge de restitution peut nommer un tuteur chargé de l'exécution de ses dispositions, 1055.

A défaut de ce tuteur, il en est nommé un à la diligence du grèvé, 1056.

Responsabilité de ce tuteur, 1072.

Les époux ne peuvent, par leur contrat de mariage, déroger aux droits conférés au survivant par le titre de la tutelle, 1388.

Les tuteurs ne peuvent se rendre adjudicataires des biens de ceux dont ils ont la tutelle, 1596.

Mode de purger les hypothèques quand il n'existe pas d'inscription sur les biens des tuteurs, 2193-2194-2195. Voir *Subrogé-Tuteur.*

TUTEURS OFFICIEUX. Formalités requises pour devenir tuteur officieux, 361.

Un époux ne peut devenir tuteur officieux qu'avec le consentement de l'autre conjoint, 362.

Le juge de paix du domicile de l'enfant dresse procès-verbal des demandes et consentemens relatifs à la tutelle officieuse, 363.

Cette tutelle ne peut avoir lieu qu'au profit d'enfans âgés de moins de quinze ans. — Obligations qu'elle impose, 364.

Elle donne au tuteur à charge de rendre compte, l'administration des biens du pupille comme celle de sa personne, 365-370.

Cas où le tuteur officieux peut adopter son pupille, 366-368. Voir *Adoption.*

Si le tuteur officieux meurt avant d'avoir adopté le pupille, ses héritiers sont tenus de fournir à ce dernier, durant sa minorité, les moyens de subsister, 367.

Cas où le tuteur officieux peut être condamné à indemniser le pupille de l'incapacité où celui-ci peut se trouver de pourvoir à sa subsistance, 369.

TUTEUR SUBROGÉ. Voir *Subrogé-Tuteur.*

TUYAUX servant à la conduite des eaux dans une maison ou autre héritage, sont immeubles, 523.

U.

UNILATÉRAL, (Contrat). Définition, 1103.

UNION. Voir *Accession.*

USAGE. Les droits d'usage s'établissent et se perdent de la même manière que l'usufruit, 625.
On ne peut en jouir sans donner caution et sans faire des états et inventaires, 626.
L'usager doit jouir en bon père de famille, 627.
Comment se règlent les droits d'usage, 628-629-630.
L'usager ne peut céder ni louer son droit à un autre, 631.
Si l'usager absorbe tous les fruits du fonds, il est assujetti aux frais de culture, au paiement des contributions; s'il ne prend qu'une partie des fruits, il contribue au prosata de ce dont il jouit, 635.
L'usage des bois et forêts est réglé par des lois particulières, 636.
L'usage d'une chose peut être l'objet d'un contrat, 1127.
USAGES LOCAUX. Effet de l'usage sur les conventions, 1135.
L'usage sert à interprêter ce qui est ambigu, 1159.
Ce qui est d'usage se supplée dans le contrat, 1160.
USINES. Les ustensiles nécessaires à leur exploitation, sont immeubles par destination, 524.
Les usines non fixées par des piliers, et ne faisant point partie de la maison, sont meubles, 531.
USTENSILES. Cas où les ustensiles aratoires, ceux nécessaires à l'exploitation des forges, papeteries et autres usines sont immeubles par destination, 524.
Le bail peut être résilié si le fermier ne les garnit pas des ustensiles nécessaires à leur exploitation, 1766.
Les sommes dues pour ustensiles sont payées, sur le prix de ces ustensiles, par préférence au propriétaire, 2102. Voir *Instrumens*.
USUFRUIT, USUFRUITIER. L'usufruit des choses immobilières est immeuble, 526.
Nature de l'usufruit, 578.
L'usufruit est établi par la loi, ou par la volonté de l'homme, 579.
L'usufruit peut être établi, ou purement, ou à certain jour, ou à condition, 580.
Il peut être établi sur toute espèce de biens, meubles ou immeubles, 581.
L'usufruitier a le droit de jouir de toute espèce de fruits, soit naturels, soit industriels, soit civils, que peut produire l'objet dont il a l'usufruit, 582.
Ce qu'on entend par fruits naturels et industriels, 583.

Ce qu'on entend par fruits civils, 584.

Les fruits naturels et industriels, pendans par branches ou par racines au moment où l'usufruit est ouvert, appartiennent à l'usufruitier. Ceux qui sont dans le même état au moment où finit l'usufruit, appartiennent au propriétaire, 585.

Les fruits civils sont réputés s'acquérir jour par jour, et appartiennent à l'usufruitier, à proportion de la durée de son usufruit, 586.

Si l'usufruit comprend des choses dont on ne peut faire usage sans les consommer, l'usufruitier a le droit de s'en servir, mais à la charge d'en rendre de pareille quantité, qualité et valeur, ou leur estimation, à la fin de l'usufruit, 587.

L'usufruit d'une rente viagère donne aussi à l'usufruitier le droit d'en percevoir les arrérages, sans être tenu à aucune restitution, 588.

Cas où l'usufruit comprend des choses qui, sans se consommer de suite, se détériorent peu à peu par l'usage, 589.

A quoi est tenu l'usufruitier lorsque l'usufruit comprend des bois-taillis, des pépinières et de hautes futayes, 590-591-592. Voir *Coupes de bois.*

Il peut prendre, dans les bois, des échalas pour les vignes, et sur les arbres, des produits annuels ou périodiques; le tout suivant l'usage du pays ou la coutume des propriétaires, 593.

Les arbres fruitiers qui meurent, ceux même qui sont arrachés ou brisés par accident, appartiennent à l'usufruitier, à la charge de les remplacer par d'autres, 594.

L'usufruitier peut jouir par lui-même, donner à ferme à un autre, ou même vendre ou céder son droit à titre gratuit. — Règles à suivre pour la durée et le renouvellement des baux qu'il passe, 595.

L'usufruitier jouit de l'augmentation survenue par alluvion à l'objet dont il a l'usufruit, 596.

Il jouit des droits de servitude, de passage, et généralement de tous les droits dont le propriétaire peut jouir, 597.

Quand et comment jouit-il des mines, carrières et tourbières? — Il n'a aucun droit au trésor qui pourrait être découvert pendant l'usufruit, 598.

Le propriétaire ne peut, par son fait, nuire aux droits de l'usufruitier. — L'usufruitier ne peut, à la cessation de l'usufruit, réclamer aucune indemnité pour ses améliorations. Il peut enlever les glaces, tableaux et autres ornemens

qu'il aurait fait placer, à la charge de rétablir les lieux dans leur premier état, 599.

L'usufruitier ne peut entrer en jouissance qu'après avoir fait dresser un inventaire des meubles, et un état des immeubles sujets à l'usufruit, 600.

Il doit donner caution de jouir en bon père de famille. — Exception à l'égard des père et mère ayant l'usufruit légal du bien de leurs enfans, du vendeur ou du donateur sous réserve d'usufruit, 601.

Ce qui doit être fait, si l'usufruitier ne trouve pas de caution, 602-603.

Le retard de donner caution ne prive pas l'usufruitier des fruits auxquels il peut avoir droit, 604.

Réparations dont l'usufruitier est tenu, 605-606. Voir *Réparations.*

Ni le propriétaire, ni l'usufruitier ne sont tenus de rebâtir ce qui est tombé de vétusté, ou ce qui a été détruit par cas fortuit, 607.

Charges dont l'usufruitier est tenu pendant sa jouissance, 608-609.

Comment le légataire universel et le légataire à titre universel de l'usufruit, doivent-ils acquitter le legs d'une rente viagère ou pension alimentaire, 610.

L'usufruitier à titre particulier n'est pas tenu des dettes auxquelles le fonds est hypothéqué : s'il est forcé de les payer, il a son recours contre le propriétaire, 611.

Comment l'usufruitier, ou universel, ou à titre universel, doit contribuer avec le propriétaire au paiement des dettes, 612.

L'usufruitier n'est tenu que des frais des procès qui concernent la jouissance, et des autres condamnations auxquelles ces procès pourraient donner lieu, 613.

Dommages qu'il encourt s'il ne dénonce pas au propriétaire les usurpations sur le fonds et les atteintes portées à ses droits, 614.

Cas où l'usufruit n'est établi que sur un animal qui vient à périr sans la faute de l'usufruitier, 615.

Cas où le troupeau sur lequel un usufruit a été établi, périt entièrement sans la faute de l'usufruitier.—Cas où il ne périt pas entièrement, 616.

Circonstances qui font cesser l'usufruit, 617.

L'usufruit peut aussi cesser par l'abus que l'usufruitier fait de

sa jouissance. — Intervention des créanciers dans les contestations de ce genre, 618.

L'usufruit qui n'est pas accordé à des particuliers, ne dure que trente ans, 619.

L'usufruit accordé jusqu'à ce qu'un tiers ait atteint un âge fixe, dure jusqu'à cette époque, encore que le tiers soit mort avant l'âge fixé, 620.

La vente de la chose sujette à usufruit ne fait aucun changement dans le droit de l'usufruitier, 621.

Les créanciers de l'usufruitier peuvent faire annuller la renonciation qu'il aurait faite à leur préjudice, 622.

Si une partie seulement de la chose soumise à l'usufruit est détruite, l'usufruit se conserve sur ce qui reste, 623.

Cas où l'usufruitier n'a le droit de jouir ni du sol, ni des matériaux du bâtiment détruit. — Cas où il a le droit d'en jouir, 624.

Cas où l'usufruit donné excède la portion disponible, 917.

Ce qui est aliéné avec réserve d'usufruit à l'un des successibles en ligne directe, s'impute sur la portion disponible, et l'excédant est sujet à rapport, 918.

Lorsqu'une donation d'effets mobiliers a été faite avec réserve d'usufruit, le donataire est tenu à l'expiration de l'usufruit, de prendre les effets donnés dans l'état où ils se trouvent, 950.

Objets qui entrent comme usufruit dans la communauté entre époux, 1403.

Lorsque les époux se marient sans communauté, le mari, qui a l'administration des biens meubles et immeubles de sa femme, est tenu de toutes les charges de l'usufruit, 1533.

Si un usufruit a été constitué en dot, le mari ou ses héritiers ne sont tenus, à la dissolution du mariage, que de restituer le droit d'usufruit, 1568.

Le débiteur peut être exproprié de l'usufruit de ses immeubles, 2204.

L'usufruitier ne peut prescrire, 2236.

Cas où il le peut, 2238.

USURPATIONS. L'usufruitier doit, sous peine de dommages et intérêts, dénoncer au propriétaire, les usurpations faites sur le fonds, 614.

Le fermier est obligé, sous les mêmes peines, d'avertir des usurpations faites sur le fonds, 1768.

UTÉRINS. Les parens utérins ne sont pas exclus par les germains, 733.

Ils prennent part dans leur ligne, 733-752.

UTILITÉ PUBLIQUE. On peut être contraint de céder sa propriété pour cause d'utilité publique, 545.

Des servitudes établies pour l'utilité publique, 649-650.

V.

VACANS (Biens). Voir *Biens.*

VACHES. Lorsqu'elles sont données pour les loger ou les nourrir, le bailleur a seulement le profit des veaux, 1831.

VAINE PATURE. Voir *Parcours.*

VEAUX. Voir *Vaches.*

VENDEUR a un privilége sur l'immeuble vendu pour le paiement du prix, 2103.

Comment il conserve ce privilége? 2108. Voir *Vente.*

VENTES. On ne peut vendre les biens d'un absent, 128.

La femme ne peut vendre sans y être autorisée, 217.

Cas où les ventes faites pendant l'action en divorce, sont nulles, 271.

Formalités prescrites pour la vente des biens du mineur, 457 et suivans.

— Pour la vente des biens du mineur émancipé, 484.

— Pour la vente des biens de l'interdit et du prodigue, 499-513.

On ne peut vendre ses droits à la succession d'un homme vivant, 791.

Ventes qui peuvent donner lieu à l'action en rescision, 888-889.

Effet de la vente faite par un testateur, de tout ou partie de la chose léguée, 1038.

Ventes auxquelles font procéder les grévés de restitution, 1062.

— Les créanciers, des biens abandonnés par leur débiteur, 1269.

-- Le mari, des biens de la communauté, 1421 et suivans.
-- Le même, des immeubles ameublis, 1507.
-- Le même, des immeubles dotaux, 1533-1557-1558.
Définition de la vente; elle peut être faite par acte authentique ou sous seing-privé, 1582.
Quand est-elle parfaite entre les parties? 1583.
Différentes manières dont elle peut être faite, et comment son effet est réglé, 1584.
Effet de la vente au poids, au compte ou à la mesure, 1585.
Effet de celle faite en bloc, 1586.
A l'égard du vin, de l'huile, et des autres choses que l'on est dans l'usage de goûter avant d'en faire l'achat, il n'y a point de vente tant que l'acheteur ne les a pas goûtées et agréées, 1587.
La vente faite à l'essai est toujours présumée faite sous une condition suspensive, 1588.
La promesse de vente vaut vente, lorsqu'il y a consentement réciproque des deux parties sur la chose et sur le prix, 1589.
Cas où la promesse de vendre a été faite avec des arrhes, 1590.
Le prix de la vente doit être déterminé et désigné par les parties, 1591.
Il peut être laissé à l'arbitrage d'un tiers : si le tiers ne veut ou ne peut faire l'estimation, il n'y a point de vente, 1592.
Les frais d'actes et autres accessoires à la vente sont à la charge de l'acheteur, 1593.
Tous ceux auxquels la loi ne l'interdit pas, peuvent acheter ou vendre, 1594.
Cas où le contrat de vente peut avoir lieu entre époux, 1595.
Désignation des individus qui ne peuvent se rendre adjudicataires, sous peine de nullité, ni par eux-mêmes, ni par personnes interposées, 1596.
Désignation des individus qui ne peuvent devenir cessionnaires des procès, droits et actions litigieux qui sont de la compétence du tribunal dans le ressort duquel ils exercent leurs fonctions, 1597.
Tout ce qui est dans le commerce peut être vendu, 1598.
La vente de la chose d'autrui est nulle. Cas où elle peut donner lieu à des dommages-intérêts, 1599.

On ne peut vendre la succession d'une personne vivante, même de son consentement, 1600.

Cas où, au moment de la vente, la chose vendue était périe en totalité ou en partie, 1601.

Tout pacte obscur ou ambigu s'interprète contre le vendeur, 1602.

Le vendeur est tenu de deux obligations principales, celle de délivrer et celle de garantir la chose qu'il vend, 1603.

La délivrance est le transport de la chose vendue en la possession de l'acheteur, 1604.

Quand l'obligation de délivrer les immeubles est-elle remplie? 1605.

Comment s'opère la délivrance des effets mobiliers, 1606.

Comment s'opère la tradition des droits incorporels, 1607.

Les frais de la délivrance sont à la charge du vendeur, et ceux de l'enlèvement à la charge de l'acheteur, 1608.

La délivrance doit se faire au lieu où était, au temps de la vente, la chose qui en a fait l'objet, 1609.

Option laissée à l'acquéreur si le vendeur manque à faire la délivrance dans le tems convenu, 1610-1611.

Circonstances où le vendeur n'est pas tenu de délivrer la chose, 1612.

La chose doit être délivrée en l'état où elle se trouve au moment de la vente. Depuis ce jour, tous les fruits appartiennent à l'acquéreur, 1614.

L'obligation de délivrer la chose comprend ses accessoires et tout ce qui a été destiné à son usage perpétuel, 1615.

Cas où l'expression de la contenance peut donner lieu, soit à une action en supplément de prix de la part du vendeur, soit à une action ou diminution de prix, ou en résiliation du contrat de la part de l'acquéreur, 1616-1617-1618-1619-1620-1621.

Délai dans lequel cette action doit être intentée, 1622.

Cas où le moins et le plus de contenance de deux fonds vendus se compensent, 1623.

Sur qui tombe la perte de la chose vendue avant la livraison, 1624.

De la garantie que le vendeur doit à l'acquéreur, Voir *Garantie.*

La principale obligation de l'acheteur est de payer le prix au jour et au lieu réglé par la vente, 1650.

Cas où il n'a rien été réglé à cet égard lors de la vente, 1651.
Cas où l'acheteur doit l'intérêt du prix de la vente jusqu'au paiement du capital, 1652.
Cas où l'acheteur peut en suspendre le paiement, 1653.
Si l'acheteur ne paie pas le prix, le vendeur peut demander la résolution de la vente, 1654.
Circonstance où le juge peut accorder un délai à l'acquéreur, 1655.
Cas où il a été stipulé que faute de paiement du prix dans le terme convenu, la vente serait résolue de plein droit, 1656.
En matière de vente de denrée et effets mobiliers, la résolution de la vente a lieu de plein droit au profit du vendeur, après le terme convenu pour le retirement, 1657.
La vente peut encore être résolue par l'exercice de la faculté de rachat et par la vilité du prix, 1658. Voir *Lésion, rachat.*
Cas où la vente doit être faite par licitation. Voir *Licitation, Partage.*
Comment se fait le transport des créances et autres droits incorporels. Voir *Transport.*
Dispositions relatives à la vente d'hérédité, 1696-1697-1698.
VÉRIFICATION. Quand la vérification d'écriture doit-elle avoir lieu? 1324.
Comment se fait la vérification des ouvrages à la mesure ou à plusieurs pièces, 1791.
VÉTUSTÉ. Ni le propriétaire, ni l'usufruitier ne sont tenus de rétablir ce qui est tombé de vétusté, 607.
Si un bâtiment s'écroule par vétusté, l'usufruitier n'a le droit de jouir ni du sol ni de matériaux, 624.
Les réparations occasionnées par vétusté, ne sont pas à la charge des locataires, 1730-1755.
VIABLE. L'enfant né avant le cent quatre-vingtième jour du mariage ne peut être désavoué par le père, s'il n'est pas déclaré viable, 314.
L'enfant qui n'est pas né viable, ne peut succéder, 725.
La donation ou le testament fait en faveur de l'enfant qui n'est pas né viable, demeure sans effet, 906.
VIAGERE (Rente). Voir *Rente viagère.*

VICES. Le donateur ne peut réparer par aucun acte confirmatif, les vices d'une donation entre-vifs, 1339.
L'exécution volontaire d'une donation par les héritiers du donateur, emporte leur renonciation à opposer les vices de forme, 1340.
Le propriétaire d'un bâtiment est responsable du dommage causé par sa ruine, lorsquelle est arrivée par le vice de sa construction, 1386.
Quand et comment le vendeur est tenu des vices cachés de la chose vendue, 1641-1643-1645-1646.
Le vendeur n'est pas tenu des vices apparens, 1642.
Action résultante des vices redhibitoires, 1648-1649. Voir *Garantie*.
Le preneur ne répond pas de l'incendie arrivé à la chose louée par le vice de construction, 1733.
Cas où le prêteur est responsable des vicés de la chose prêtée, 1891-1898.
VIGNE. Le bail d'une vigne fait sans écrit est censé fait pour un an, 1774.
VIGNERONS. Forme de leurs billets ou promesses, 1326.
VILETÉ DE PRIX. Voir *Lésion*, *Rachat*.
VINS ne sont pas compris dans le mot meubles, 533. Voir *Vente*.
VIOLENCE. Les partages peuvent être rescindés pour cause de violence, 887.
Le cohéritier qui a aliéné son lot, n'est plus recevable à intenter l'action en rescision pour violence, 892.
Causes et effets de la violence sur le consentement donné aux conventions et obligations, 1109 et suivans.
Le terme pendant lequel on peut exercer l'action pour cause de violence, ne court que du jour qu'elle a cessé, 1304.
Une transaction peut être rescindée dans tous les cas où il y a violence, 2053.
Les actes de violence ne peuvent fonder une possession capable d'opérer la prescription, 2233.
VITRES. Leurs réparations sont à la charge des locataires. — Exception, 1754.
VOYAGES SUR MER. Forme des actes de naissance, de décès et des testamens, pendant les voyages de mer, 59-86-988. Voir *Etat civil*.

VOIE

VOIE PUBLIQUE. L'égoût des toits peut avoir lieu sur la voie publique, 681.

VOIES DE FAIT commises sur la chose louée, 1727.

VOISINAGE. Engagemens qui naissent du voisinage, 1370. Voir *Servitudes*, *Voisins*.

VOISINS. Voir *Arbres*, *Bornages*, *Fossés*, *Haies*, *Mitoyenneté*, *Murs*, *Passage*, *Toit*, *Vues*.

VOITURE (Frais de) sont créances privilégiées, 2102.

VOITURIERS *par terre et par eau*. Leurs obligations, leur responsabilité, relativement aux choses qui leur sont confiées, 1782-1783-1784.

Les entrepreneurs de voitures publiques par terre et par eau, et ceux des roulages publics, doivent tenir registres des objets dont ils se chargent, 1785.

Ils sont en outre assujettis à des réglemens particuliers qui font loi entre eux et les autres citoyens, 1786.

Ils ont un privilége sur la chose voiturée, pour les frais de voiture, 2102.

VOL. De quelque manière que la chose volée ait péri, sa perte ne dispense pas celui qui l'a volée, de la restitution du prix, 1302.

Cas où les aubergistes ou hôteliers sont responsables du vol des effets des voyageurs, 1953.

Cas où ils n'en sont pas responsables, 1954.

VOUTES. Les dépenses des voûtes sont à la charge du propriétaire du fonds sujet à l'usufruit. — Exception, 606.

VOYAGEURS. Le commencement de preuve s'applique aux dépôts faits par les voyageurs, 1348.

VUES. L'on ne peut pratiquer des vues dans le mur mitoyen, sans le consentement du voisin, 675.

Quand et comment elles peuvent être pratiquées dans le mur non mitoyen, 676-677.

Distance requise pour avoir des vues droites sur l'héritage clos ou non clos du voisin, 678-680.

Distance requise pour avoir des vues par côté ou obliques, 679-680.

Les vues sont du nombre des servitudes continues, 688.

Fin de la Table des Matières.

TABLE ALPHABÉTIQUE

Des Conseillers d'État, et des Tribuns qui ont fait des Rapports et prononcé des Discours dans le cours de la discussion du Code civil.

CONSEILLERS D'ÉTAT.

Messieurs,

Berlier. *Livre I.*er, Titre VIII, sur l'Adoption et la Tutelle officieuse. Titre X, sur la Minorité, la Tutelle et l'Emancipation. Loi transitoire sur les Adoptions. — *Livre II.* Titre IV, sur les Servitudes ou Services fonciers. — *Livre III.* Titre V, sur le Contrat de mariage. Titre XIII, sur le Mandat. Titre XVII, sur le Nantissement.

Bigot-Préameneu. *Livre I.*er Titre IV, sur les Absens. Titre VII, sur la Paternité et la Filiation. — *Livre III*, Titre II, sur les Donations entre-vifs et Testamens. Titre III. sur les Contrats ou Obligations conventionnelles en général. Titre VII, sur l'Echange. Titre XV, sur les Transactions. Titre XVI, sur la Contrainte par Corps. Titre XX, sur la Prescription. Loi concernant les Actes respectueux.

Emmery. *Livre I.*er, Titre II, sur le Domicile. Titre XI, sur la Majorité, l'Interdiction et le Conseil judiciaire.

Gally. *Livre II.* Titre III, sur l'Usufruit, l'Usage et l'Habitation. — *Livre III.* Titre VIII, sur le Louage. Titre X, sur le Prêt.

Portalis. Titre préliminaire sur la Promulgation, l'effet et l'application des lois. — *Livre I.*er, Titre V, sur le Mariage. — *Livre II.* Titre II, sur la Propriété. — *Livre III.* Titre VI,

sur la vente. Titre XII sur les contrats aléatoires. Loi sur la Réunion des lois civiles en un seul corps sous le titre de *Code civil.*

RÉAL. *Livre I.er*, Titre IX, sur la Puissance paternelle. Loi transitoire sur le Divorce. -- *Livre III.* Titre XI, sur le Dépôt et séquestre.

TREILHARD. *Livre I.er*, Titre I.er sur la Jouissance et la Privation des droits civils. Titre VI, sur le Divorce. -- *Livre II.* Titre I.er sur la distinction des Biens. -- *Livre III.* Titre I.er sur les Successions. Titre IV, sur les engagemens qui se forment sans Convention. Titre IX, sur le Contrat de société. Titre XIV, sur le Cautionnement. Titre XVIII, sur les Priviléges et Hypothèques. Titre XIX, sur l'Expropriation forcée. Loi transitoire sur les Enfans naturels.

TRIBUNS.

Rapporteurs des Commissions, ou Orateurs du Tribunat au Corps législatif.

MESSIEURS,

ALBISSON. *Livre I.er*, Titre IX, sur la Puissance paternelle. -- *Livre II.* Titre IV sur les Servitudes et Services fonciers. -- *Livre III.* Titre V, sur le Contrat de Mariage. Titre X, sur le Prêt. Titre XV, sur les Transactions.

BERTRAND DE GREUILLE. *Livre I.er*, Titre XI, sur la Majorité, l'Interdiction et le Conseil Judiciaire. -- *Livre III.* Titre IV, sur les engagemens qui se forment sans Convention. Titre XIII, sur le Mandat.

BOUTTEVILLE. *Livre I.er*, Titre V, sur le Mariage. Loi transitoire sur l'Adoption. *Livre III.* Titre IX, sur le Contrat de société.

CARRION-NISAS. *Livre III.* Titre V, sur le Contrat de mariage.

CHABOT (de l'Allier.) *Livre I.er*, Titre II, sur les Actes de l'état civil. --- *Livre III.* Titre I.er sur les Successions. Titre XIV, sur le Cautionnement.

DUVEYNIER. *Livre I.er*, Titre VII, sur la Paternité et la Filiation. -- *Livre III.* Titre V, sur le Contrat de mariage. Titre XII, sur les Contrats aléatoires.

FAURE. Titre préliminaire sur la Promulgation, les Effets et l'Application des lois. -- *Livre II.* Titre II, sur la Propriété. Titre VI, sur la Vente. Titre VII, sur l'Echange.

FAVARD. *Livre III.* Titre II, sur les Donations entre-vifs et Testamentaires. Titre III, sur les Contrats ou Obligations conventionnelles en général. Titre XI, sur le Dépôt et Séquestre.

GARY. *Livre I.er* Titre I.er sur la Jouissance et la Privation des Droits civils. Titre VIII, sur l'Adoption et la Tutelle officieuse. --- *Livre II.* Titre III, sur l'Usufruit, l'Usage et l'Habitation. --- *Livre III.* Titre XVI, sur la Contrainte par corps. Titre XVII, sur le Nantissement.

GILLET. *Livre I.er*, Titre V, sur le Mariage. Titre VI, sur le Divorce. Loi transitoire sur les Adoptions. -- *Livre II.* Titre IV, sur les Servitudes et Services fonciers. -- *Livre III.* Titre IX, sur le Contrat de société. Titre XV, sur les Transactions. Loi concernant les Actes respectueux.

GOUPIL-PRÉFELN. *Livre II.* Titre I.er sur la Distinction des biens. -- *Livre III.* Titre XIV, sur le Cautionnement. Titre XVI, sur la Contrainte par corps. Titre XX, sur la Prescription.

GRENIER. Titre préliminaire sur la Promulgation, les Effets et l'application des Lois. Loi transitoire sur les Enfans naturels. -- *Livre II.* Titre II, sur la Propriété. -- *Livre III.* Titre VI, sur la Vente. Titre XVIII, sur les Priviléges et Hypothèques.

HUGUET. *Livre I.er* Titre IV, sur les Absens. Titre X, sur la Minorité, la Tutelle et l'Emancipation. Loi transitoire sur les Enfans naturels.

JAUBERT. *Livre III.* Titre II, relatif aux Donations entre-vifs et Testamentaires. Titre III, sur les Contrats ou Obligations conventionnelles en général. Titre VIII, sur le Contrat de louage. Loi sur la réunion des Lois civiles en un seul corps, sous le titre de *Code civil des Français.*

LAHARY. *Livre III.* Titre XIV, sur le Cautionnement. Titre XIX, sur l'Expropriation forcée.

LE ROY. *Livre I.er* Titre IV, sur les Absens. Titre X, sur la Minorité, la Tutelle et l'Émancipation.

MALHERBE. *Livre I.er* Titre III, sur le Domicile.

MOURICAULT. *Livre I.er* Titre III, sur le Domicile. --- *Livre III.* Titre III, sur les Contrats ou Obligations conventionnelles en général. Titre VIII, sur le Contrat de louage.

PERREAU. *Livre I.er* Titre VIII, sur l'Adoption et la Tutelle officieuse. --- *Livre II.* Titre III, sur l'Usufruit, l'Usage et l'Habitation.

SAVOYE-ROLLIN. *Livre I.er* Titre VI, sur le Divorce. Loi transitoire relative aux Divorces. --- *Livre II.* Titre I.er sur la Distinction des biens.

SEDILLEZ. *Livre III.* Titre II, sur les Donations entre-vifs et testamentaires.

SIMÉON. *Livre I.er* Titre II, sur les Actes de l'état civil. --- *Livre III.* Titre II, sur les Donations entre-vifs et testamentaires. Titre V sur le Contrat de mariage. Titre XII sur les Contrats aléatoires.

TARRIBLE. *Livre I.er* Titre XI, sur la Majorité, l'Interdiction et le Conseil judiciaire. *Livre III.* Titre IV, sur les Engagemens qui se forment sans conventions. Titre XIII, sur le Mandat.

VEZIN. *Livre I.er* Titre IX, sur la Puissance paternelle.

On trouve chez *Moreaux*, imprimeur-libraire, rue Traversière-Saint-Honoré, n.° 771, les ouvrages ci-après:

CODE CIVIL, avec les *deux textes*, les motifs exposés par les orateurs du gouvernement, les rapports faits au tribunat et les discours prononcés au corps législatif, édition arrangée par les rédacteurs des Instructions décadaires sur l'Enregistrement et les Domaines, huit vol. *in*-8°. : prix, 24 francs pour Paris et pour les départemens, par la diligence (le port à la charge du demandeur), et 32 francs par la poste.

Plusieurs avantages distinguent cette édition.

1°. C'est la seule qui contienne *les deux textes* publiés, l'un par *le Bulletin des Lois*, où chaque loi a été insérée séparément, et l'autre par l'édition officielle, où ces lois sont réunies sous le titre de *Code civil des Français*, avec une seule et même série pour tous les articles.

2°. Avec ces deux textes, on n'est jamais embarrassé par aucune citation, et cet avantage ne peut paraître indifférent lorsqu'on examine que le texte du Code civil publié par le Bulletin des Lois, ayant été le seul suivi pendant long-tems, tous les ouvrages, lois, jugemens et actes de toute espece, antérieurs, qui ont paru jusqu'à l'émission du Code en une seule série d'articles, n'ont indiqué et pu indiquer que le texte du Bulletin des Lois et les articles de ce texte.

3°. L'impression des deux textes a encore procuré le moyen de classer les matières de cette édition dans un ordre infiniment commode. Le texte *de chaque loi ou titre*, d'après le Bulletin des Lois, est toujours suivi des motifs, rapports et discours qui le concernent; de sorte qu'on a dans un seul volume et sous la main, tout ce qui est nécessaire pour méditer la loi et la comparer avec les motifs qui l'ont précédée.

4°. Cette comparaison a été rendue si facile, qu'en regardant l'un des deux textes, on sait s'il y a des explications, et qu'un instant suffit pour les trouver. En effet, des numéros placés en marge de *chaque disposition* de la loi, correspondant à d'autres numéros placés en marge des parties des discours relatives à la même *disposition*, y ramènent le lecteur et sans qu'il soit obligé de lire autre chose.

5°. Enfin tous les huit volumes sont imprimés sur du papier collé où on peut écrire, ce qui donne la facilité de faire des notes dans les marges et d'y faire mention des articles qui seront *successivement* insérés dans le supplément à cette édition dont il sera parlé à l'article suivant. Cette mention faite, en jetant un coup-d'œil sur l'un des deux textes, on connaîtra par les numéros imprimés, tout ce qui a été dit par les différens orateurs, *avant la publication de la loi sur chaque disposition distinctement*, et par les articles manuscrits, ce qu'il y a à consulter *depuis cette publication*, aussi pour chaque disposition distinctement.

SUITE DU CODE CIVIL, ou SUPPLÉMENT *à l'édition qui précède.*

Sous ce titre, il paraît par livraison le recueil *de tout ce qui est relatif au Code civil*, lois, décrets impériaux, avis du conseil d'état, jugemens, arrêts, décisions et opinions de jurisconsultes instruits.

Dans ce recueil, chaque article est placé sous une même série de numéros, et au bas de l'article est l'indication de la disposition expliquée ou modifiée, en marge de laquelle il faut noter l'article, afin de pouvoir le retrouver sans peine.

Par ce moyen, et avec les numéros imprimés, jamais on a de recherche à faire, puisqu'en regardant le texte de la loi, on voit s'il y a ou non des modifications ou des explications, et s'il y en a, on les trouve sans peine.

Le prix de ce recueil, pour douze livraisons qui paraîtront en l'an 13, est de 6 francs (franc de port).

GUIDE des Notaires et des Employés de l'Enregistrement. Cet ouvrage contient des modèles de toutes espèces d'actes rédigés par les meilleurs notaires de Paris; il fait connaître distinctement pour chaque acte, les principes de droit et de jurisprudence qui s'y rapportent, les obligations des notaires et des employés de l'enregistrement, résultant des lois anciennes et nouvelles, sur le notariat, le timbre et l'enregistrement. On y trouve la liquidation raisonnée des droits d'enregistrement, de toutes les conventions et de toutes les successions, ainsi que des modèles d'enregistrement.

De tous les ouvrages existans sur le notariat, le Guide des Notaires est le seul qui traite de l'enregistrement et du timbre, et par conséquent le seul complet; car il n'est personne qui ne sache qu'il y a tellement d'analogie entre les fonctions de notaires et celles de receveurs de l'enregistrement, qu'ils doivent avoir les mêmes connaissances; l'intérêt personnel du notaire l'oblige même à connaître parfaitement la perception des droits d'enregistrement, puisque personnellement tenu de payer ces droits; s'il ne sait pas les liquider, il ne peut pas se faire garnir les mains, et il s'expose à faire des avances en pure perte.

Cet ouvrage est composé de quatre volumes, dont le prix est de 20 francs, *non compris le port*, et 24 francs *par la poste, franc de port.*

Le cinquième volume paraît par numéro, sous le titre de *Suite du Guide des Notaires et des Employés de l'Enregistrement*, et il sera formé des douze numéros qui seront émis en l'an 13. Le prix de l'abonnement à ce volume est de 6 francs, pour recevoir douze numéros *francs de port par la poste.*

Au moyen de cet envoi périodique, les souscripteurs au Guide des Notaires seront toujours au courant des décisions nouvelles relatives aux matières qui composent cet ouvrage.

DIGESTE ou PANDECTES de l'Empereur Justinien, traduits en français, avec le latin à la page en regard, six volumes in-8°.; prix: 24 fr. pour Paris, et pour les départemens, par la diligence, le port est à la charge du demandeur. Le septième volume est sous presse.

Extrait du procès-verbal des séances du Tribunat; du vendredi 4 ventose an 12.

Un membre, au nom de M. GOUGIS DUFAVRIL, ancien jurisconsulte, fait hommage des deux premiers volumes d'une traduction du corps du Droit Romain.

Il dit que cette entreprise suppose des connaissances étendues dans le droit ; qu'elle est conçue dans des vues d'utilité, et qu'elle mérite des encouragemens.

L'ouvrage présenté est enrichi de notes précieuses que les hommes instruits même pourront consulter. Il ne peut que contribuer à propager la science des lois, et à affermir les idées qui tiennent à la dignité et au bonheur de l'homme.

Le Tribunat a ordonné l'impression de ce discours, et le dépôt de l'ouvrage en sa bibliothèque.

Extrait du procès-verbal des séances du Corps législatif, du 21 ventose an 12.

Un membre présente l'hommage que fait au Corps législatif, M. Gougis Dufavril, jurisconsulte, membre de l'académie de législation, des deux premiers volumes de sa traduction du Digeste et des Pandectes de l'empereur Justinien.

Comme nos lois, observe l'orateur, sont aujourd'hui toutes écrites dans notre langue, il était à désirer que leurs modèles fussent mis à la portée de tout le monde, et l'ouvrage de M. Gougis Dufavril, estimé par des jurisconsultes éclairés, paraît mériter d'être accueilli favorablement du Corsps législatif.

Le Corps législatif agrée cet hommage, en ordonne la mention au procès-verbal, et le dépôt de l'ouvrage à sa bibliothèque.

FIN.

www.ingramcontent.com/pod-product-compliance
Ingram Content Group UK Ltd.
Pitfield, Milton Keynes, MK11 3LW, UK
UKHW020132220726
13923UKWH00001B/128